BIM 应用指南系列

城市轨道交通工程 BIM 应用指南

指导单位　深圳市住房和建设局

主编单位　深圳市地铁集团有限公司

深圳市市政设计研究院有限公司

中国建筑工业出版社

图书在版编目（CIP）数据

城市轨道交通工程BIM应用指南 / 深圳市地铁集团有
限公司，深圳市市政设计研究院有限公司主编. -- 北京：
中国建筑工业出版社，2024.12. --（BIM应用指南系列
）. -- ISBN 978-7-112-30728-9

Ⅰ. U239.5-39

中国国家版本馆CIP数据核字第202533WR40号

责任编辑：费海玲　张幼平
文字编辑：张文超
书籍设计：锋尚设计
责任校对：赵　力

BIM应用指南系列

城市轨道交通工程BIM应用指南
指导单位　深圳市住房和建设局
主编单位　深圳市地铁集团有限公司
　　　　　深圳市市政设计研究院有限公司

*

中国建筑工业出版社出版、发行（北京海淀三里河路9号）
各地新华书店、建筑书店经销
北京锋尚制版有限公司制版
临西县阅读时光印刷有限公司印刷

*

开本：787毫米×1092毫米　1/16　印张：12¾　字数：240千字
2025年2月第一版　　2025年2月第一次印刷
定价：**158.00**元
ISBN 978-7-112-30728-9
　　（44464）

中国城市轨道交通发展迅速，在建工程规模大，运营总里程世界领先，已成为城市重要的基础设施和生命线工程。轨道交通工程拥抱 BIM 技术，BIM 技术赋能轨道交通工程，两相结合，极大加快了城市轨道交通数智建造与数字运维步伐，推进智能建造和智慧管理的发展，为智慧城市和韧性城市建设打下坚实基础。

深圳城市建设加速向数字化、智能化转变，出台了多项推进 BIM 技术应用的政策文件和标准规范，为数字先锋城市建设提供了切实保障。深圳市地铁集团有限公司通过持续探索与实践，前瞻性地制定了 BIM 应用规划，大力推动 BIM 技术在新建线路、运营线路、工程管理和企业管理中的应用；将 BIM 技术深度融入轨道交通工程全生命周期，探索精益管理之路；依托城市 CIM 平台，开创性地展开了智慧化场景应用实践；在这些工作基础上，逐步建立企业标准体系和编制深圳市地方标准。这些标准的实施，促进了 BIM 技术应用的规范化和数据的高效流通，实现了跨部门、跨专业、跨阶段的紧密协同，保障城市轨道交通工程向智能化、高效化迈进。

基于深圳市地铁集团有限公司在轨道交通工程中的 BIM 实践经验，《城市轨道交通工程 BIM 应用指南》应运而生。该书旨在为行业提供全面而系统的 BIM 技术工作参考，不仅阐述了各业务场景下 BIM 技术的应用要求、关键要点、实施流程及其价值，也深入剖析了 BIM 技术在规划、勘察、设计、施工、运营等全生命周期各阶段的具体应用，提出了 BIM 应用综合平台的建设构想。同时，该书展示了生动的业务场景案例，为读者提供了宝贵的实践指导，有助于深入理解 BIM 技术的核心要义。

展望未来，BIM 技术在推动城市建设数字化转型中发挥了关键作用，但发展之路挑战与机遇并存。城市轨道交通企业需要调整建设和运营管理模式，适应 BIM 技术带来的生产能力提升；需加强全生命周期 BIM 数字资产的价值挖掘，推动 BIM 技术深入应用并创造更大价值。为实现中国建造的高质量发展，全行业需大力推进自主可控、安全可靠的 BIM 软件研发与应用，保障城市生命线工程信息安全，提升建设行业的自主可控能力。

不积跬步，无以至千里。《城市轨道交通工程 BIM 应用指南》是行业 BIM 技术发展的重要一步，将为行业从业者提供借鉴、参考与启示，为 BIM 技术稳步深入发展、为中国城市轨道交通的智慧城轨、绿色城轨、融合城轨和自主化城轨建设奉献善意力量。

中国工程院院士

前言

为贯彻落实中共中央办公厅、国务院办公厅《关于推动城乡建设绿色发展的意见》（中办发〔2021〕37号）、国务院办公厅《关于促进建筑业持续健康发展的意见》（国办发〔2017〕19号）、广东省人民政府办公厅《广东省促进建筑业高质量发展的若干措施》（粤府办〔2021〕11号）、深圳市人民政府办公厅《关于加快推进建筑信息模型（BIM）技术应用的实施意见（试行）的通知》（深府办函〔2021〕103号）等有关要求，在深圳市住房和建设局的指导下，项目编写组研究并编制了《城市轨道交通工程BIM应用指南》，以指导城市轨道交通工程全生命周期BIM技术应用。编写组以现行相关国家标准、地方标准为基础，经广泛的调查研究，积极采纳城市轨道交通工程建设、设计、施工、运营、咨询、科研、软件等相关单位的意见和建议，紧密结合城市轨道交通工程的特点，制定了本指南。随着城市轨道交通工程应用需求的变化以及BIM技术发展，将适时修订本指南。

本指南主要内容包括：1 总则；2 术语；3 基本规定；4 规划BIM应用；5 勘察BIM应用；6 设计BIM应用；7 施工BIM应用；8 运营BIM应用；9 BIM应用综合平台。

本指南是以深圳市为例，结合深圳市城市轨道交通工程BIM应用实践和相关标准规范要求编制，其他城市可结合本地化的BIM应用要求进行参考实施。深圳市城市轨道交通工程各参建单位为本书的编写提供了相关素材和建议，同时，本书研究和出版工作也得到了深圳市科技计划资助（KJZD20230923114117032），在此表示感谢。

由于作者水平有限，本书编著的纰漏与不足之处在所难免，敬请广大读者批评指正。

编写组

目录

1 总 则 ……………………………………………………… 1

2 术 语 ……………………………………………………… 2

3 基本规定 ……………………………………………………… 3
  3.1 一般规定 ……………………………………………… 3
  3.2 BIM 组织管理 ………………………………………… 4
  3.3 BIM 模型创建 ………………………………………… 7
  3.4 BIM 应用策划 ………………………………………… 8
  3.5 BIM 软件选型 ………………………………………… 9

4 规划 BIM 应用 ……………………………………………… 10
  4.1 一般规定 ……………………………………………… 10
  4.2 建设规划 ……………………………………………… 10

5 勘察 BIM 应用 ……………………………………………… 20
  5.1 一般规定 ……………………………………………… 20
  5.2 工程勘察 ……………………………………………… 20

6 设计 BIM 应用 ……………………………………………… 40
  6.1 一般规定 ……………………………………………… 40
  6.2 协同设计与管理 ……………………………………… 41
  6.3 总体设计 ……………………………………………… 46

6.4 初步设计 ··· 51

6.5 施工图设计 ··· 67

7 施工 BIM 应用 ··· 99

7.1 一般规定 ··· 99

7.2 施工深化设计 ·· 100

7.3 施工准备 ··· 113

7.4 施工实施 ··· 128

7.5 竣工交付 ··· 148

8 运营 BIM 应用 ··· 159

8.1 一般规定 ··· 159

8.2 运营应用 ··· 159

9 BIM 应用综合平台 ··· 175

9.1 一般规定 ··· 175

9.2 数据处理与集成 ··· 176

9.3 成果管理 ··· 176

9.4 成果应用 ··· 178

附录 A 流程图图例说明 ······································ 180

引用规定、标准名录 ·· 181

条文说明 ·· 182

特别鸣谢 ·· 195

1 总　则

1.0.1 为指导城市轨道交通工程全生命周期各阶段 BIM 技术应用，规范应用成果，实现各阶段信息的有效传递，制定本指南。

1.0.2 本指南适用于城市轨道交通工程在规划、勘察、设计、施工、运营全生命周期各阶段的 BIM 技术应用。城际铁路工程的 BIM 应用可参考执行。

1.0.3 城市轨道交通工程 BIM 应用，除应符合本指南外，尚应符合国家、行业、地方现行有关标准规范的规定。

2 术 语

2.0.1 城市轨道交通工程信息模型 urban rail transit engineering information model（BIM for urban rail transit engineering）

在城市轨道交通全生命周期内，对其物理和功能特性进行数字化表达，并依此规划、勘察、设计、施工、运营的过程和结果的总称。简称"城市轨道交通工程 BIM 模型"。

2.0.2 BIM 应用 BIM application

在城市轨道交通全生命周期内，基于 BIM 模型数据开展数据提取、质量检查、计算分析、仿真模拟等过程。

2.0.3 BIM 协同 BIM collaboration

基于 BIM 的协同工作主要包括参与单位之间的协同，参与单位内部不同专业之间、专业内部不同成员之间的协同，以及阶段之间的数据传递及反馈等。

2.0.4 BIM 成果 BIM achievement

在城市轨道交通 BIM 工作实施过程（规划、勘察、设计、施工、运营）产生的 BIM 模型、各项 BIM 应用成果（报告、图片、视频等）等。

2.0.5 交付 delivery

根据城市轨道交通工程项目的应用需求，将相关 BIM 成果传递给需求方的行为。

3 基本规定

3.1 一般规定

3.1.1 城市轨道交通工程宜在规划、勘察、设计、施工、运营等全生命周期应用 BIM 技术，并实现各阶段的数字化交付。

3.1.2 在城市轨道交通工程 BIM 应用前，宜编制 BIM 应用策划方案，包括组织管理、各单位职责、模型创建要求、应用规划、软件平台选用、应用流程、保障措施等，明确各参与单位 BIM 应用职责，并根据 BIM 应用策划开展过程管理和成果控制。

3.1.3 城市轨道交通工程 BIM 应用参与单位应采取合同、协议或约定等方式确定 BIM 应用过程中的协同管理方式、数据共享机制和交付成果要求。

3.1.4 参与单位宜通过统一的城市轨道交通工程 BIM 应用综合平台开展 BIM 应用计划管控、协同作业、成果归档等管理。

3.1.5 为保证城市轨道交通工程 BIM 模型数据在不同阶段、不同单位之间的有效数据传递，以深圳为例，BIM 模型的创建、表达及交付应符合深圳标准《城市轨道交通工程信息模型表达及交付标准》SJG 101—2021 的有关要求，其 BIM 数据格式应符合深圳标准《建筑信息模型数据存储标准》SJG 114—2022 中关于城市轨道交通工程部分的要求。

3.1.6 城市轨道交通工程各参与单位应保证交付的 BIM 模型及应用成果的准确性、完整性和有效性。

3.2　BIM 组织管理

3.2.1 在城市轨道交通工程 BIM 应用实施前，应明确建设单位、运营单位、BIM 全过程咨询单位、勘察单位、设计单位、施工单位、监理单位、设备供应商职责权限，可参照表 3.2.1 设置。

城市轨道交通工程参与单位职责　　　　　　　　表 3.2.1

序号	单位类型	主要职责
1	建设单位	1）负责或委托 BIM 全过程咨询单位研究编制 BIM 应用策划方案，建立项目建设全过程的 BIM 实施总体目标与计划； 2）在招标文件和合同中明确各参与单位的 BIM 技术应用要求、交付成果、信息安全责任，以及相关费用； 3）负责协调 BIM 应用过程中各参与单位的职责与关系，统筹组织各单位的考核评价； 4）负责组织建立统一的 BIM 应用综合平台，保障各方基于统一平台的 BIM 应用与管理； 5）组织建设单位各业务管理人员利用 BIM 成果开展设计审查、接口协调、现场管理、质量监督等业务管理工作； 6）负责对项目建设全过程 BIM 实施进行质量监控，对 BIM 应用进行全过程监督与决策，并不定期抽查 BIM 成果，反馈审查意见； 7）组织相关单位审核竣工模型，并移交运营单位和相关部门； 8）组织建设单位管理人员及各参建单位参加 BIM 技术培训与交流，提高 BIM 应用和管理能力
2	运营单位	1）负责组织制定运营阶段 BIM 技术应用的管理办法和相关标准规范，明确 BIM 模型要求和应用要求； 2）运用 BIM 模型及其成果参与项目前期建设过程的项目方案讨论、审查等工作，将运营需求前置，并保证 BIM 应用策划方案满足后期运营需求； 3）负责组织运营管理人员运用建设交付的 BIM 模型及相关成果，持续开展运维管理、应急指挥管理、安保区管理、商业管理等场景应用，并结合业务需求拓展 BIM 应用场景； 4）组织运营各业务管理人员参加 BIM 技术培训与交流，提高 BIM 应用和管理能力

序号	单位类型	主要职责
3	BIM 全过程咨询单位	若项目委托 BIM 全过程咨询单位，应按照 BIM 应用策划方案，组织各参与单位实施 BIM 应用，做好全过程 BIM 应用的服务和跟踪工作，主要职责如下： 1）根据项目合同要求，负责项目的 BIM 技术应用策划并推进执行； 2）负责对项目 BIM 应用进行质量管理，对各阶段 BIM 成果进行 BIM 技术审查； 3）负责审查各参与单位提交的 BIM 实施计划，对参与单位进度计划的执行情况进行跟踪、统计、分析与考核，协调参与单位及时修正 BIM 实施计划； 4）审查并督促各参与单位提交 BIM 应用成果，负责对各阶段的 BIM 应用成果进行 BIM 技术审查； 5）根据建设单位需求，提交各参与单位 BIM 应用工作考核评价，供建设单位作为合同价款支付、考核评价等依据； 6）根据建设单位要求，负责各参与单位关于 BIM 理论体系、技术应用、标准指南和软件使用等培训的具体组织和实施工作； 7）负责组织项目 BIM 应用其他的日常管理工作
4	勘察单位	1）接受建设单位或 BIM 全过程咨询单位对 BIM 相关工作的管理、指导、监督和检查； 2）根据勘察 BIM 应用方案和进度要求，推进勘察 BIM 工作，完成符合项目要求的 BIM 成果并提交； 3）对勘察相关 BIM 成果进行专业技术审查，形成专业技术审查意见； 4）根据项目要求，向项目相关单位移交勘察 BIM 相关成果； 5）参与 BIM 数字化交付工作； 6）负责组织项目勘察 BIM 应用其他的日常工作
5	设计单位	1）接受建设单位或 BIM 全过程咨询单位对 BIM 相关工作的管理、指导、监督和检查； 2）根据设计 BIM 应用方案和进度要求，推进设计 BIM 建模和应用工作，完成符合项目要求的 BIM 成果并提交； 3）对设计相关 BIM 成果进行专业技术审查，形成专业技术审查意见； 4）负责利用设计 BIM 成果，对设计图纸与设计方案开展自检工作，减少图纸错误，优化设计方案； 5）根据项目要求，向施工单位移交并交底设计阶段 BIM 相关成果； 6）参与审查施工阶段深化模型并给出优化建议； 7）参与 BIM 数字化交付工作； 8）负责组织项目设计 BIM 应用其他的日常工作

序号	单位类型	主要职责
6	施工单位	1）接受建设单位或 BIM 全过程咨询单位对 BIM 相关工作的管理、指导、监督和检查； 2）根据 BIM 应用方案和进度要求，推进施工 BIM 应用工作，完成符合项目要求的 BIM 成果并提交； 3）对施工相关 BIM 成果进行专业技术审查，形成专业技术审查意见； 4）根据项目要求，接收设计阶段的 BIM 成果，并结合现场情况深化设计 BIM 模型，建立满足施工要求的 BIM 模型； 5）根据现场实际情况开展 BIM 模型深化与维护，当工程项目发生变更，经建设单位、监理单位、设计单位等审核通过后，负责施工 BIM 模型的更新； 6）基于城市轨道交通工程 BIM 应用综合平台及时更新施工现场状态和进度，保障施工 BIM 应用的准确性、有效性； 7）按照相关 BIM 标准要求创建 BIM 竣工模型，并参与 BIM 数字化交付工作； 8）负责组织项目施工 BIM 应用其他的日常工作
7	监理单位	1）运用 BIM 模型辅助各方的监督管理工作，通过 BIM 模型及其成果审核并控制工作质量，保障项目有序执行； 2）根据业务范畴，督促项目相应参与单位按照 BIM 应用方案执行相关任务并提交 BIM 应用成果； 3）协助建设单位或 BIM 全过程咨询单位归档参建单位的 BIM 模型和成果，以及相关审查意见； 4）协助建设单位或 BIM 全过程咨询单位，落实对所监督单位的 BIM 工作考核和评价； 5）参与 BIM 数字化交付工作； 6）负责组织项目 BIM 应用其他的日常工作
8	设备供应商	1）根据相关 BIM 标准规范要求，创建设备 BIM 模型； 2）负责将设备设计、生产、安装、测试、验收及移交过程中的工作计划、相关资料、图纸、模型录入项目要求的 BIM 应用综合平台； 3）向现场施工单位提供专业设备的安装方案，以便制作设备安装 BIM 模拟方案，尤其对于大型专业设备，与施工单位制定现场安装方案，并采用 BIM 技术进行模拟和优化； 4）配合设备安装及装修工程 BIM 技术的数字化移交工作，设备 BIM 模型与相关资料应满足运维管理工作需求； 5）负责组织项目设备 BIM 应用其他的日常工作

3.2.2 城市轨道交通工程各参与单位应按照 BIM 应用策划方案开展 BIM 模型创建、应用和管理工作，并按要求向建设单位交付相关模型和成果。

3.2.3 城市轨道交通工程各参与单位应配置具有一定 BIM 技术能力的 BIM 应用团队，宜包括 BIM 项目负责人、BIM 应用工程师、BIM 应用支撑人员等。

3.3 BIM 模型创建

3.3.1 城市轨道交通工程 BIM 模型创建应采用统一的坐标系和度量单位。其中，平面系统应采用 2000 国家大地坐标系。

3.3.2 城市轨道交通工程各阶段 BIM 模型的创建应符合地方现行有关标准的规定，以深圳为例，新建工程的 BIM 模型应符合地方标准《城市轨道交通工程信息模型表达及交付标准》SJG 101—2021 的有关规定，既有运营项目的 BIM 模型应符合《深圳市既有重要建筑建模交付技术指引：轨道交通分册》的有关规定。

3.3.3 在城市轨道交通工程 BIM 模型创建时，应预留上盖项目 BIM 模型创建接口。上盖项目的 BIM 模型创建应符合地方现行有关建筑工程 BIM 标准的规定。

3.3.4 根据 BIM 应用内容和数据需求，宜在城市轨道交通工程 BIM 模型的基础上添加 BIM 应用所需的信息。

3.3.5 城市轨道交通工程周边建（构）筑物、地下管线、地质地貌等模型的创建应符合以下规定：

1 周边建（构）筑物、地下管线、地质地貌等模型宜按照工程部位（如车站、区间）的划分进行创建，并应符合地方现行有关 BIM 标准的规定；

2 周边建（构）筑物、地下管线、地质地貌等模型精细度应满足城市轨道交通工程各阶段 BIM 应用需求；

3 城市轨道交通工程 BIM 应用所涉及的周边环境模型数据宜优先采用地方现有的模型数据。

3.4   BIM 应用策划

3.4.1 城市轨道交通工程各参与单位应根据项目策划方案、合同协议等要求，明确项目实施的 BIM 应用模式及其相应的 BIM 应用场景。

3.4.2 根据城市轨道交通各阶段 BIM 应用需求，参与单位可通过合同或协议等方式约定 BIM 应用模式和应用要求。BIM 应用模式可划分为以下类型：

    1   单阶段应用模式。是指在规划、勘察、设计、施工或运营单个阶段开展 BIM 技术应用，可由相应单位执行；

    2   多阶段应用模式。根据项目类型，选择规划、勘察、设计、施工或运营两个或两个以上阶段开展 BIM 技术应用，如设计与施工、设计与运营等，并应考虑阶段之间的数据传递、成果交付；

    3   全生命周期应用模式。从项目规划开始，同时在勘察、设计、施工、运营等阶段开展 BIM 技术应用，并考虑各阶段之间的数据传递、成果交付，打通全生命周期链条。

3.4.3 城市轨道交通工程各参与单位可在本指南规定的 BIM 应用基础上扩展新增其他 BIM 应用，并按照应用场景、应用要点、应用流程、应用价值等方面规定新增的 BIM 应用要求。

3.4.4 城市轨道交通工程各参与单位应根据各阶段场景需求和特点，依次或同步开展阶段内的 BIM 应用。

3.4.5 城市轨道交通工程的部分 BIM 应用场景不仅可以在单一阶段实施，也可以在其他阶段实施，即具有持续性、连贯性等特点。由于 BIM 应用流程基本相同，结合该 BIM 应用在不同阶段的深度、范围等要求，选取某一阶段阐述该 BIM 应用，其他阶段不作赘述，可参照执行。

3.5 BIM 软件选型

3.5.1 城市轨道交通工程涉及的工程类型多、规模大、难度高，应充分考虑软件的安全性、专业性、易用性、经济性等要求，选择满足项目 BIM 应用要求的软件。

3.5.2 城市轨道交通工程全生命周期各阶段涉及不同 BIM 应用场景，对于 BIM 建模软件无法实现的专业计算分析应用，应当采用专业软件实施。BIM 建模软件与应用软件应结合使用，可采用数据接口或插件的方式实现数据对接。

3.5.3 在城市轨道交通工程 BIM 应用中，应优先采用技术成熟度高、市场应用广的自主知识产权 BIM 软件。

3.5.4 在城市轨道交通工程 BIM 策划过程中，宜由项目相关方确定项目统一的 BIM 软件应用方案，包括软件类型及其版本、软件应用成果格式、软件交互方式等要求。

4 规划 BIM 应用

4.1 一般规定

4.1.1 在城市轨道交通工程规划阶段，可应用 BIM 技术对项目总体方案、运营功能、工程规模、工程投资等辅助规划分析和模拟，验证城市轨道交通规划方案的合理性、适用性和经济性，为城市轨道交通项目建设决策提供依据。

4.1.2 运用 GIS、BIM、云计算等技术辅助城市轨道交通线网规划、近期线网建设规划分析，开展规划符合性分析、服务人口分析、征地拆迁分析等应用，比选最优方案，开展规划控制管理。

4.1.3 规划阶段 BIM 交付成果应满足相应的应用场景要求，基于 BIM、GIS 等技术产生的成果应满足各类型文件的编制要求。

4.2 建设规划

4.2.1 规划符合性分析

1 应用场景

为发挥城市轨道交通线路价值，最大限度地满足区域发展、人口服务等要求，避免重复建设，同时也为后期发展提供灵活空间，可应用 GIS、BIM 等技术集成城市轨道交通线路项目模型和沿线周边环境建（构）筑物数据，对城市轨道交通项目规划符合性控制因素进行模拟分析，如分析城市轨道交通项目与周边环境之间的关系、沿线交通接驳关系、车站换乘关系、站城一体化开发关系等，验证城市轨道交通线路规划方案的可行性、合理性，辅助轨道交通线路规划。

2　应用要点

城市轨道交通线路规划必须与城市综合交通体系规划、城市公共交通专项规划相协调，与城市的经济发展、环境保护和人民生活水平相协调。在规划符合性分析应用中，宜分析城市轨道交通线路方案与城市总体规划的符合性，实现城市轨道交通线路建设与城市发展的协同。运用 GIS、BIM 等技术，模拟分析线网与周边环境、交通、工程项目等关系，如城市轨道交通线路规划方案对沿线周边环境的影响、城市轨道交通项目自身车站的换乘方案、城市轨道交通项目与周边公交场站的接驳关系、城市轨道交通项目站城一体化开发关系等，从环境、经济、社会等方面分析线路规划方案的有效性。

3　应用流程

1）数据准备要求

a）线网项目周边环境模型数据，尤其是与所规划线路方案关系密切的要素，如线路沿线的重大管线、高压线及铁塔、铁路、轨道、高速公路、基本农田、生态保护区、水源保护地、林地、水系等重要边界条件或影响因素；

b）规划线路需求资料，如城市规划资料、沿线区域规划资料。

2）软件功能要求

规划符合性分析 BIM 应用软件宜具有以下功能：

a）模型数据集成；

b）空间三维数据分析；

c）环境协调性检查，分析控制因素；

d）模拟分析过程，输出视频文件。

3）应用流程要求

a）以城市级三维环境模型为数据底座，创建符合应用深度要求的轨道交通线路 / 线网模型，通过项目要求的 BIM + GIS 平台集成城市轨道交通线路项目数据和周边环境数据；

b）运用 GIS、BIM 等技术，三维呈现线路模型与沿线城市地上地下的空间关系，如城市轨道交通项目线路模型与周边环境建（构）筑物的位置关系、城市轨道交通项目周边交通接驳关系、站城一体化开发关系等，分析地形地貌、既有重大工程项目、环境生态、人口分布等控制因素对轨道交通线路规划的影响；

c）依据相关控制因素，比选城市轨道交通项目不同规划方案，评估线路走向、项目选址等方面的科学性、合理性，对于重点区域，进一步分析线路和车站在平面和竖向等方面的布局方案，形成规划符合性分析报告及相应的 GIS/BIM 成果，确定最优方案。

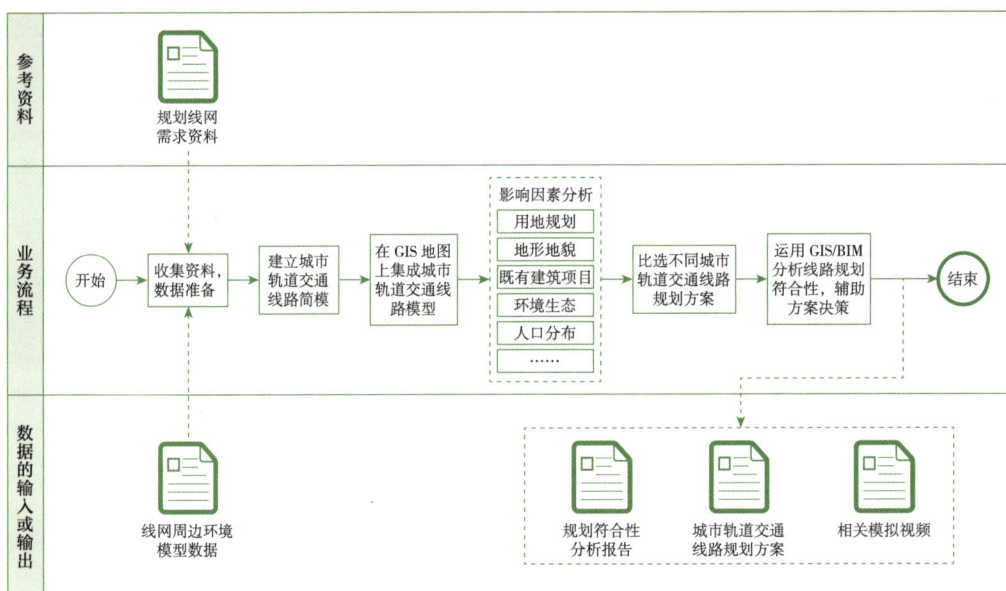

图 4.2.1-1　规划符合性分析 BIM 应用流程

4）应用成果要求

a）规划符合性分析报告，包括城市轨道交通线路项目各类影响因素的分析说明，为规划方案决策提供依据；

b）城市轨道交通线路规划方案，通过 GIS、BIM 等技术分析形成的规划方案；

c）分析过程中形成的模拟视频成果。

4   应用价值

传统的城市轨道交通线路规划方案的符合性分析主要通过资料收集，包括客流量调查、现场踏勘等，采用图表方式进行社会效益、经济效益等方面分析，存在工作量大、表达不直观、资料不完整等问题。采用 GIS、BIM 等技术开展规划符合性分析，可集成城市轨道交通线路项目所涉及的周边环境数据，采用三维可视化的方式呈现规划方案，有利于规划方案影响因素的分析与判断，辅助项目各参与方更形象、更准确地分析城市轨道交通项目与周边环境建（构）筑物之间的关系，优化城市轨道交通线路方案。同时，运用 GIS、BIM 等技术开展的线路规划方案，有利于从最初阶段就开始积累城市轨道交通工程的数字资产，便于后续新建线路的分析与模拟。

5 应用案例

深大城际铁路工程位于深圳市北部，呈东西走向，线路起自深圳市宝安国际机场，途经深圳市宝安、龙华、龙岗和坪山 4 区，终至惠州市大亚湾。其中深圳段全长约 69.2km，设站 11 座、1 座车辆基地，包括 T4 枢纽站、五和站、白坭坑站、大运站等 4 个大型综合枢纽。

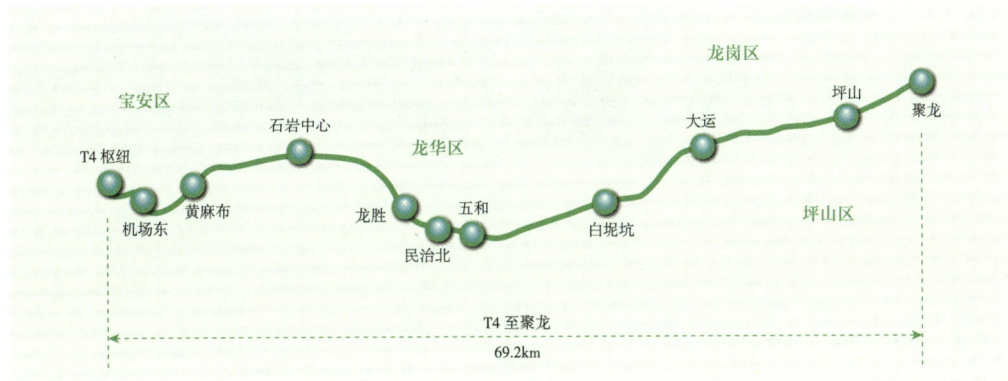

图 4.2.1-2　深大城际铁路工程线路概况（以实际建成为准）

在深大城际铁路工程项目中，创建线路三维模型，采用 BIM＋GIS 平台，导入并集成项目周边环境的三维模型数据，将规划控制线、选址范围内的水源保护区、森林公园、生态红线等进行总集成。

运用 BIM＋GIS 的三维展示优势，综合分析不同线路方案与项目所涉及的城市区域、周边环境、既有重要工程项目等因素之间的干涉关系、影响程度等，输出模拟分析视频，论证方案的可实施性、安全性，并形成规划分析报告。深大城际铁路工程下穿水荷立交有两种方案。在 BIM＋GIS 的数据底座上，三维展示了不同的规划线路方案与既有重要立交之间的空间关系，进而分析得出不同规划线路方案的经济成本、环境影响等。项目团队将项目的规划边界条件导入 BIM＋GIS 平台，将各类规划控制要素与规划方案进行综合比对，提高了沟通效率和线路规划方案质量。

图 4.2.1-3　深大城际规划符合性分析

4.2.2 服务人口分析

1　应用场景

在城市轨道交通线路规划、站位选址等过程中，应充分考虑线路沿线、车站周边人口密度、客流量，以及未来人口发展趋势。在 GIS 地图上集成城市轨道交通线路与站点 BIM 模型信息，结合线路周边范围内建筑物的人口信息与分布，评估轨道交通项目辐射区域，用于客流量和服务人口的预测分析。同时，对于规划有地铁上盖项目的区域，还应充分考虑上盖项目人口情况，保证轨道交通项目规划满足后期的客流要求。

2　应用要点

在个人信息脱敏的情况下，接入城市人口动态数据库等各类人口数据信息，采集规划线路沿线的人口信息；模拟预测在不同线路和站位规划方案下，对轨道交通项目客流量和服务人口的影响；分析所规划的轨道交通线路的客流分布特征、上下行方向客流分布特征以及各车站乘降客流特征，尤其是早高峰和晚高峰时间段，评价站点的服务压力等级。在开展预测分析时，应适当超前预测远期人口增长的可能性，保障规划线路和站点满足沿线人口服务需求。

3 应用流程

1）数据准备要求

a）沿线城市人口信息；

b）线路 BIM 模型。

2）软件功能要求

服务人口分析 BIM 应用软件宜具有以下功能：

a）模型数据集成；

b）客流量模拟分析；

c）人口预测分析。

3）应用流程要求

a）在 GIS 地图上集成城市轨道交通线路模型和周边建（构）筑物数据，并布局各站点及其出入口位置。

b）将规划线路沿线的城市人口信息输入模拟分析软件，作为人口服务分析的依据。结合线路 BIM 模型数据，模拟预测在不同线路方案下，对轨道交通项目沿线人口服务影响程度，包括轨道交通项目服务辐射范围、人口集散情况、客流分布特征等，评估线路服务人口水平。

c）通过线路规划方案、站点布局调整等，根据人口服务水平优化轨道交通项目线路规划方案，并生成服务人口分析报告。

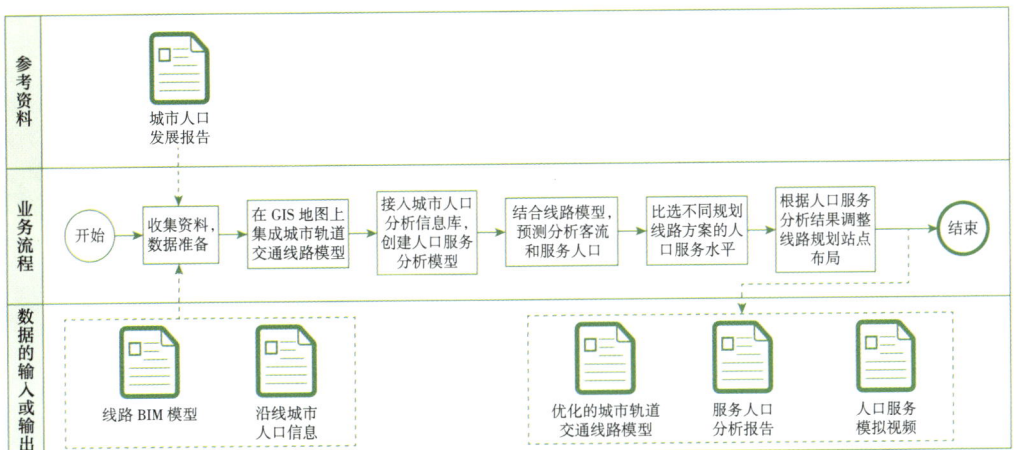

图 4.2.2-1 服务人口分析 BIM 应用流程

4）应用成果要求

a）优化后的城市轨道交通线路模型方案；

b）服务人口分析报告，分析城市轨道交通线路规划后对沿线人口发展影响；

c）人口服务模拟视频，在城市轨道交通线路服务人口分析过程形成的分析模拟视频。

4 应用价值

运用 BIM、GIS 等技术集成城市轨道交通线路模型及周边环境，通过接入城市人口分布数据库获取人口现状信息，可形象直观模拟规划线路对周边人口影响，为规划线路方案的决策提供依据。进一步，基于线路 BIM 模型结合城市总体规划和人口发展趋势，优化线路走向、站点布局，满足一定时期城市发展需求，提高规划线路的适应性、合理性。

5 应用案例

黄木岗枢纽位于深圳市福田区华富路、泥岗西路和笋岗西路交叉口，是既有 7 号线、14 号线和规划 24 号线三线换乘枢纽，占地面积约 13.50 万 m²，建筑面积约 18.27 万 m²。黄木岗枢纽是集道路交通、地铁、公交、慢行、地下商业于一体的新时代大型综合交通枢纽，毗邻华强北商业中心、笋岗八卦岭消费中心，是深圳市重要的轨道交通换乘枢纽及交通点。

项目组通过 BIM 建模软件建立前期三维模型，收集深圳市城市人口密度和人口流动数据，采用 BIM＋VR 等方式开展客流仿真模拟，分析并预测站点的客流量和服务人口。通过数据整合与转化，建立各类人口主题库，生成服务人口分析报告，为黄木岗枢纽可行性研究提供重要的依据。

（a）黄木岗枢纽周边人口布局分析　　　　（b）黄木岗枢纽方案模型

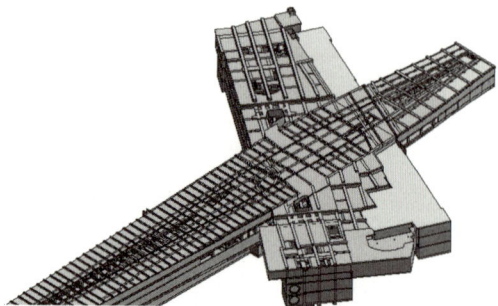

图 4.2.2-2　黄木岗枢纽服务人口分析应用

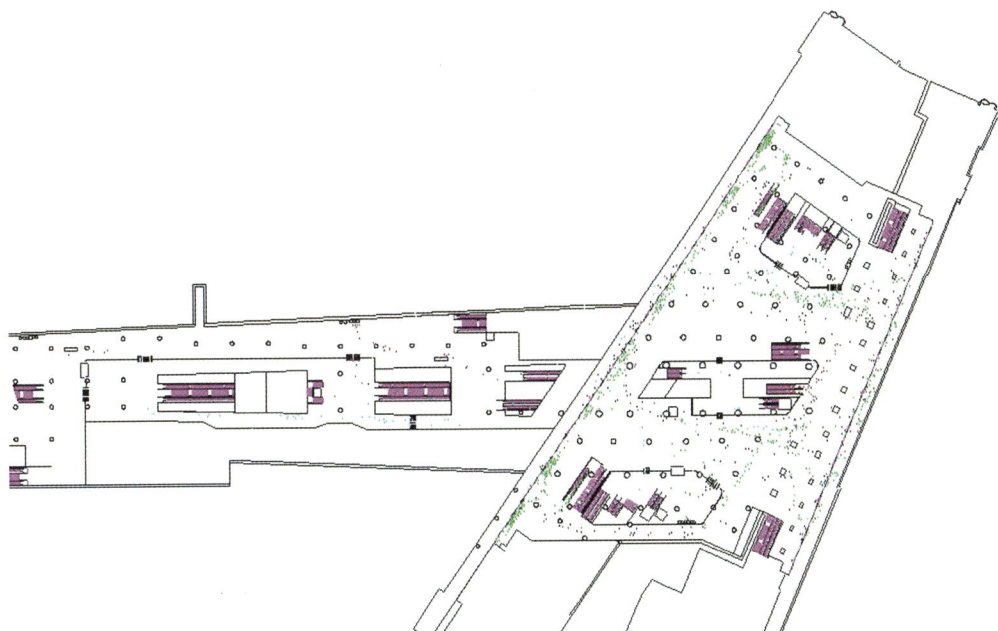

（c）黄木岗枢纽服务人口分析

图 4.2.2-2　黄木岗枢纽服务人口分析应用（续）

4.2.3 征地拆迁分析

1　应用场景

在三维数字地形的基础上，建立城市轨道交通线路和站点模型，附加线路和站点周边现状建筑物模型，并赋予用地权属、建（构）筑物产权单位、建设时间、建筑面积等信息，模拟分析轨道交通工程模型与周边建（构）筑物之间的空间冲突关系，可视化、形象化地模拟分析征拆迁场地范围，涉及建筑数量、面积、拆迁成本等，为城市轨道交通线路和站点建设的征地拆迁工作提供依据。

2　应用要点

在征地拆迁分析中，集成规划地铁沿线的城市用地规划、建（构）筑物等情况，采集建筑面积、周边人口分布等征拆指标信息，分析拆迁的建（构）筑物的数量、面积、产权单位和拆迁成本等，为后期的征地拆迁管理提供依据。在征地拆迁作业过程中，通过城市轨道交通工程 BIM 应用综合平台及时管理征地拆迁进度动态，尤其是对重点征拆对象开展实时管控，保证征地拆迁作业的有效开展。

3　应用流程

1）数据准备要求

a）工程模型，应体现城市轨道交通线路走向、站点布局的体量模型；

b）三维实景模型；

c）征迁信息，如用地、建筑物、红线边界等信息。

2）软件功能要求

征地拆迁分析 BIM 应用软件宜具有以下功能：

a）模型数据集成；

b）空间三维数据分析；

c）征拆指标分析；

d）征拆迁进度动态管理。

3）应用流程要求

a）根据三维实景模型、工程模型、红线边界创建征地拆迁模型，并结合用地性质、用地权限、用地面积、建筑物性质等信息完善模型；

b）基于 BIM＋GIS 技术整合模型数据，对城市轨道交通线路周边拟建工程占用土地及附属建筑等进行全方位模拟，校核红线与用地之间的关系、构筑物与建筑物之间的关系、红线与建筑物之间的关系、用地及拆迁数统计，进行征地拆迁方案规划，并生成征地拆迁分析报告。

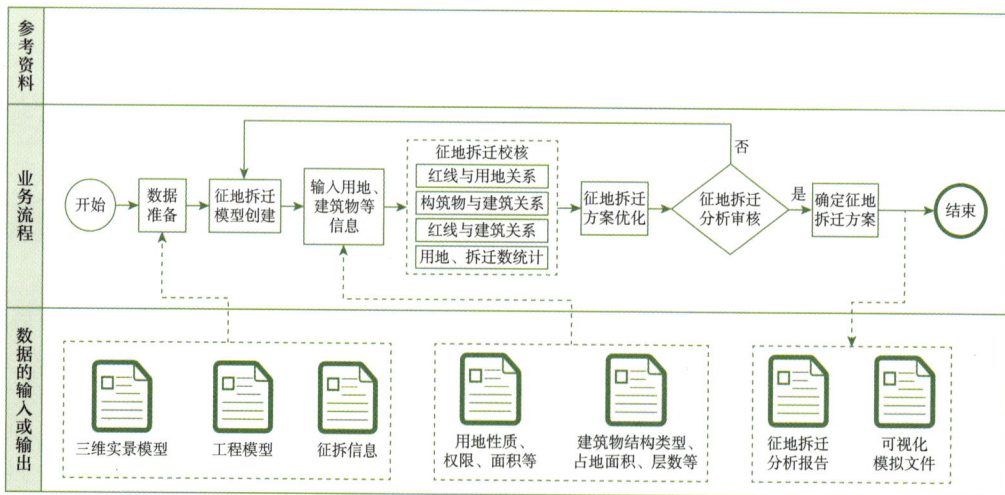

图 4.2.3-1　征地拆迁分析 BIM 应用流程

4）应用成果要求

a）征地拆迁分析报告，应说明征地拆迁方案前后变化；

b）可视化模拟文件，在征地拆迁过程中运用 BIM、GIS 等技术形成的相关模拟文件。

4　应用价值

传统征地拆迁分析以平面形式为主，存在建筑物特性及拆迁体量不直观等问题。通过基于 BIM、GIS 等技术的征地拆迁分析，注重项目新建建（构）筑物与现状建筑物空间关系的高度还原，开展更为直观、量化的征地拆迁分析，可视化模拟反映方案征拆情况，辅助方案决策，提高征拆方案决策的合理性。

5　应用案例

石岩中心站位于宝石东路与石岩大道交叉口设置，与在建 13 号线、规划深莞增铁路换乘，为三线换乘车站；深大线与 13 号线通道换乘；与规划深莞增铁路呈 T 字换乘。深大城际新建石岩中心站涉及拆迁量大，为满足建设条件，需要对周边建筑房屋进行拆迁。

项目团队将 BIM 模型、倾斜摄影模型、交通疏解方案等要素在 GIS 地图上进行整合，采集周边建（构）筑物的年代、权属、高度、面积和基础形式等属性，掌握拆迁范围。通过 BIM 模型直观反映车站建筑与周边建筑的关系，包括出入口设置，提升征拆方案的准确性。

通过分析新建车站周边的建（构）筑物关系，对不同阶段的拆迁范围及需要拆迁的建筑物进行可视化模拟，直观反映新建石岩中心站的站位关系及涉及建筑拆迁的必要性。基于 BIM 技术形象展示各个阶段的拆迁范围和需要拆迁的建筑类型，方便在可行性研究阶段结合拆迁情况对车站的站址、出入口布置、车站规模等进行更加直观生动的综合研判。经过基于 BIM 的征拆迁方案模拟，优化了石岩中心站征地拆迁方案，减少了因工程带来的房屋拆迁 6315m^2，优化工期约 3 个月。

（a）推荐方案：半盖挖法交通疏解方案　　　　（b）比选方案：明挖法交通疏解方案

图 4.2.3-2　石岩中心站征地拆迁分析 BIM 应用

5 勘察 BIM 应用

5.1 一般规定

5.1.1 城市轨道交通项目范围广，涉及地质复杂，宜采用 BIM 技术开展勘察应用。基于 BIM 技术将前期的勘察、岩土工程设计，与后期施工及建设运营管理贯通，实现项目全生命周期各参与单位在同一勘察 BIM 模型的数据共享，为项目方案优化和科学决策提供依据。

5.1.2 勘察 BIM 模型应直观展示工程建设场地地层岩性、岩土体形态特征、地质构造、水文地质等条件。

5.1.3 可基于勘察 BIM 模型进行设计方案对比分析，合理选择相关岩土工程参数和数值分析模型，提高城市轨道交通项目岩土工程设计分析的可靠性。

5.2 工程勘察

5.2.1 勘探管理

1 应用场景

适用于城市轨道交通工程初勘、详勘阶段，以及施工和运营期间的勘察工作。通过 BIM + GIS 技术结合，推进城市轨道交通工程沿线范围内地下建（构）筑物勘探，并精准定位钻探孔位，辅助地质分析，统计勘探进度，加强勘探管理及钻孔数据管理，保障勘探质量。

2 应用要点

运用 BIM + GIS 技术开展勘探管理，可在地面场地、地下管线、地下构筑物等基础上开展工作，保证施工安全与地下管线及构筑物在钻探施工期间的安全运行。基于 BIM 的勘探管理宜包括勘察外业、原位检测、水文地质试验、土工试验、内业数据处理、勘察报告编制等方面，为政府相关监管部门、审查单位、建设单位在勘察领域的决策管理提供技术支撑。

3 应用流程

1）数据准备要求

a）现状区域地质资料、现状勘察资料、前期勘察阶段的地质模型；

b）工程范围内三维实景模型；

c）地下管线、地下构筑物及勘察对象 BIM 模型。

2）软件功能要求

勘探管理 BIM 应用软件宜具有以下功能：

a）整合地质模型和其他专业提供的三维实景模型及地下构筑物、勘察对象模型等；

b）实现地勘成果的查阅与分析，可实现模型成果的二维、三维查看与浏览；

c）可单独建立钻孔模型，并分层显示；

d）可基于钻孔等基本数据创建形成初步的地勘模型成果；

e）基于模型剖切生成剖面，且剖面可在移动端展示与调整，辅助现场编录；

f）碰撞检查与分析。

3）应用流程要求

a）应根据标准地层或项目工程地质、水文地质特征建立标准地层表，辅助钻孔实时编录。

b）收集周边既有地质资料，依据初步模型掌握建设场地地质概况，并指导勘探计划的制定。

c）对地面场地三维实景 BIM 模型及地下管线、地下构筑物、勘察对象 BIM 模型进行综合分析，在综合分析的基础上优化勘察方案，调整钻孔布置，定位钻探点位，保证施工安全和市政管线在施工期间的安全运行。

d）应建立钻孔 BIM 模型，同时运用钻探布置与现状地下模型进行碰撞检查，在整合模型的基础上优化钻探设计方案，设置地下管线保护措施。

e）勘探管理可分为外业数据采集系统、内业生产系统：勘探外业数据采集可发挥智能移动设备的功能特性，提供外业编录、现场拍照、定位、视频实时传输等功能，将钻孔分层数据以及岩层照片影像等及时上传，实现外业行为的全过程信息化作业与监督管理，并为后续内业工作提供数据基础。勘探内业生产可结合 GIS 地图，进行数据汇总和分析，通过物联感知与移动端系统互联互通，数据共享，实现多种数据导入，并输出相关数据用于地质模型创建。

f）根据 BIM+GIS 技术精确定位钻孔点位，实时展现钻孔分布情况及钻探进度，动态优化钻探设计方案及调整进度。

4）应用成果要求

a）钻孔数据和岩层影像成果；

b）基于钻孔数据生成的三维地质模型；

c）基于地质模型形成的勘察报表、土工试验成果表等资料。

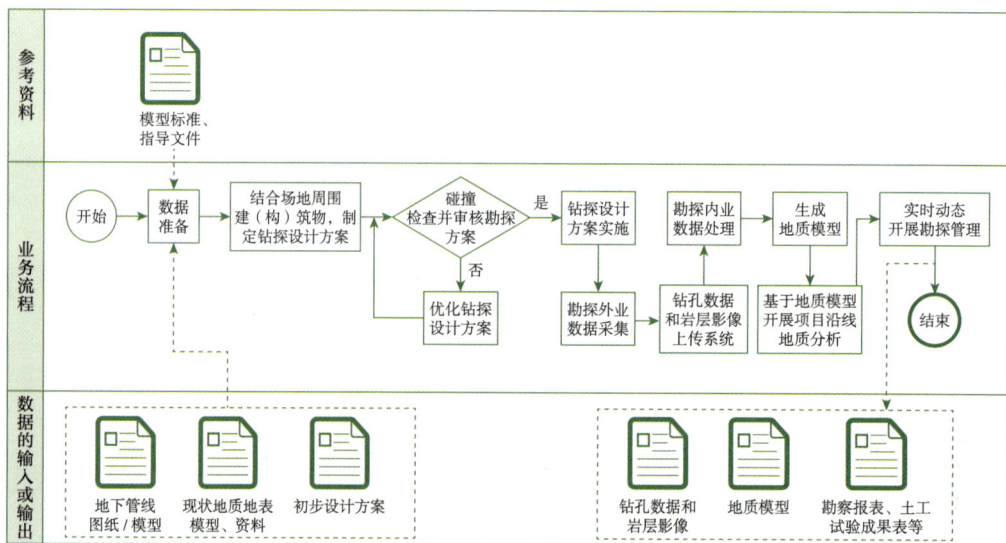

图 5.2.1-1　勘探管理 BIM 应用流程

4　应用价值

传统勘探管理需要依靠大量人力进行现场作业，钻探孔位的分布调整、勘探进度等信息无法及时、直观地反馈至技术管理人员，现场管理和勘查技术人员时常脱节，容易导致勘探管理存在错漏。

采用 BIM 技术进行钻探方案设计，可对地下管线与地下构筑物进行综合分析，辅助管线改迁方案、管道临时改迁措施、保护措施进行模拟和优化，精确定位钻探点位，保证施工安全和市政管线系统在施工期间的安全运行。利用钻探设计方案与现状地下模型进行碰撞检查，在整合模型的基础上设计优化钻探方案，并优化管线保护措施。基于 BIM 技术开展勘探管理，可实现地质模型的三维可视化管理，辅助项目参与人员全面了解工程周围地质情况，减少外业重复劳动，提高勘察效率。

5 应用案例

深圳至深汕合作区铁路位于广东省南部，起于深圳枢纽西丽站，经深圳市南山、龙华、罗湖、龙岗、坪山等区，惠州市至深汕合作区赤石镇，引入广汕铁路赤石站，再利用广汕铁路至汕尾。

深汕铁路全线采用项目组自研的智能勘探 AI 管理平台进行勘探管理，现场钻机均配备智能勘探机器人进行现场管理。智能勘探机器人可实时传输、存储现场勘探视频、照片，根据 GPS 实时反馈钻孔位置。在智能勘探 AI 管理平台上，集成勘察 BIM 模型数据及相关资料，在勘探管理过程中可实时追踪现场机组数量、钻探进度、钻机分布等信息，可查验各孔现场实时情况，及时上传岩心照片、原始报表等原始资料，并在平台上记录孔内测试、岩性描述、取样记录等基本信息。基于 BIM 技术的勘探管理可极大地减轻现场勘探管理的负担，提高现场管理效率，减少勘探过程的安全和技术隐患，使勘探全过程具备可溯源性。

图 5.2.1-2 智能勘探 AI 管理平台实时监控画面

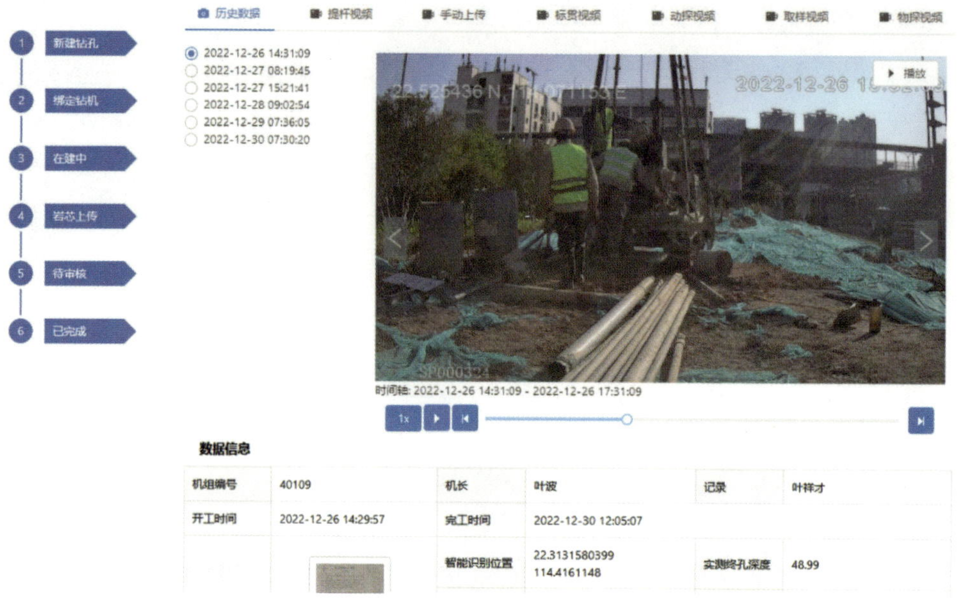

图 5.2.1-3　平台实时查看现场钻探情况（外业作业）

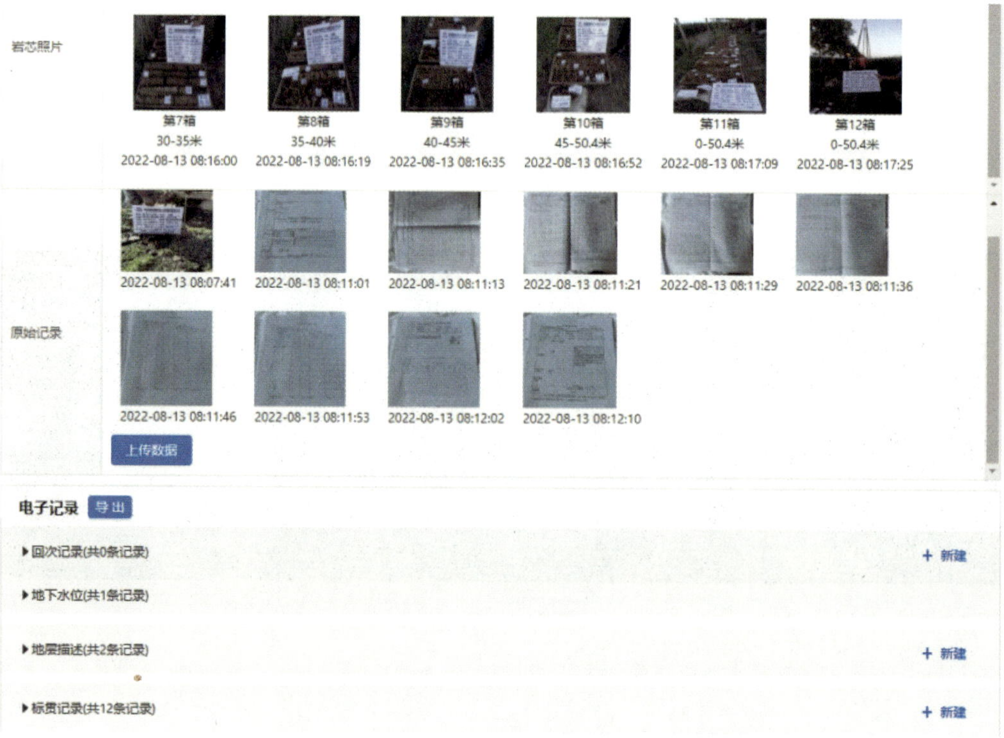

图 5.2.1-4　钻孔原始资料及线上记录情况（内业处理）

5.2.2 地质条件分析

1　应用场景

城市轨道交通项目涉及范围广，地质情况复杂，综合钻探、物探等数据形成三维地质模型，对工程地质、水文地质等进行三维形象化呈现，并基于地质模型进行数值分析，为轨道交通工程安全施工提供技术依据。通过三维地质模型的构建和分析，更加直观、准确地展现实际工程地质条件情况，尤其是针对滑坡、岩溶、风化球（孤石）等不良地质现象，便于与工程相关的非地质人员沟通，有效辅助工程决策，确保工程设计和施工的合理性。

2　应用要点

三维地质建模需由勘察设计单位在地形测量、地质测绘、勘探、物探、试验、观测工作及成果分析的基础上，开展数据收集与处理、数据库建立、三维模型建立、模型编辑与修改、模型检查、成果交付等。以深圳市为例，三维地质模型的建立应符合以下要求：

1）依据深圳市标准地层或依据项目工程地质、水文地质特征建立标准地层表，包括地层名称、时代成因、地层编号、地层时代、成因类型、岩土名称、风化程度、地层描述等信息，标准地层表应全面、准确地展示工程范围内地层信息。

2）根据标准地层建立地层颜色体系，采用统一的 RGB 体系区分不同地层，宜按照《深圳地铁地质勘察编号与命名及建模用色方案》执行，统一深圳市城市轨道交通沿线地质的颜色表达。

3）地质条件分析 BIM 模型应包含主要水文地质信息、工程地质信息、主要岩土物理力学参数等，为设计专业分析和现场施工提供技术支持。对于孤石、溶洞、透镜体、断层等非成层的岩土体及不良地质体，宜建立专门的模型数据，支撑后续资料更新查询。

地质条件分析 BIM 模型应具有便于集成、管理、更新、维护，以及快速检索、调用、传输、分析和可视化等特点。应根据城市轨道交通建设项目工程需要，统一地质模型的数据格式，实现各参与单位、各专业之间数据格式和交换标准统一，数据信息无损传递和共享。

3　应用流程

1）数据准备要求

a）既有区域地质资料、既有勘察资料、既有管线资料。

b）工程范围内场地三维实景模型。

c）现场勘察获取的地质测绘、勘探钻孔、物探、岩土试验等数据。须严格控制地质建模的源数据，优选地质事实型数据，其次是描述性数据、分析结果型数据，最后是解译性数据。

d）勘察报告等其他资料。

2）软件功能要求

地质条件分析 BIM 应用软件宜具有以下功能：

a）具有三维建模、地层面曲面插值、模型编辑、模型剖切、模型展示、数据管理等功能；

b）地质条件分析 BIM 模型的格式应支持与主流数值分析软件交互。

3）应用流程要求

a）收集既有工程勘察资料，并转换为城市轨道交通工程项目所需的勘察数据。

b）对勘察资料进行完整性、准确性、适用性检查，对数据进行预处理，将原始资料转换为适用于地质条件分析 BIM 模型所需数据。

c）输入勘察范围，确定建模范围，按照标准地层表及其对应的颜色标准体系要求，建立三维地质模型。针对孤石、溶洞、透镜体、断层等非成层岩土体及不良地质体宜单独建模。

d）针对不同岩土层 BIM 模型赋予水文地质信息、主要岩土物理力学参数，并根据下游专业需要补充调整相关参数。

e）基于 BIM 模型分析城市轨道交通项目的地质条件，提出经济合理、技术可行的岩土治理方案建议与施工注意事项。

4）应用成果要求

a）三维地质信息模型，应包含地层岩性、地质构造、水文地质条件、不良地质现象，以及各类勘探、测试、取样点位置的三维数据和测试数据，以及地质信息模型的基础数据。模型应能真实、直观地反映场地地质条件与水文信息，便于开展岩土工程设计应用与分析。

b）地质信息模型说明文件，应包括项目名称、建模依据、建模软件、格式标准、地质评价等。

c）勘察数据库文件，应为标准通用格式，并通过数据库校验地质信息模型钻孔的完整性、真实性。

d）岩土工程勘察报告。

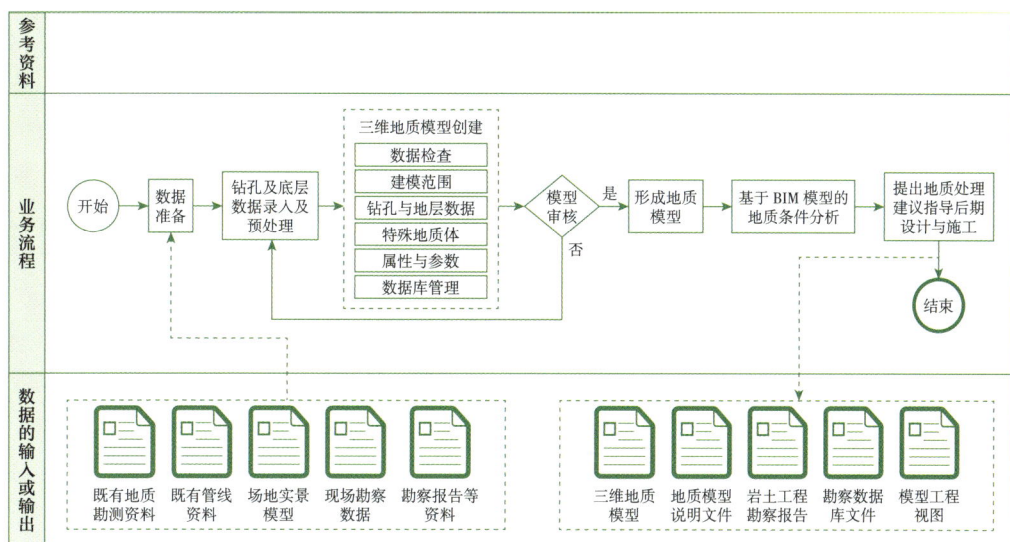

图 5.2.2-1　地质条件分析 BIM 应用流程

e）模型工程视图，应包含钻孔柱状图，重点部位二维及三维剖切面视图，模型整体三维视图，对工程影响较大的夹层、透镜体、孤石等专项三维视图。

4　应用价值

传统地质勘察成果多以岩土工程勘察报告、工程地质平面图、工程地质横纵断面图、钻孔柱状图等二维形式提供地质报告，另附岩土体参数建议值表格等提供相关岩土参数。成果展示不直观，下游专业无法直接使用勘察成果。

基于 BIM 建立项目范围内的地质三维可视化成果，可有效解决空间地质构造起伏变化大、勘察报告直观性差、地质空间变化规律展示不充分等问题，为地质工作者分析研究工程地质现象和掌握岩土结构规律提供新的研究手段和方法，可实现城市轨道交通项目庞大地质数据高效管理、快速查询分析，避免不必要的重复勘察工作。同时，采用三维地质信息模型剖切出图，可在三维地质模型的基础上实现任意方向的模型剖切工作，可直观展示不良地质体的几何形态及发育情况，特别适用于地质条件复杂、要求断面数量多的情况，可提高二维出图效率。

通过三维模型数据集成，可进一步整合市政地下管线、地下建（构）筑物等其他模型，形成三维可视化数据库，清晰了解城市轨道交通工程建设范围内的边界条件，实现基于三维状态下的工程风险源预判，为方案设计和具体实施提供新的技术支持。

积累的地质模型数据可形成 BIM 数字资产，逐步完善城市勘察地质库，为后续新建的城市轨道交通项目提供准确有效的数据基础，有利于降低后期勘察成本。

5　应用案例

深圳市城市轨道交通 6 号线支线二期工程华夏站位于光明区光侨路与华夏路交叉口，车站主体结构采用明挖法施工，华夏站路口东侧为荒地，西北角为绿地，西南角为体育中心网球场。车站沿光侨路南北向敷设，为装配式结构车站。

项目团队基于采集的钻孔数据，对华夏站勘察成果进行钻孔和地质的三维 BIM 建模。建成的 BIM 模型直观展现了场地范围内岩土层分布情况，可直接查看设计需要的岩土体容重、黏聚力、内摩擦角等岩土体物理力学参数，并且支持剖切出图。基于三维地质模型任意方向剖切二维视图，有利于形象化地展示和三维分析判断场地内断裂构造及孤石、溶洞、透镜体等发育情况，为后期项目设计提供适配的剖切图纸。

通过勘察 BIM 模型和车站 BIM 模型的分析，项目人员可直观地查看工程项目所涉及的地质条件，为方案设计、后期施工提供依据。

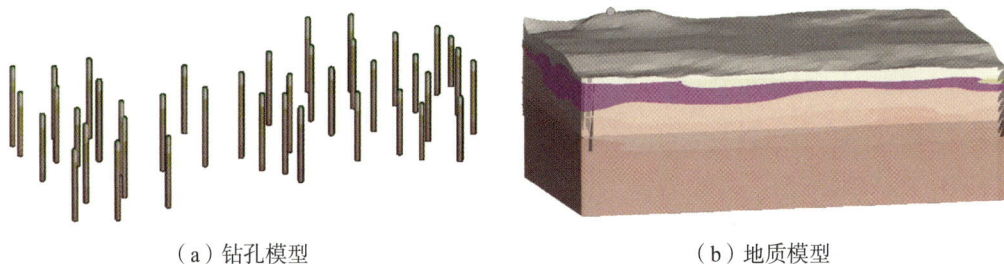

（a）钻孔模型　　　　　　　　　　　　　　（b）地质模型

图 5.2.2-2　华夏站场地地质模型情况

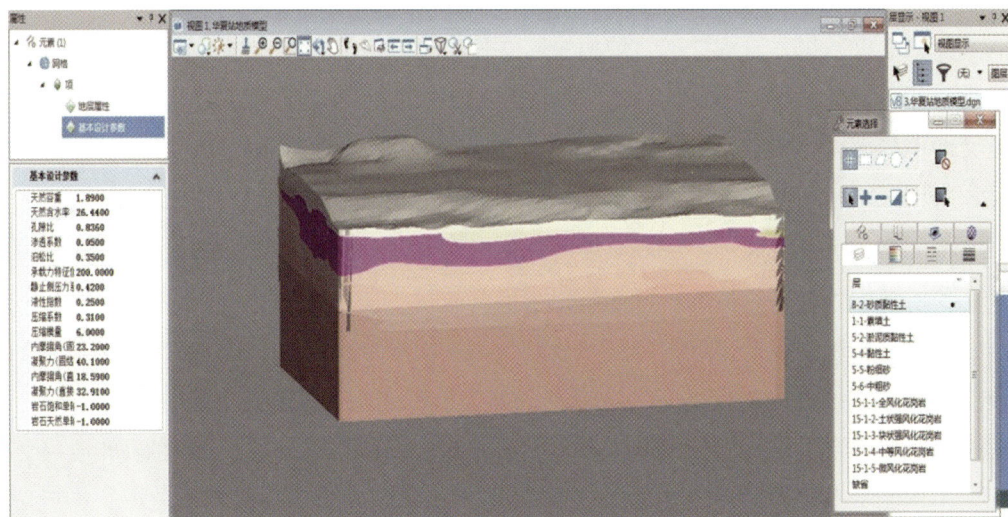

图 5.2.2-3　华夏站地层及其岩土体物理力学参数

图 5.2.2-4　华夏站三维地质模型剖切出图

5.2.3　场地周边环境分析

1　应用场景

城市轨道交通项目一般在城市区域内建设，涉及范围大、周边界面复杂，基于 BIM 技术开展场地的周边环境分析，可为方案设计、施工场地布置、施工组织等方面提供依据。场地周边环境分析还可用于项目展示、建筑设计规划、工地管理、救援决策、灾害评估等方面。采用无人机倾斜摄影、激光点云采集等数字化方式开展城市轨道交通项目周边场地数据采集，可及时收集项目建设初期地理信息数据与施工过程数据，提供真实直观的场地信息。

2　应用要点

利用倾斜摄影技术，可构建地铁沿线精确的实景模型，直观、真实、多维度展示场地信息，在城市轨道交通工程建设及运营阶段具备广泛的应用价值，其场地模型建设的要点如下：

1）影像或实景的分辨率可达到 2cm（可分辨最小 2cm 的实体对象）。根据场地分析需求，可按照 2cm、5cm 等不同精度创建。生产的影像或实景模型在平面和水平误差可控制在 20 ~ 30cm。

2）实景三维模型应能直观反映地物的外观、位置、高度等属性，具有测量精度。建筑物三维体块模型应内容完整、位置准确，应能反映房屋及外轮廓的基本特征。对于重要的场地位置，宜在局部进行补飞、补拍。

3）影像上不应有云隐、烟、大面积反光、污点等缺陷。存在少量缺陷但不影响立体模型的连接和三维模型建立，可用于三维模型生产。拼接影像应无明显模糊、重影、错位等现象。

3 应用流程

1）数据准备要求

a）明确采用的坐标系统；

b）地形、地物特征信息；

c）场地范围红线。

2）软件功能要求

场地周边环境分析 BIM 应用软件宜具有以下功能：

a）真实反映地物的外观、位置、高度等属性，输出模型效果逼真、要素全面；

b）可对场地模型进行编辑；

c）模型格式具有可交互性，能满足下游专业使用需求。

3）应用流程要求

a）获取项目所采用的坐标系统，地形、地物特征信息，场地红线范围等资料；

b）当采用无人机采集场地数据，应按相关流程申请空域许可，在允许的空域范围内进行无人机航拍作业；

c）制定详细的无人机航拍方案，开展航空摄影、像控测量、空三计算等工作，创建三维模型；

d）针对模型显示问题，修补完善实景模型数据，避免影响场地显示效果。

4）应用成果要求

a）航空摄影影像数据，其质量要求影像清晰、反差适中、颜色饱和、色彩鲜明、色调一致，能辨别与地面分辨率相适应的地物影像；

b）像控资料成果，其精度要求应满足项目应用需求，阴影、摄影死角、隐蔽等特殊困难区域的误差可适当放宽；

c）场地三维实景模型，其精度要求应满足项目应用需求，阴影、摄影死角、隐蔽等特殊困难区域的误差可适当放宽；

d）项目技术设计书，应包括项目概述、项目作业范围和内容、作业区自然地理概况和已有资料情况、引用文件、成果主要技术指标和规格、设计方案、归档成果等内容。

4 应用价值

常用的影像数据大多只有地物顶部的信息特征，缺乏地物完整信息。三维实景建

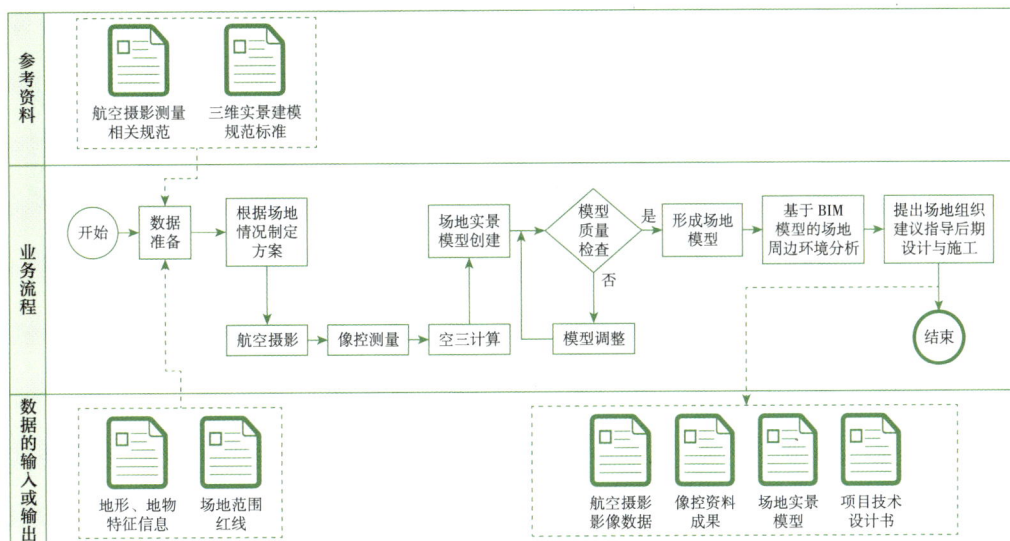

图 5.2.3-1　场地周边环境分析 BIM 应用流程

模有利于全面了解工程建设场地及周边环境，便于更准确地进行方案设计与建设场地可行性研究，有效避免重建、返工等工作，为三维模型集成展示、设计方案决策等提供支持。尤其对于城市轨道交通这类涉及范围广、周边场地复杂、界面类型多等大型工程，基于 BIM 技术开展场地分析，有利于支撑城市轨道交通项目场地布置、施工作业等，提高工地现场管理效率。

5　应用案例

穗莞深城际铁路地处粤港澳大湾区腹地，是珠江东西岸广州、东莞、深圳、佛山等城市之间相互沟通的重要城际铁路通道。为保证全线建设工作的顺利开展，对穗莞深城际东延线、南延线全线进行倾斜摄影航飞和勘察等工作，建立全线三维倾斜模型、地表及地下构建筑物与管线模型，通过三维可视化模型全面分析线路地上地下因素。

基于 BIM＋GIS 技术，在三维环境中采用独立的背景层与地名标注、图廓线公里格、公里格网及其他要素层复合，制作各种专题图，开展场地分析，为该项目的规划、设计、前期决策等提供科学依据，为选线、方案比选、集成展示、方案决策等场景提供技术支持。三维倾斜模型展示了线路沿线的地物实体内容，使项目参建人员能够全方位了解项目所处场地情况，有助于勘察设计人员提前介入工程，提前掌握工程建设场地及周边环境情况，推进设计、施工工作。

图 5.2.3-2   穗莞深城际铁路倾斜摄影模型

5.2.4 地下管线及建（构）筑物分析

1   应用场景

城市轨道交通工程涉及范围广，其地下项目施工作业必然与城市的地下市政管线、建（构）筑物基础等发生干涉关系。其中，城市地下管线种类繁多，包括给水、排水（雨水、污水）、燃气、热力、电力、通信、广播电视、工业管线等 20 余种管线，且空间关系复杂。因此，非常有必要基于勘探资料建立地下管线及建（构）筑物的三维 BIM 模型。通过三维建模，基于 GIS 集成轨道交通工程本身的方案模型，可分析轨道交通工程与周围地下管线与建（构）筑物之间的空间关系，有利于与外部接口的方案设计，规避风险，并为后期施工过程的管线迁改、地质加固等作业提供技术支撑。同时，通过地下管线及建（构）筑物的 BIM 建模，积累轨道交通工程沿线周围的数字资产，为轨道交通工程后期的规划、设计、施工，以及运营提供地下管线及建（构）筑物的数据基础。

2   应用要点

三维地下管线及建（构）筑物分析应用宜包括地下管线及建（构）筑物探测和数据采集、地下管线和建（构）筑物数据库建库、地下管线构件模型库等。尤其对于复杂的地下管线，管线类型众多，宜建立规范标准的地下管线构件库，统一规范管线、管件、设备等构件的命名、材质、颜色，以及属性信息等。为保障后续地下管线迁改、地下建（构）筑物施工作业等工作有效开展，其属性信息宜包括类型、空间位置或坐标、产权单位、保护措施等。同时，地下管线构件库应符合地方现行的地下管线 BIM 标准规范要求。

应注意的是，若存在既有地下管线图纸或资料，可先根据既有资料进行三维建模，再根据现场勘探情况进行修正与补充，以保证地下管线建模的准确性，保障后续设计方案的有效性和施工作业的安全性。

3　应用流程

1）数据准备要求

a）场地范围红线；

b）场地范围内地下管线和建（构）筑物的资料或图纸；

c）物探成果表。

2）软件功能要求

地下管线及建（构）筑物分析 BIM 应用软件宜具有以下功能：

a）可整合管线和建（构）筑物 BIM 模型并流畅浏览；

b）宜具有距离测量与标注功能；

c）宜具有碰撞检查与分析功能。

3）应用流程要求

a）收集并整理地下管线及建（构）筑物现状资料。对收集的资料进行数据预处理，并结合现场物探成果数据，复核并修正现状数据。

b）根据地下管线及建（构）筑物数据创建三维 BIM 模型，若有构件库，可载入标准构件，如管道、管件、检查井等。

c）对创建形成的三维地下管线及建（构）筑物 BIM 模型进行碰撞检查，检查各类地下管线创建的准确性，以及地下管线与建（构）筑物之间空间关系的有效性。当出现碰撞冲突时，应复核数据的准确性。如有必要，宜补测地下管线及建（构）筑物，修正 BIM 模型，直至碰撞检查通过。

d）针对通过检查的地下管线及建（构）筑物 BIM 模型，结合实际情况，将所需的属性信息添加至 BIM 模型中，保障地下管线信息的有效传递。

e）将地下管线及建（构）筑物 BIM 模型集成至 GIS 地图或统一环境，可开展仿真模拟，为后期地下管线改迁、周边建（构）筑物分析等提供形象化、三维化的资料。

f）基于地下管线及建（构）筑物 BIM 模型生成模拟视频，并进行成果交付。

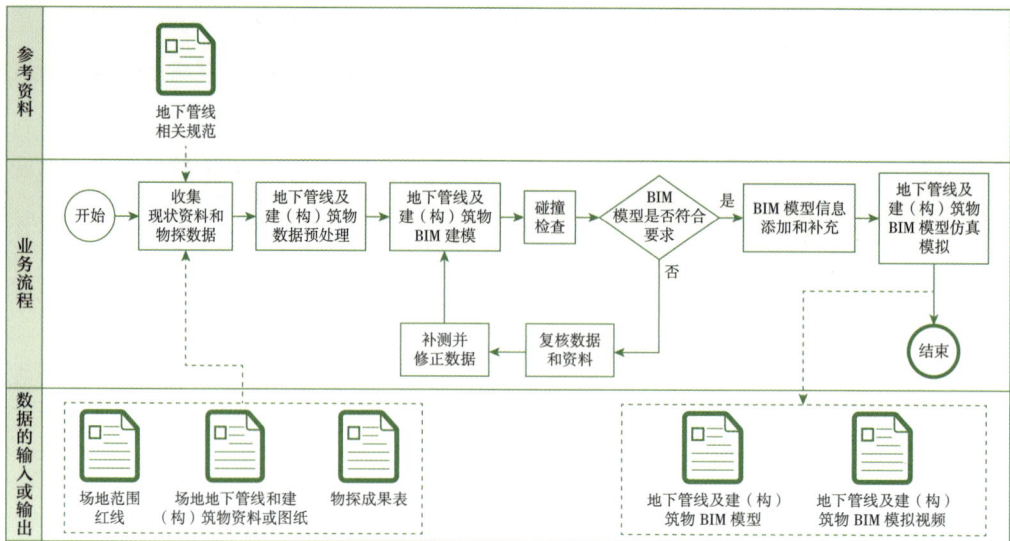

图 5.2.4-1　地下管线及建（构）筑物分析 BIM 应用流程

4）应用成果要求

a）地下管线及建（构）筑物 BIM 模型，通过碰撞检查，并真实反映轨道交通工程区域内地下管线及建（构）筑物的真实状态，包括空间位置、外观尺寸、管线分布等；

b）地下管线及建（构）筑物 BIM 模拟视频，基于 BIM 模型形成漫游仿真视频，充分展示现场地下管线空间关系，并主要展现重点区域的地下管线及建（构）筑物情况。

4　应用价值

传统勘探得到的地下管线及建（构）筑物成果一般以 CAD 图纸、报表等形式展示，主要以点线面和文字注释的方式呈现，二维图纸所携带信息有限，难以表达轨道交通工程项目与地下管线、地下建（构）筑物之间的空间关系。尤其对于时间较早的地下管线及建（构）筑物，资料缺失严重。随着轨道交通工程在城市区域密集分布，地下管线及建（构）筑物的避让、保护等是一项很重要的前期工作。

基于现有资料和物探成果开展地下管线及建（构）筑物 BIM 建模，并集成至 GIS 地图，形象化地展示轨道交通工程与周边环境之间的关系，有助于地下管线及建（构）筑物保护措施的制定。同时，有利于轨道交通项目各参与单位全面了解工程地下状况，辅助项目决策，为轨道交通项目的安全施工、风险控制、多方协调等提供技术支撑。

进一步，城市轨道交通项目作为城市重要的基础设施，站点分布城市各区域，通过建立地下管线及建（构）筑物 BIM 模型，可形成城市建设和发展的 BIM 数字资产，为后期轨道交通工程和其他工程的施工提供环境数据基础，减少勘探成本，提高项目效率和建设质量。

5 应用案例

穗莞深城际铁路前海至皇岗口岸工程先开段的线路全长约 6.6km，包含两段盾构隧道、两段矿山法隧道（后导洞）、一座工作井（明挖）、一处明挖段。地铁施工场地范围内管线密布、种类繁多，且管线具有"隐蔽性、不确定性、动态性、复杂性、长期性"等特征，对后期钻孔、开挖等安全施工具有一定的挑战。一旦发生管线破坏的情况，修复管线不但延误工期、增加成本，还会影响周边市民正常生活，造成不良社会影响，甚至导致人员伤亡或影响结构安全。因此，项目团队结合 BIM＋AR 技术，在既有勘察勘探资料和管线资料的情况下，建立三维 BIM 模型，并仿真模拟地下管线与施工场地之间的空间关系，为后期的管线迁改与保护管理方案分析工作提供依据。

在地质模型建立和分析方面，首先自动提取钻孔地层数据，通过识别钻孔数据自动创建地质三维模型，并呈现复杂透镜体、互层等地质形态。然后在地质三维模型基础上，增加钻孔、地质有关属性信息，并可任意剖切地层面，查看并分析工程范围内的地质情况。

（a）区间地质模型　　　　　　　　　　（b）车站地质模型剖切

图 5.2.4-2 地质模型

在地下管线模型建立和分析方面，收集项目影响范围内的地下管线图纸，并结合勘探成果表对地下管线数据进行补充与修正，创建相应的地下管线 BIM 模型。为保证管线 BIM 模型的准确有效，基于 BIM 模型进行各类管线的碰撞检查与模拟，保障地下管线 BIM 模型的准确性。考虑项目范围内的地下管线对后期施工的重要性，项目团队结合 BIM＋AR 技术，将地下管线三维模型上传至服务器，实现虚拟模型与真实世界的叠加。通过移动端扫码可查看地下管线与现场建（构）筑物之间的关系，动

（a）基于勘探成果的地下管线模型对比与修正　　（b）地下管线与建（构）筑物的空间关系分析

图 5.2.4-3　基于 BIM 的地下管线勘探分析

态查看地下管线状态、位置和相关属性信息，为后期管线迁改方案、开挖方案等设计和施工提供技术支撑。

5.2.5　挖填方计算

1　应用场景

运用三维地质模型进行剪切，所剪切的部分则为需开挖的土方量。挖填方计算适用于城市轨道交通工程建设中的隧道、基坑、桥涵等工程建设区域的岩土层开挖方量统计。通过三维地质模型可查看开挖部分或者回填部分的体积信息，即可获得开挖或回填的土石方量，甚至不同土（岩）层的开挖量，使土石方工程的造价预算更精准。

2　应用要点

挖填方计算是在勘察 BIM 模型基础上，按照设计开挖方案模拟土石方开挖过程，验证开挖方案的可行性。三维地质模型应包含不同岩土层参数、岩土施工工程分级等信息，以便计算不同土（岩）层挖方量或回填量。

3　应用流程

1）数据准备要求

a）地表环境模型；

b）三维地质模型；

c）基于勘察 BIM 模型建立的开挖模型。

2）软件功能要求

挖填方计算 BIM 应用软件宜具有以下功能：

a）可导入地质模型成果；

b）可实现实体或者网格布尔运算，具有裁剪功能；

c）具有算量功能。

3）应用流程要求

a）接收三维地质模型及相关勘察资料，导入挖填方计算分析软件，检查地质模型各土层参数。根据挖填方需求赋予岩土层计算体积的相关属性。

b）根据城市轨道交通项目挖填方需求，制定基坑、隧道等挖填方方案，并进行挖填方案模拟仿真。

c）按照岩土层挖方方案，结合施工步骤导出开挖区域土石方量计算结果。施工完成后按照填方方案，回填相应体积的岩土层。

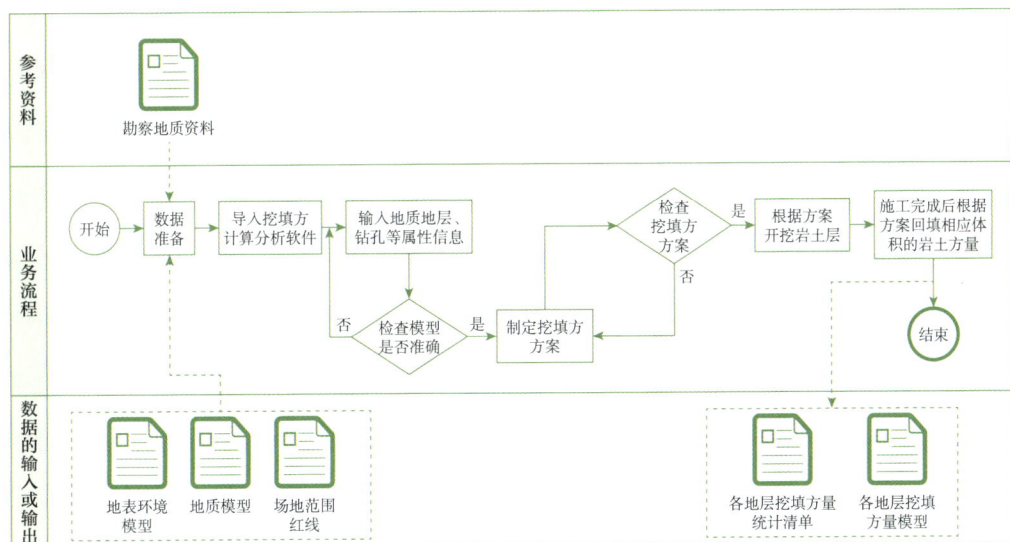

图 5.2.5-1　挖填方计算 BIM 应用流程

4）应用成果要求

a）各地层挖填方量统计清单，应准确体现土方计算要求，可根据空间（工程类型）、时间（进度）、区域（标段）等开展挖填土方量统计，根据岩土层属性参数，可及时、准确地统计工程量数据；

b）各地层挖填方量模型，应准确表达土方开挖量的统计结果与相关信息，可配合设计开挖土方量核算与造价等相关工作。

4　应用价值

基于 BIM 模型的各地层挖填方量计算分析，可快速、准确地获取工程土石方工程量，为设计方案优化及造价预算提供基础数据，对于方案优化、工程总投资的控制及施工效率的提高具有重要价值。基于勘察 BIM 模型，根据规划工程开挖区域范围、开挖深度等要求，采用三维的土层开挖软件，对区域范围内的土层进行裁剪剖切，软件自动计算各地层开挖土方量，并生成开挖方量报告或清单；设计人员根据不同地层开挖方量统计，优化设计方案并辅助工程造价，为后续施工土方开挖模拟提供基础数据参考，提高挖填方施工作业效率。

5　应用案例

穗莞深城际前海至皇岗口岸段是粤港澳大湾区城际铁路网主轴穗莞深城际的重要组成部分，是一条承担着大量城际客流与市内通勤客流的"公交化"特征明显的城际轨道线路。穗莞深城际皇岗口岸—超级总部站区间主要地层为第四系填土、第四系海冲积、冲洪积层、残积层及花岗石等，隧道采用双线单洞盾构通过。

项目团队首先创建穗莞深城际皇岗口岸—超级总部站区间沿线的地质三维模型，然后根据隧道工程的管片外径建立隧道开挖模型，结合地质模型和隧道开挖模型，分别提取三维地质 BIM 模型的土石界面和隧道开挖界面，利用土石分界面切割隧道开挖模型，进而得到隧道工程施工开挖过程中的土石方开挖方量。

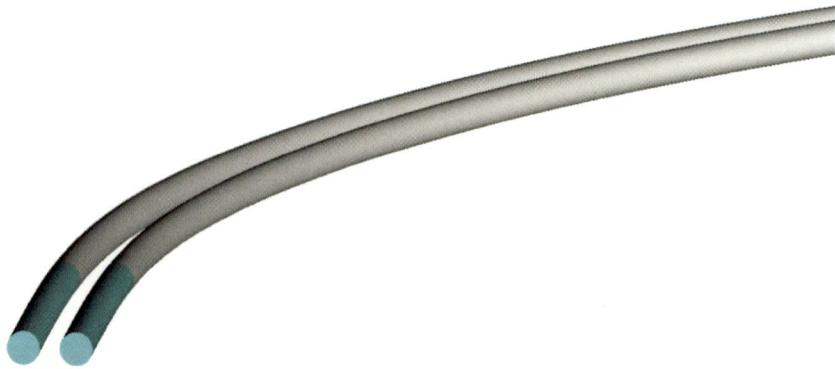

图 5.2.5-2　基于隧道管片外径建立的隧道开挖模型

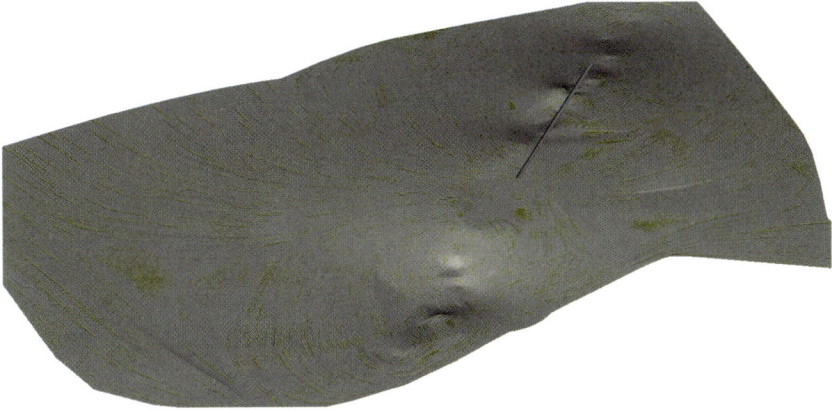

图 5.2.5-3　基于三维地质模型导出土石界面

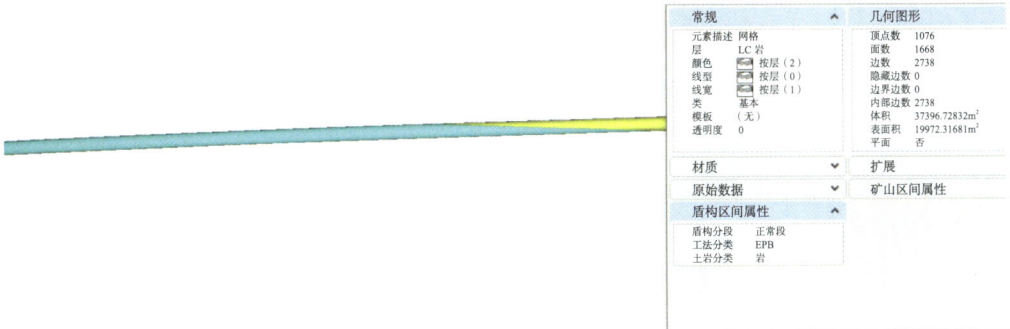

常规	∧	几何图形	
元素描述 网格		顶点数	1076
层　　　 LC 岩		面数	1668
颜色　　 按层（2）		边数	2738
线型　　 按层（0）		隐藏边数	0
线宽　　 按层（1）		边界边数	0
类　　　 基本		内部边数	2738
模板　　 （无）		体积	37396.72832m²
透明度　 0		表面积	19972.31681m²
		平面	否
材质	∨	扩展	
原始数据	∨	矿山区间属性	
盾构区间属性	∧		
盾构分段　 正常投			
工法分类　 EPB			
土岩分类　 岩			

图 5.2.5-4　切割生成隧道土石方模型（开挖方量）

6 设计 BIM 应用

6.1 一般规定

6.1.1 城市轨道交通工程设计 BIM 应用的主要目的是根据项目的各项指标要求，在分析场地边界条件的基础上，创建项目 BIM 模型，并通过模拟分析等方法推敲、优化设计方案，为施工提供基础。

6.1.2 城市轨道交通工程设计 BIM 应用的阶段可划分为总体设计阶段、初步设计阶段、施工图设计阶段，宜在设计全过程推进协同设计与管理。

6.1.3 总体设计阶段以总体设计 BIM 模型为基础，应充分运用 GIS、大数据、云计算、仿真模拟等技术对设计方案进行分析，验证工程项目可行性、稳定线路占位、做好外部接口协调，以保证设计方案的合理性、适用性和经济性。

6.1.4 初步设计阶段以初步设计 BIM 模型为基础，应对建筑设计方案、主体结构方案、管线迁改和交通疏解方案、专项风险工程等重要问题进行综合分析，并论证技术上的可实施性、经济上的合理性。

6.1.5 施工图设计阶段以施工图设计 BIM 模型为基础，深化关键节点、管线综合、预留预埋、算量计价等各方面内容，并宜考虑施工条件和因素，优化方案的技术措施、工艺工法、设备材料用量等，以支撑后期施工安装作业。

6.1.6 设计 BIM 应用的主要内容在设计阶段完成，但其设计行为应贯穿城市轨道交通工程整个建设阶段，并应配合完成竣工验收。

6.2 协同设计与管理

1 应用场景

协同设计与管理是各设计师基于统一的模型载体和标准要求，共同完成同一设计项目。协同设计可在城市轨道交通工程不同专业之间开展，如建筑与结构之间的协同，也可在专业内针对不同区域开展，如主体结构和附属建筑。协同设计与管理应贯穿整个设计过程。

随着项目进程的发展，各专业之间或各区域之间的协调要求越来越高，在项目条件允许的情况下宜尽早开展协同设计与管理。同时，除了项目设计内容的协同，还需要开展项目的协同管理，包括进度管理、设计文件统一管理、人员角色权限管理、审批流程管理、分类归档等，通过协同管理机制保障协同设计的有序开展。

2 应用要点

协同设计的本质是信息之间的协同管理，保证各方之间信息的有效传递和使用。为保障协同设计的有效开展，在协同设计应用过程中应注意以下事项：

在设计协同方面，建立统一的设计标准，包括图层、颜色、线型、打印样式等，保证 BIM 模型和 CAD 图纸的准确性、统一性和规范性。同时，宜根据城市轨道交通工程设计特点，建立各专业之间提资内容、深度的标准规范，以保证各专业准确获取所需的设计内容，辅助专业设计。

在管理协同方面，建设单位宜组织各相关单位采用统一的平台开展协同设计管理与组织，减少各专业之间以及专业内部由于沟通不畅或沟通不及时导致的错、漏、碰、缺问题。BIM 协同平台宜具有提资管理功能，固化工作流程，可开展管理、审核、归档等工作，明确各参与单位相关责任和职责，减少接口问题。

为保证设计质量和效率，在设计过程中，各专业原则上始终具有本专业设计内容的修改、调整、发布等权限，其他专业可通过申请获得相关权限，工作完成后自动放弃相应权限。

3   应用流程

1）数据准备要求

城市轨道交通工程各专业 BIM 模型。

2）软件功能要求

协同设计与管理 BIM 应用软件宜具有以下功能：

a）可集成城市轨道交通工程各 BIM 模型，并可进行浏览、漫游等；

b）宜具有分发、过滤、管理、归档模型或文件的功能；

c）可根据用户角色进行权限分配；

d）可定制管理流程，并具有审核批准功能。

3）应用流程要求

协同设计与管理贯穿整个设计阶段，并需要配合后期施工作业。因此，该项工作是持续性的。其流程的主要步骤如下：

a）结合城市轨道交通工程特点和项目要求，制定项目工作办法，以及协同设计样板文件，可存储至项目 BIM 协同平台统一管理。

b）各专业设计师按照统一的设计标准规范要求开展本专业设计，并根据项目进度要求，开展碰撞检查、综合协调等专业之间或专业内不同板块之间的协同，根据问题情况及时沟通并修改设计方案。在设计过程中，应按照进度要求上传设计模型成果至项目 BIM 协同平台，作为项目其他参与单位设计依据和参考。

c）按照项目进度要求，应组织项目相关方审核设计成果。设计方案通过后及时发布各专业设计成果，包括 BIM 模型、图纸，以及相关的设计成果，并归档至项目 BIM 协同平台。

d）设计工作主要在设计阶段完成，但设计行为贯通项目全生命周期。在施工阶段，应做好设计配合项目工作，以保证项目的有序推进。

4）应用成果要求

各专业深化 BIM 模型，以及其他设计成果。

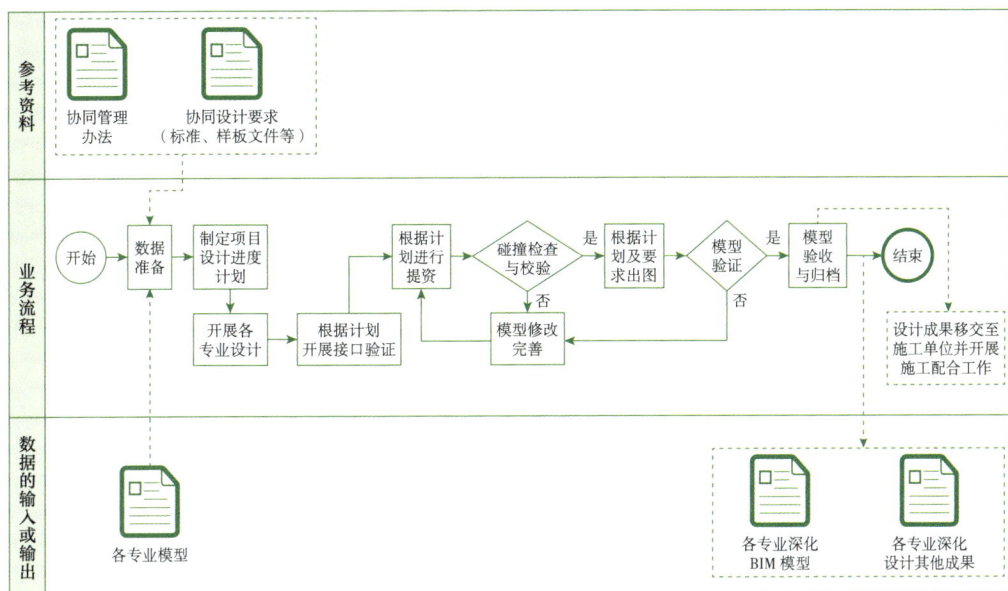

图 6.2-1　协同设计与管理 BIM 应用流程

4　应用价值

城市轨道交通工程专业繁多，基于 BIM 技术的协同设计旨在解决跨专业实时数据协同难、专业内设计过程协同欠缺、设计阶段成果与外部参与单位协同差等问题。

促进专业信息的协同。相比于 CAD 图纸，BIM 模型具有更丰富的结构化数据，通过设计各专业之间的提资内容，使其他专业从完整的模型中更容易获取所需的设计信息，即子模型，有助于推进信息共享与转换，提高设计质量。

推进设计管理的协同。建设单位、设计单位、施工单位在统一的协同平台上进行管理，通过在平台中定制流程，完成编校审等过程，节省了项目协调时间，保证沟通和解决问题的时效性。项目各方，尤其是项目管理人员，通过平台可以随时了解并跟踪项目进度。同时，平台可将设计任务直接分发至各设计人员，将责任落实到个人，提高设计协同管理的效率。

辅助远程的设计协同。传统的设计项目主要采用线下的沟通协作，随着项目复杂度的提升，不同专业的设计人员可能在不同地方。运用广域网下的协同平台，可以实现异地人员的及时协作。一旦出现变更或问题，及时传达至相关人员，保障各设计人员掌握第一手的准确信息，保障设计工作的有效性。

现阶段的协同设计主要体现在文件级别的协同管理，随着技术的发展以及设计要求的提升，将逐步推进文件内容级别的协同管理。

5 应用案例

南油站是深圳地铁 9 号线和 12 号线同步实施的双岛式换乘地下站，位于南海大道与登良路交叉路口，沿南海大道南北向布置。车站总建筑面积 34940.85m²，为地下二层车站，站台宽 12m＋12m，地下一层为站厅层，地下二层为站台层。根据设计组的专业划分，项目涉及两条线路 40 多个专业，接口复杂，需要有效的协同平台辅助设计的协同管理。

该项目采用 ProjectWise 平台作为设计协同管理平台，实现了院内各设计人员跨区域的专业协同，系统与工点实时协同的功能使各方能随时了解项目进展。首先在协同平台为各设计人员设置控制权限，明晰各设计人员的工作界面。其中，采用 ProjectWise 平台基于中心文件开展协同，实现各专业之间的协同设计，通过"ProjectWise 平台＋工作集"的方式实现对项目的访问权限，并对模型构件设置编辑权限。

在协同平台设置管理流程，管控各专业设计进度和质量。在 BIM 提资管理方面，规定各专业之间的负责内容和提资内容，实现专业之间的高效协同，降低信息的错误率和延误率。

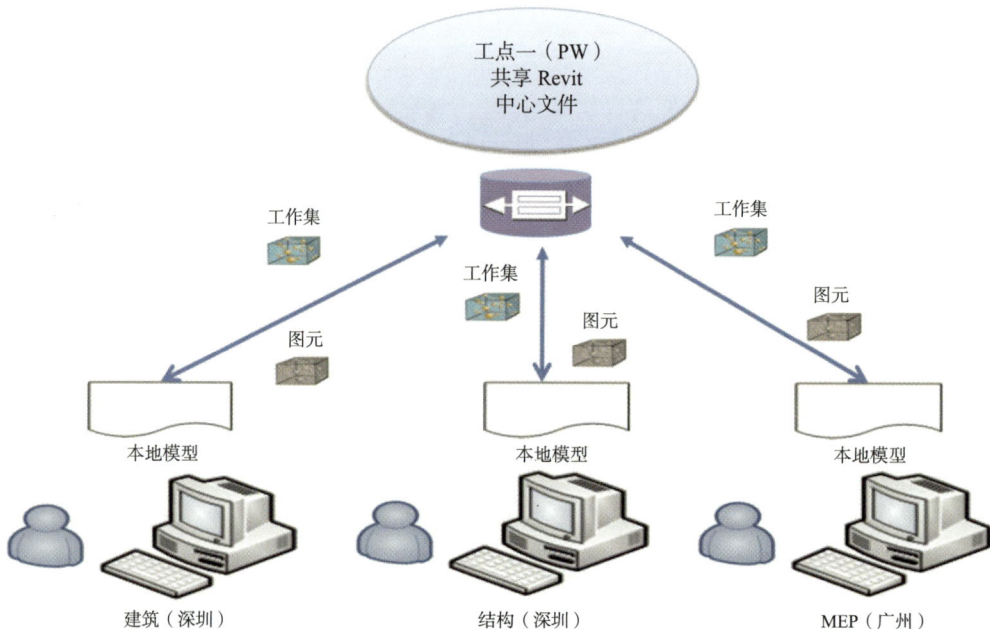

图 6.2-2 基于 ProjectWise 的协同设计路线图

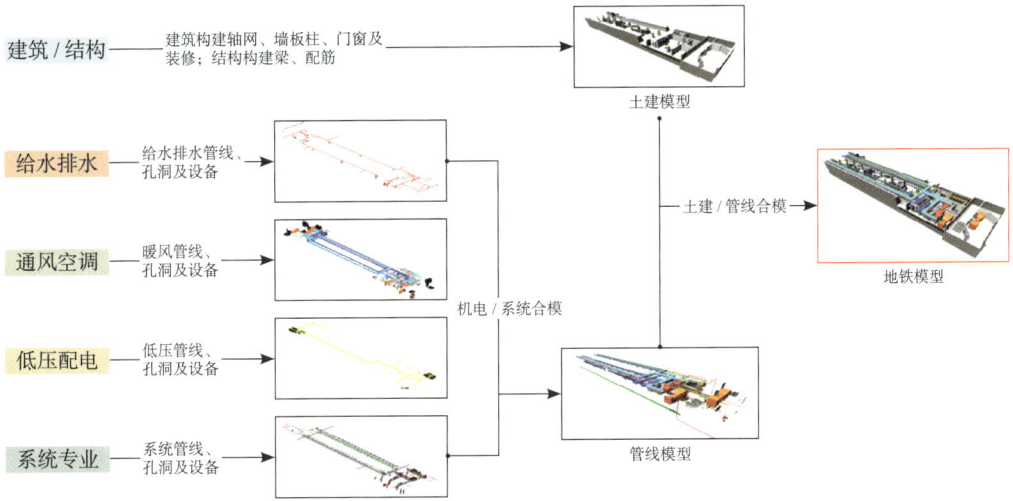

（a）BIM 提资流程

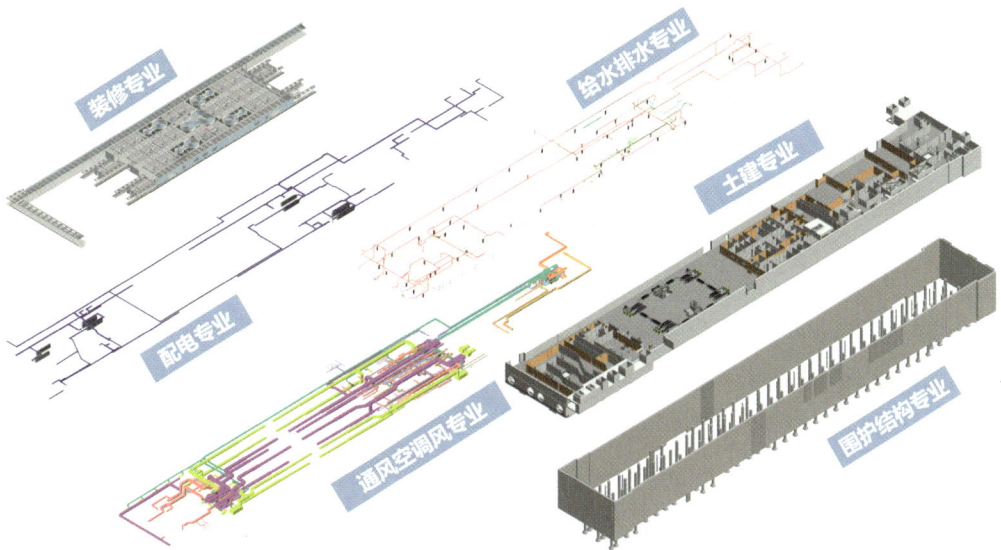

（b）各专业 BIM 模型

图 6.2-3　基于 BIM 的协同设计管理

6.3 总体设计

6.3.1 规划设计方案表现

1 应用场景

根据规划设计方案创建轨道交通规划三维展示模型，整合周边环境模型，开展不同规划设计方案的可视化表现，实现轨道交通方案与城市总体规划的协调。

2 应用要点

运用 BIM 与 GIS 集成现状城市轨道交通线网与规划建设线路模型，分析城市轨道交通工程的区域特征，研究其与周边建（构）筑物、交通接驳、站城一体化之间的关系，优化规划方案。在城市 GIS 场景下呈现城市轨道交通工程 BIM 模型方案，为规划方案的决策与沟通提供可视化表现方法。

3 应用流程

1）数据准备要求

a）城市轨道交通项目规划设计资料；

b）项目周边环境模型。

2）软件功能要求

规划设计方案表现 BIM 应用软件宜具有以下功能：

a）宜实现 BIM 与 GIS 模型、信息的集成；

b）宜对模型进行流畅的浏览与漫游展示；

c）宜实现模型的编辑功能，如测量、尺寸标注、剖切、移动调整等。

3）应用流程要求

a）依据规划设计方案资料建立相应 BIM 模型，并将周边环境模型与方案模型进行整合，确保方案设计信息的有效性、协调性，并应核查整合模型的准确性、完整性。

b）生成规划设计方案的三维表现模型，通过三维可视化效果展示由建设单位组织讨论并确认是否进行设计方案变更。若不符合要求，应依据变更意见进行修改，并重新生成模型。

c）应基于规划设计方案 BIM 模型生成漫游展示视频，并进行成果交付。

4）应用成果要求

a）城市轨道交通工程规划设计方案表现模型；

b）相关漫游视频，基于 BIM 模型形成的漫游视频资料，可满足规划设计方案表现等需求。

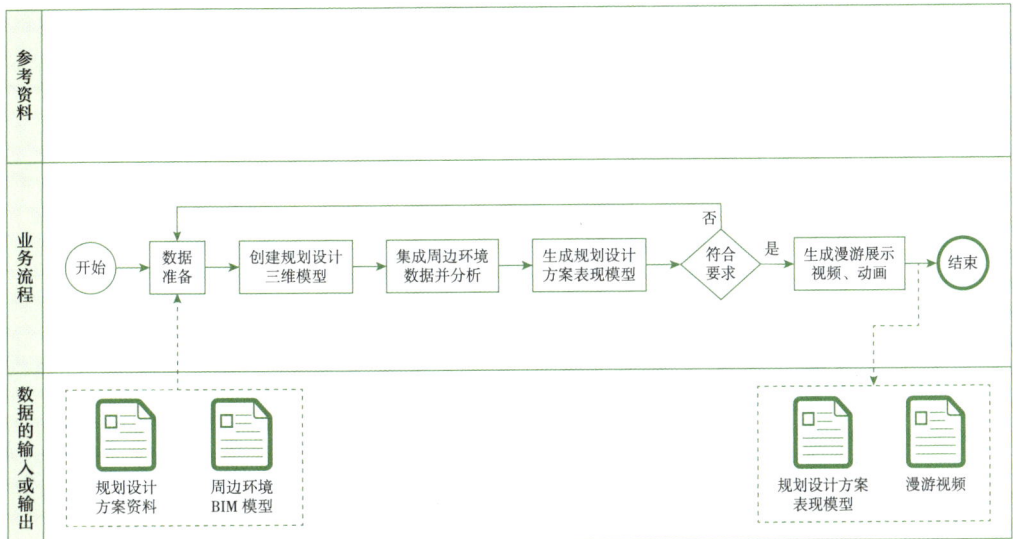

图 6.3.1-1　规划设计方案表现 BIM 应用流程

4　应用价值

城市轨道交通工程涉及范围广，与周边环境、建（构）筑物存在较多干涉界面，且城市轨道交通工程规模大、技术复杂，需提前确定边界条件，为后期的详细设计提供基础。传统的规划设计方案主要采用二维图的表现方式，可在一定程度上呈现城市轨道交通工程项目与周边环境之间的关系，但空间关系难以形象表达，且不能实现自动测量和快速响应变更。将城市轨道交通工程、建筑、地质、管线、地理信息在"一张图"整合，在城市 GIS 场景下呈现轨道交通 BIM 模型方案，有利于快速查询沿线地上地下、工程及周边环境的空间关系与详细信息，并可在 GIS 地图上进行量测。BIM 可视化表现方法有助于城市轨道交通工程规划方案的沟通与决策。

5　应用案例

深圳市城市轨道交通 6 号线支线起于 6 号线翠湖站东侧（与 6 号线换乘），主要沿光明大道—光侨路—公常路敷设，终于武汉大学站后深莞边界处，预留延伸至东莞的条件。项目组首先采用 BIM + GIS 技术，通过倾斜摄影现场采集数据，建立全线地表的实景模型。对于地下部分，借助插件快速创建市政管线模型，并结合钻孔数据创建地质三维模型。

按照规划设计方案创建三维线路模型，将现场的实景模型、地质模型以及市政管网模型等在 GIS 地图上进行三维集成，直观反映规划线路与周边现有建（构）筑物、沿线地质以及市政管网之间的关系。项目各参与单位在"一张图"上进行沟通协调，借助三维可视化的模拟手段，对比分析不同规划方案的差异，全面分析地上地下之间的关系，以及不同规划方案对周边环境的影响情况。通过空间位置关系分析，调整优化规划方案，辅助规划方案决策，最终选择合理有效的规划设计方案。

图 6.3.1-2　深圳地铁 6 号线支线规划方案的三维空间分析

6.3.2 线站位综合比选

1　应用场景

为保障城市轨道交通线路设计的合理性、符合性，宜采用 BIM 模型进行沿线各单项工程的分布合理性分析。同时，基于地质模型、现状管线模型等基础资料，可开展线站位范围内的地质风险评估、高程分析、坡度坡向分析等场地分析，作为后续施工阶段施工方案选定、危险源识别的依据。

2　应用要点

通过 BIM + GIS 平台集成线路各站点沿线的环境、建（构）筑物等数据，充分分析线路穿越地层、地下水与不良地质情况，比选不同的线站位布局。依据 BIM 模型核查项目范围内红线、绿线、河道蓝线、高压黄线以及周边既有建（构）筑物间的空间关系，并导入周边交通出行信息，拟选最佳线位、站位。

3　应用流程

1）数据准备要求

a）城市轨道交通线路的地层、地下水、不良地质等资料；

b）城市轨道交通车站、区间穿越重要节点的周边环境及场地仿真模型；

c）三维地质模型、现状管线模型；

d）车站主体、区间的体量模型，车站模型应能体现出入口、风亭等附属设施。

2）软件功能要求

线站位综合比选 BIM 应用软件宜具有以下功能：

a）宜实现 BIM 与 GIS 模型、信息的集成；

b）宜对模型进行流畅的浏览与漫游展示；

c）宜实现模型初步的编辑功能，如测量、尺寸标注、剖切、移动调整等。

3）应用流程要求

a）根据多个线站位方案建立相应 BIM 模型，并将周边环境模型与方案模型进行整合，分析线路站位布局合理性，应核查整合模型的准确性、完整性；

b）生成线站位综合比选模型，宜采用模型进行服务人口、征地拆迁等仿真分析，并向建设单位、设计单位等项目参与单位展示模型三维成果，辅助方案决策，若不符合要求，根据变更方案重新搭建模型进行比选；

c）基于线站位 BIM 模型生成比选方案的视频，开展方案对比，编制线站位综合比选分析报告。

4）应用成果要求

a）优化后的轨道交通工程车站、区间模型；

b）线站位比选方案视频；

c）线站位综合比选分析报告。

4　应用价值

在线站位比选分析中，传统方法主要采用二维设计手段，不能直观体现线路所经区域的复杂自然条件、资源分布、地形地貌等因素。通过 BIM+GIS 技术，可在虚拟的地理环境中集成线站位周边环境、建（构）筑物的模型数据，经比选分析，对线路、车站进行最优化布局，实现与周边交通、环境的协调，有效提高线站位设计质量。

5　应用案例

五和站位于五和大道与布龙路交叉口，沿布龙路布置在布龙路北侧地块内，所

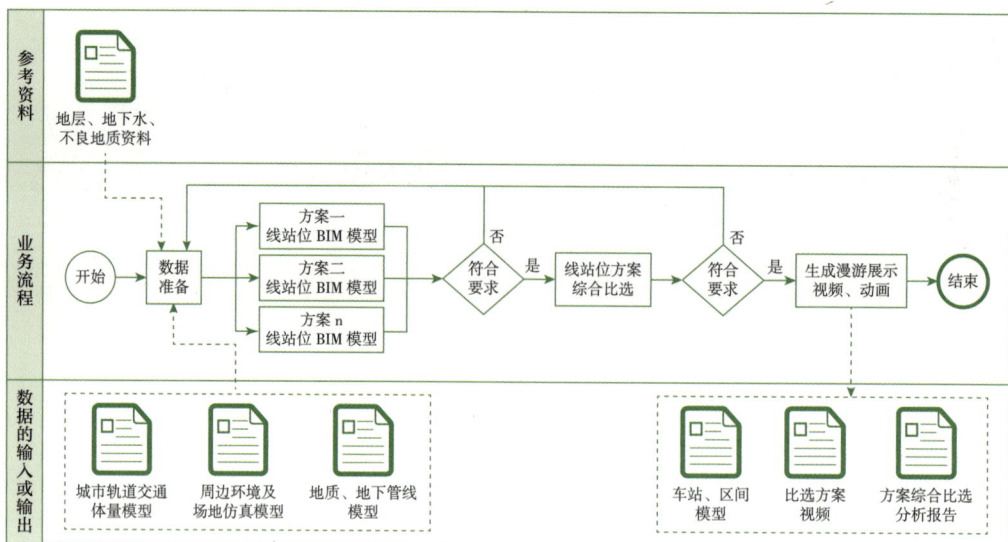

图 6.3.2-1　线站位综合比选 BIM 应用流程

在地块现状以居住类房屋为主，车站周边规划以居住、商业、工业用地为主。与既有地铁 5 号线、地铁 10 号线、规划深惠城际和广深中轴城际换乘；车站受穿越 10 号线及站址地形条件限制，轨顶埋深较深，设计为地下五层岛式车站，建筑面积约 20 万 m^2。

五和站周边环境复杂，采用传统方法难以满足线站位布局需求。项目运用 BIM＋GIS 技术，针对车站站址选择、出入口方案优化、区间线路走向调整的需求，通过倾斜摄影数据，基于三维协同环境，采用快速建模、环境仿真等技术形成线站位方案比选优化模式。运用多专业协同技术，快速创建车站布局等多个方案，利用出入口参数化建模模块，快速创建车站出入口模型。分析周边线路站位布局合理性，进行线路方案比选，生成线路方案比选报告及线站位合理性分析报告，为可行性研究阶段提供重要的依据，对打造高品质的城市发展空间具有重要意义。

该项目采用 BIM＋GIS 技术开展线站位综合比选，基于三维可视化的方式，形象化地表达不同方案的线站位布局，有效解决了轨道交通工程对土地综合评估、线路站点腹地覆盖、建筑拆迁、车站周边土地开发潜力等线站位比选相关影响因素的空间数据分析问题，使线站位方案更具全面性、合理性、系统性。在城市高速发展的背景下，采用 BIM＋GIS 的方式对轨道交通工程线站位布局进行优化调整，有利于缓解城市日益严峻的用地问题、交通出行问题等。

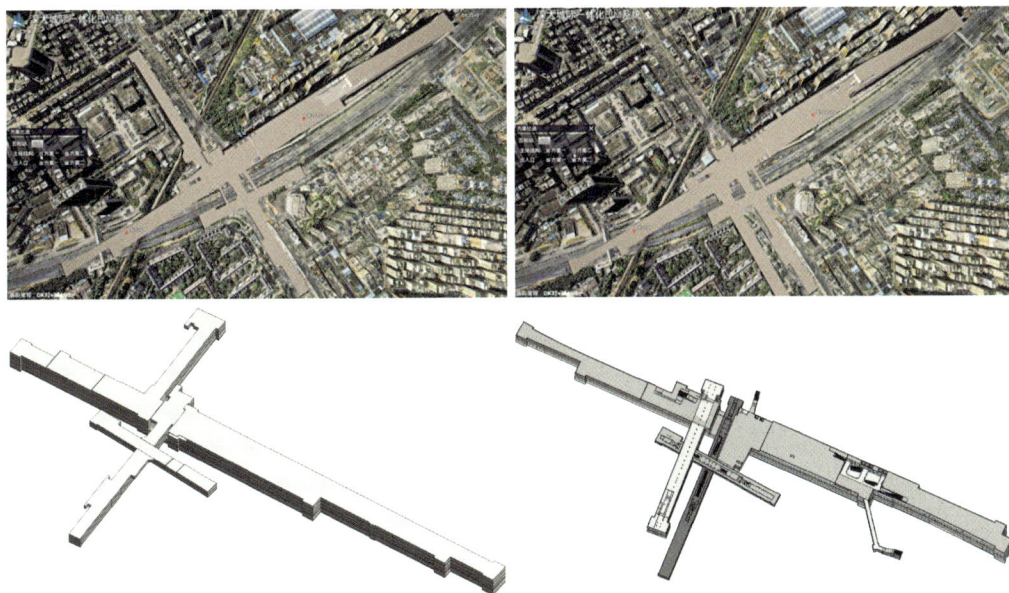

图 6.3.2-2　五和站线站位合理性分析应用

6.4　初步设计

6.4.1　车站建筑设计方案比选

1　应用场景

通过创建或局部调整的方式，形成多个备选建筑设计方案模型，并经过多种模式展示（如可视化展示、沉浸式漫游等）、多方沟通讨论，多轮调整后，形成最佳的建筑设计方案，为初步设计阶段提供基础数据，使项目方案的沟通讨论和决策在可视化的三维仿真场景下展开，辅助选出高效、经济的建筑设计方案，提高工程设计质量，节省成本。对于装配式车站，需要进一步考虑装配式构件的合理性、经济性和可实施性。

2　应用要点

为选出最优的设计方案，应提供多个设计方案进行比选分析，主要从方案的可行性、功能性、经济性等方面进行分析。轨道交通工程涉及车站、区间、车辆基地、主变电所、控制中心等不同类型、不同专业，本应用场景以车站的建筑设计方案为例，可为其他工程类型的设计方案比选提供参考。

3 应用流程

1）数据准备要求

a）初步设计模型；

b）项目周边环境模型。

2）软件功能要求

车站建筑设计方案比选 BIM 应用软件宜具有以下功能：

a）宜具有丰富的建筑构件库；

b）宜具有几何外观造型功能；

c）可整合各专业 BIM 模型，并流畅浏览与漫游展示；

d）可真实表现材质、光线等建筑效果，具有高精度的效果渲染功能；

e）宜具有距离测量与标注功能。

3）应用流程要求

a）依据不同的车站建筑设计方案建立相应 BIM 模型，并确保各设计方案的完整性，核查设计模型的准确性、完整性。

b）根据城市轨道交通工程车站建筑设计规范，对多个建筑设计方案进行严格比选，包括方案的可行性、功能性、经济性等方面。

c）由建设单位组织项目各参与单位开展专题讨论，比选分析各设计方案的优劣，确认是否需要对设计方案进行变更。若方案不符合要求，应依据变更意见重新创建设计模型，直至通过审核，并形成建筑设计方案比选分析报告。

d）基于设计方案的 BIM 模型生成相应漫游展示视频，并进行成果交付。

4）应用成果要求

a）建筑设计方案比选报告，应体现项目 BIM 模型、图纸和方案的对比分析情况，重点分析建筑造型、结构体系、机电方案以及三者之间的匹配性；

b）建筑设计方案模型，应体现建筑项目几何造型、结构主体框架、设备方案等，并保证模型的完整性、规范性、准确性；

c）应基于建筑设计方案 BIM 模型形成相应的漫游视频。

4 应用价值

在二维 CAD 图纸状态下开展轨道交通项目建筑方案设计与表达，对于复杂空间位置的理解具有一定偏差。对于后期施工、使用等可能会造成无法施工或空间使用不

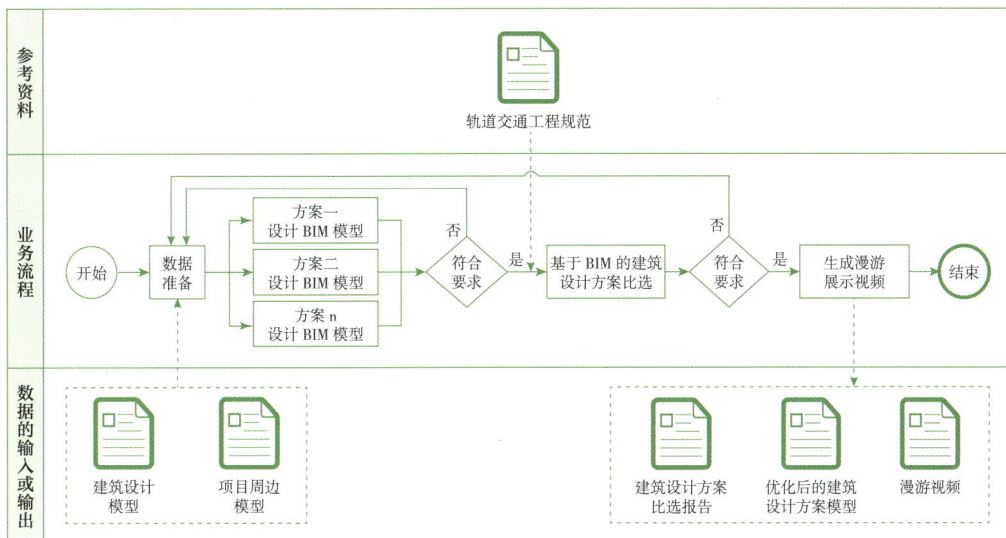

图 6.4.1-1　车站建筑设计方案比选 BIM 应用流程

合理等问题。采用 BIM 三维可视化技术开展建筑设计方案比选，通过创建的三维立体模型，并采用效果渲染、漫游交互等方式，可将设计思路清晰、全面地传达至建设单位等相关人员，项目相关方可清晰了解工程项目的空间关系、方案表达情况，例如城市轨道交通与周边环境的空间关系、出入口位置等关键因素。通过 BIM 技术比选不同的设计方案，形象、清晰地查看方案之间的异同，以选择最优方案，提高决策的质量和效率。

5　应用案例

公明广场站是深圳地铁 13 号线北延线的地下站，位于长春路与松柏路的交叉路口，沿长春路南北向敷设，是岛式站台车站，与既有 6 号线通道换乘。周边道路有长春中路主干路、松白路主干路双向 8 车道。周边建筑物包括：车站东北侧为七天连锁酒店及公明广场，车站东南侧为宏发天汇城，车站西北侧为中国邮政，车站西南侧为天弘驾校，周边规划主要为商业服务设施用地、公共管理与公共服务用地、交通设施用地及二类居住用地。项目的土建工程具有社会影响大、外界协调难度大、施工场地狭小、工期紧、项目要求高等特点。

该项目通过 BIM 建模软件创建车站出入口 BIM 模型，设计了两个建筑方案进行比选。

建筑设计方案一：G 出入口为楼梯，连接车站负一层物业层，A 出入口为双扶一楼，连接车站负二层站厅层，A、G 出入口为上下两层相叠，出地面部分合建，设置

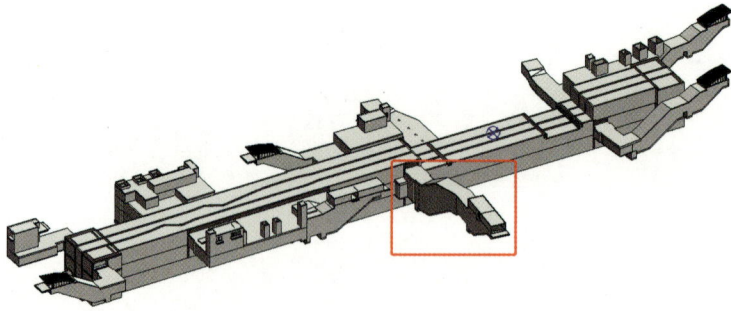

（a）方案一

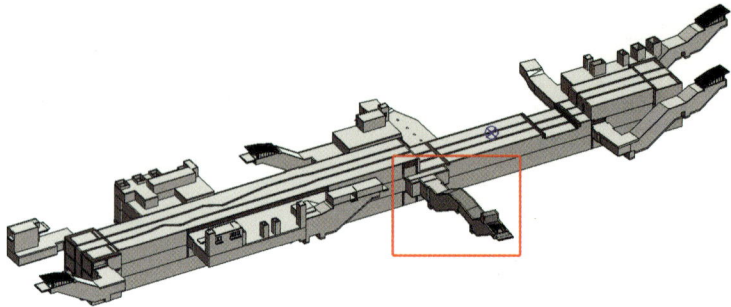

（b）方案二

图 6.4.1-2　公明广场站出入口方案比选

于松白路南侧靠近宏发天汇城地块，预留与宏发天汇城接口。

建筑设计方案二：取消 G 出入口，缩短 A 出入口 2m 长度；由于 B 出入口改为预留出入口，为满足站厅层疏散距离要求，扩宽 A 出入口与主体接口处，加宽范围12m，并保留与宏发天汇城接口。

在满足轨道交通建筑规范的前提下，运用 BIM 模型对比分析两个方案，由于方案二的 A 出入口缩短了 2m，有利于提高地铁人员疏散能力，最终采用方案二。

6.4.2　交通疏解和管线迁改模拟

1　应用场景

城市轨道交通工程建设不可避免地占用周围道路，并与地下市政管线发生干涉关系，需在地铁建设早期开展交通疏解和管线迁改方案设计。结合地铁工程施工工法、工序、工期等要求，筹划不同阶段的交通疏解作业，交通疏解方案应在最大限度地保证既有道路交通顺畅同时，确保工程顺利开展并如期保质保量完成。结合交通疏解方案，解决交通疏解期间市政管线的正常使用问题。同时，应结合规划的市政管线情况，避免重复建设，在管线迁改工作上，重点放在与规划及已完成施工图的管线结合上，尽量一次到位，减少重复施工。

采用 BIM 技术可模拟分析不同阶段的交通疏解和管线迁改过程，通过 BIM 模型对交通影响范围和疏解方案、管线影响范围和迁改方案进行可视化的沟通、讨论和决策，应用 BIM 技术对设计方案或重大技术问题的解决方案进行综合分析与论证，协调设计接口、稳定主要外部条件，论证技术上的适用性、可靠性和经济上的合理性，进而优化交通疏解和管线迁改设计方案。应结合城市轨道交通工程项目需求，适时采用 BIM 技术开展交通疏解和管线迁改模拟。

2 应用要点

采用 BIM 技术应清晰表达交通疏解、管线迁改方案随进度计划变化的状况，反映各施工阶段存在的重难点。在现场实施过程中，应根据现场边界条件的变化，及时调整优化交通疏解和管线迁改设计方案。

在交通疏解应用中，应集成轨道交通临建设施、现场道路、车辆及周边环境等模型数据，建立交通导改模型，运用 BIM 软件开展交通疏解模拟，模拟项目施工期间分阶段的交通疏解过程，形象展示既有道路通过交通改造后的情况。

在管线迁改应用中，应依据轨道交通项目现场的物探勘察与规划资料，对项目范围内现状与规划的管线进行 BIM 模型创建，并展示管线类型、截面尺寸与埋深等关键信息，分阶段、分步骤进行管线迁改模拟，动态展示迁改顺序。

3 应用流程

1）数据准备要求

a）项目周边交通模型；

b）施工范围内的施工围挡、市政管线，以及影响管线迁改的周边环境模型；

c）交通疏解和管线迁改方案。

2）软件功能要求

交通疏解和管线迁改模拟 BIM 应用软件宜具有以下功能：

a）可整合各专业 BIM 模型；

b）可开展交通仿真，设置车流/人流路径，具备车辆/人员素材；

c）宜支持漫游、第三人称视角、驾驶/步行、剖切等多种浏览方式；

d）可支持漫游路径定制，并输出漫游动画；

e）可查询、搜索管线管道等 BIM 模型信息；

f）宜具有距离测量与标注功能；

g）宜具有碰撞检查与分析功能。

3）应用流程要求

a）根据城市轨道交通工程项目设计方案，结合现场道路、周边建（构）筑物、地下市政管线等情况，设计交通疏解和管线迁改方案，并建立交通疏解和管线迁改模型。模型应包含周边道路、地下管线、施工围挡、周边环境等模型数据；

b）基于交通疏解和管线迁改模型形成仿真模拟视频或交互动画，通过三维可视化效果展示由相关部门、建设单位、设计单位、施工单位等项目相关方讨论并审核确认，若不符合要求，应根据修改意见和建议调整优化交通疏解和管线迁改方案；

c）由于现场施工作业的复杂性和不确定性，当发生条件变更时，设计单位应根据变更后的现场条件调整交通疏解和管线迁改方案；

d）基于交通疏解和管线迁改方案的 BIM 模型生成方案模拟视频，并进行成果交付。

4）应用成果要求

a）交通疏解 BIM 模型和管线迁改 BIM 模型，应包含工程实体的基本信息，清晰表达现状信息，以及交通疏解后、管线迁改后的相关信息，优化后的管线迁改模型不存在碰撞问题；

b）交通疏解和管线迁改视频，视频动画应满足交通疏解和管线迁改方案模拟的要求，反映各阶段存在的重难点，辅助工程筹划。

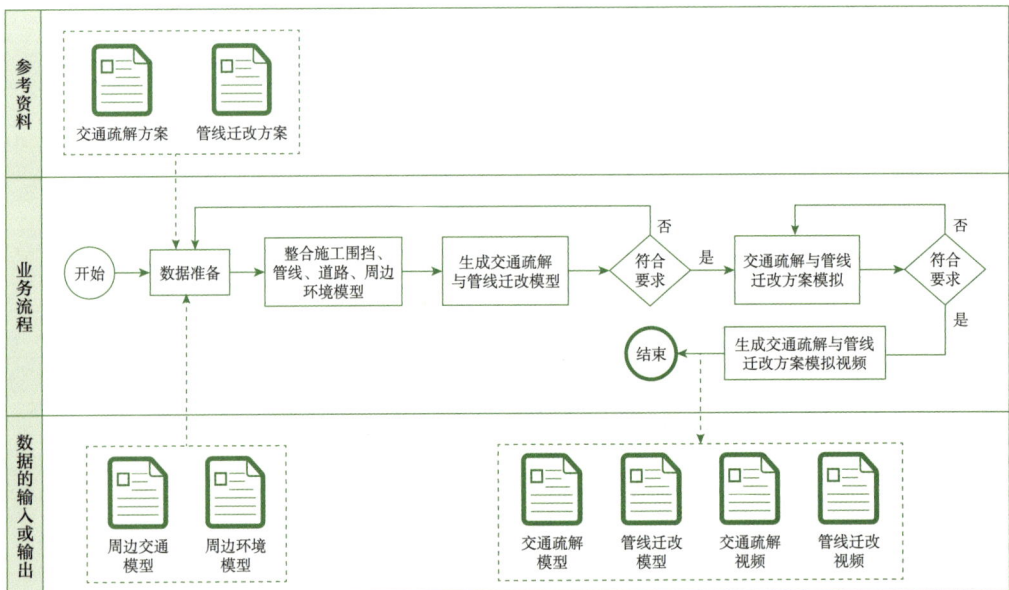

图 6.4.2-1　交通疏解和管线迁改模拟 BIM 应用流程

4 应用价值

在地铁车站施工过程中，常常会涉及交通疏解和管线迁改等工作，且交通疏解和管线迁改是影响民生的一项重要社会工程。采用 BIM 技术辅助交通疏解和管线迁改，可有效提高交通疏解和管线迁改的质量和效率。

采用 BIM 技术对交通疏解方案进行策划与模拟，可实现交通疏解过程的三维可视化。各方人员在建造过程中可基于 BIM 模型开展沟通、讨论和决策，使方案的制定、比选及修改在"所见即真实"的方式下顺利进行，直观反映各施工阶段存在的重点难点，有助于交通疏解方案优化，辅助后期施工过程的工程筹划，使施工管理和组织具有高效率和良好经济性。同时，采用专业化的车流、人流模拟软件，基于 BIM 环境的预演练，预测分析交通组织方案对交通流量的影响，根据模拟情况优化交通导行方案，以提升交通组织方案的可行性及高效性，确保施工与通行互不干扰，保障行人行车的安全与便捷。

根据既有管线图纸及物探资料进行 BIM 建模，可对既有图纸及物探资料进行再次复核，通过碰撞报告及结果分析，找出错误、遗漏等问题，为后续管线迁改及新建管线路由的设计奠定基础。同时，结合轨道交通施工各阶段的施工工艺流程、场地布置情况、围护及主体结构位置、基坑范围及深度、周边建筑物与构筑物情况、道路交通等，采用 BIM 技术在管线迁改施工前综合考虑各种因素的影响，科学安排各阶段施工的管线迁改和保护计划，使轨道交通工程施工更合理有效，为项目施工节省时间，同时避免不必要返工情况发生。

5 应用案例

深圳地铁 6 号线支线中山大学站是地下站，站位所在公常路现状道路宽 70m 双向 6 车道，路中设有 3m 宽的绿化带，车道两侧有较窄绿化；圳新路规划道路红线宽 30m，双向 2 车道，均已建成。站点北侧和东侧现状主要以空地为主，车站西侧为企业，车站北侧规划中山大学（深圳校区），近期建设。车站北侧沿公常路规划有地下双向 6 车道公路隧道（近期建设）。车站南侧有 110kV 高压线（附属施工时改迁）和明渠（深 5m 左右）。

在项目前期阶段，根据管线现状模型，结合车站施工方案，分析周边搬迁范围，对搬迁方案进行模拟及优化。通过方案的分析与优化，项目团队决定对部分管线采取悬吊保护措施，减少搬迁量。同时，充分运用现场环境，将部分管线临时改迁至北侧原有的明渠中，减少搬迁费用。

进一步，采用 BIM 技术对中山大学站周边的交通疏解进行模拟分析。在考虑场

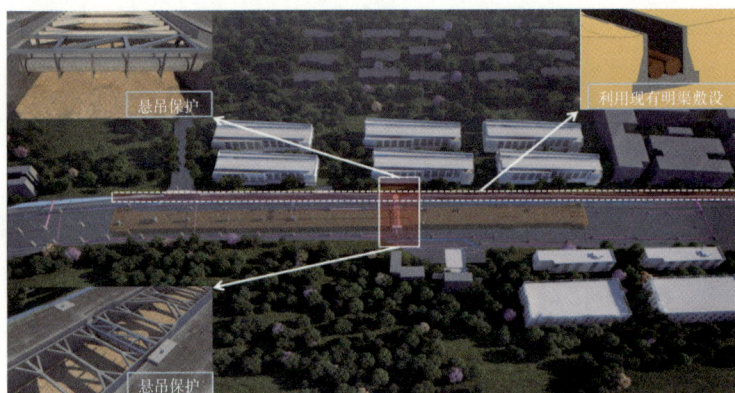

图 6.4.2-2　管线迁改方案

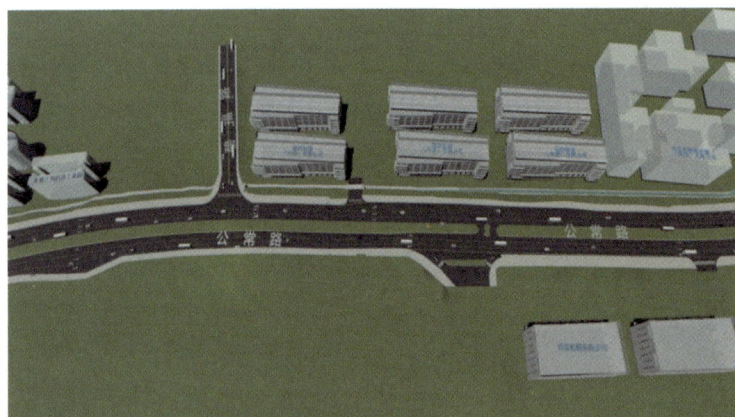

（a）现状交通

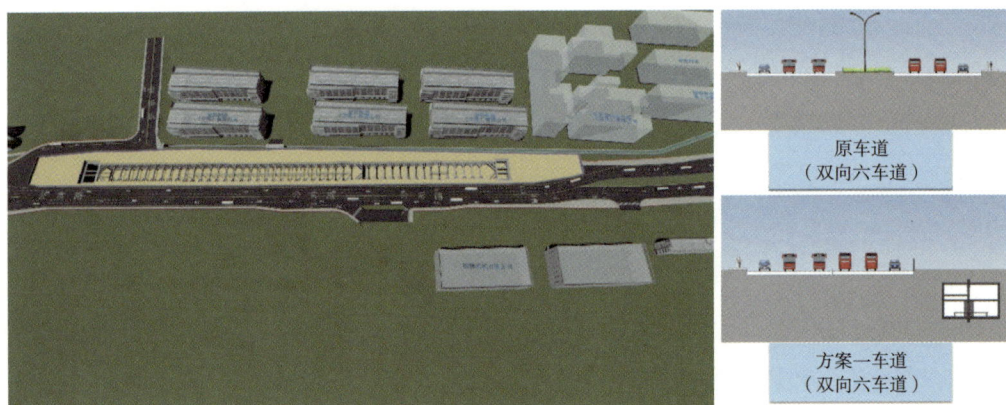

（b）交通疏解方案一

图 6.4.2-3　交通疏解前后对比分析

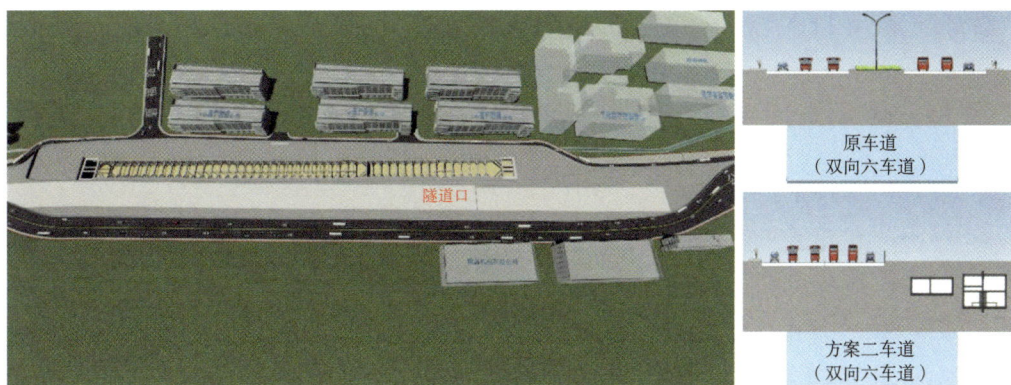

（c）交通疏解方案二

图 6.4.2-3　交通疏解前后对比分析（续）

地的充分利用基础上，计划保持疏解前后车道数量不变，设计了两个交通疏解方案。经过 BIM 技术的模拟比选，方案一能够保持车道数量与现状道路数量一致，但公常路下穿隧道施工时需进行二次交通疏解；方案二统筹考虑下穿隧道的施工需求，减少后续下穿隧道施工时再次疏解的成本消耗。因此，最终选择方案二，减少下穿隧道施工的交通疏解，缓解公常路的交通压力。

6.4.3　景观效果分析

1　应用场景

为全面、有效地呈现城市轨道交通工程项目周围的景观效果，保障城市轨道交通工程与周边城市的景观协调性，通过建立景观的三维 BIM 模型并进行渲染模拟分析，可有效呈现城市轨道交通工程建成后的景观效果和一年四季的景观变化情况，为景观审查提供支撑。

2　应用要点

城市轨道交通项目涉及范围广，与周围环境协调性要求高，在完善生态环境和城市空间治理的要求下，提升城市轨道交通项目景观设计质量，是城市轨道交通工程发展的必然要求。

通过 BIM 模型将城市轨道交通项目与周边环境进行集成，将城市轨道交通工程沿线风亭、人行出入口等地表建（构）筑物与周边环境结合的景观效果进行仿真分析。基于 BIM 模型进行项目渲染，可对比分析不同景观方案的设计效果，真实、形象地表达设计意图。同时，在开展景观分析过程中，应调整时间参数，渲染展示一年四季中景观方案不同的情况，以优化景观设计方案。

3　应用流程

1）数据准备要求

a）城市轨道交通沿线风亭、人行出入口等地表建（构）筑物模型；

b）城市轨道交通项目周边植被、树种、小品等模型。

2）软件功能要求

景观效果分析 BIM 应用软件宜具有以下功能：

a）模型数据集成；

b）模型浏览与漫游展示；

c）高仿真度的效果渲染功能，可生成效果图或动画；

d）可实现模型初步的编辑功能，如材质、剖切、移动、旋转等。

3）应用流程要求

a）收集城市轨道交通项目周边建（构）筑物信息、地貌等环境数据，作为景观设计的基础资料。根据景观设计要求采用 BIM 软件创建不同的景观设计方案模型，并将周边环境模型与方案模型进行整合，以对比分析不同景观效果。

b）依据景观审查要求，通过调整树种、布局、距离、园林小品等，创建不同景观方案模型，并生成相应的仿真渲染效果进行可视化展示与漫游，项目相关方可开展身临其境式的漫游，以优选景观设计方案。

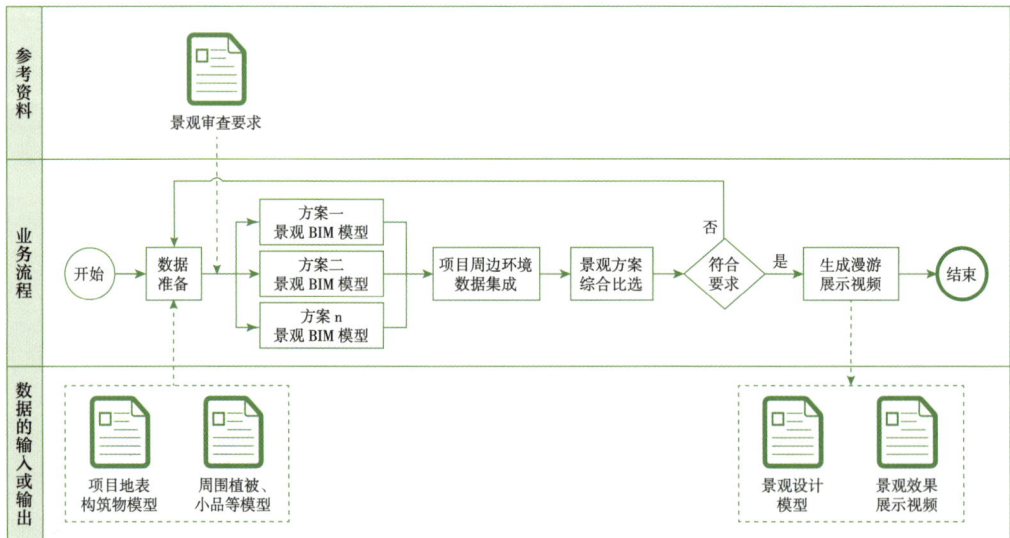

图 6.4.3-1　景观效果分析 BIM 应用流程

c）由政府相关部门、建设单位、设计单位等审核确认景观设计方案。若不符合要求，根据变更意见修改完善景观三维模型，直至审核通过。

d）基于景观设计 BIM 模型生成漫游展示视频，并进行成果交付。

4）应用成果要求

a）经优化后的景观设计模型；

b）景观效果展示视频。

4　应用价值

传统的二维图纸难以表达景观设计的立体化、多样化、形象化的效果，往往需要依赖项目参与单位的空间想象力与景观经验进行判断。在纵向深度上，借助 BIM 技术的三维可视化优势，不仅可以将景观设计方案集成在周围的城市模型上进行整体分析，还可以通过三维渲染方式仿真模拟景观效果，让项目参与单位身临其境地感受高仿真度的景观场景，提高沟通效率，辅助景观设计方案的决策。在横向时间跨度上，通过设置时间参数，可模拟景观设计模型在一年四季情况下的呈现效果，有利于提前预判景观方案的合理性、适宜性、协调性，提高景观设计方案的实用价值。

5　应用案例

黄木岗枢纽位于深圳市福田区，华富路、泥岗西路和笋岗西路交叉口，是既有 7 号线、14 号线和规划 24 号线三线换乘枢纽，同时包含东、西两个方向的地下空间。占地面积约 13.5 万 m²，建筑面积约 18.27 万 m²。

黄木岗片区紧邻笔架山公园、中心公园，生态环境优美。周边有深圳体育中心、市第二人民医院、中小学校等公共资源，是市级体育健康文化中心。黄木岗枢纽是集道路交通、地铁、公交、慢行、地下商业于一体的新时代大型综合交通枢纽，对其景观设计质量提出了极高的要求。

在景观设计分析方面，依据国家标准《绿色建筑评价标准（2024 年版）》GB/T 50378—2019，对部分指标进行模拟分析，对项目绿色建筑要求开展前评价。首先收集枢纽周边建（构）筑物信息、电子地图、车站周边地貌数据等资料形成方案设计底图模型，将 BIM 应用项目与 3D 建模紧密结合，将枢纽项目 BIM 模型与景观设计模型融合，呈现三维景观模型的整体协调情况，体现城市轨道交通线路与周边环境关系，并采用 VR 技术开展实时漫游，浏览三维景观模型细节部分，进而优化调整景观设计方案，提高了城市轨道交通建（构）筑物与周边环境的结合度。

（a）黄木岗枢纽整体环境三维渲染效果图

（b）黄木岗枢纽出入口景观局部效果图

图 6.4.3-2　基于 BIM 的黄木岗枢纽景观设计效果

6.4.4 客流仿真模拟

1　应用场景

针对换乘站、枢纽等复杂车站，准确的客流仿真有助于车站客流组织设计，设计合理有效的换乘方案，合理引流。采用 BIM 技术可模拟车站内部复杂的空间，为换乘方案客流模拟提供基础数据。通过模拟分析，可直观显示车站内换乘方案的最不利区域，从全局到细部对换乘设计方案进行客流仿真模拟与优化。

2　应用要点

基于 BIM 模型开展客流仿真模拟，尤其是换乘区域等重要场景。首先需创建准确的 BIM 模型。可采用简化的 BIM 模型，其精细度满足客流仿真模拟分析的要求即可，具备地面、墙面、门、坡道、楼梯、自动扶梯、栏杆和出入口（目的地）等客流行走的空间元素。

采用专业的人流模拟软件，通过设置车站内的人流特征、客流量、环境特征等，模拟一定时间内的客流，计算平均每分钟的人流分布，得出客流热力图，直观展示客流在车站的拥堵情况。尤其需要分析地铁在早晚高峰时的客流情况，模拟多种客流方案下的时长及拥堵情况，避免大客流换乘不当引起的拥堵。进一步，针对车站内的拥堵区域或节点，设置"分析区域"，得出节点处具体客流数值变化，包括客流量、步行时间、步行距离、拥堵情况等。根据需求生成折线图、柱状图，分析节点处客流随时间的具体变化。主要的分析指标包括以下几方面：

1）效率衡量：空间利用率、客流率等；

2）运营效率：交通热点、交通瓶颈等；

3）容量计算：最大客流、占用程度等；

4）乘客体验：旅行时间、等候时间、排队时间、客流密度等。

3　应用流程

1）数据准备要求

a）车站 BIM 模型：可仅保留客流到达的位置，如出入口、站台、站厅、闸机、楼扶梯等；

b）客流资料：包含某一时间段的进出客流、换乘客流等；

c）流线设计图：车站内的流线设计。

2）软件功能要求

客流仿真模拟 BIM 应用软件宜具有以下功能：

a）宜具有平面、三维等视图功能，具有导航、漫游等浏览模式。

b）宜具有定义人员参数的功能，如人员数量、密度、人流速度等。可根据客流的起终点模拟人流动向。

c）依据特定区域的人员特征可计算最佳的客流换乘路径，并模拟换乘时间。

3）应用流程要求

a）创建车站 BIM 模型，根据不同换乘方案创建相应的 BIM 模型，确保 BIM 模型具备客流仿真模拟分析的相关元素；

b）将 BIM 模型数据导入客流分析软件，定义起终点，并设置楼扶梯、闸机、购票区域、站台站厅等区域；

c）根据规范要求和预测客流情况，设置乘客人员参数，针对车站换乘情况，模拟分析不同换乘方案下客流热力图，计算最短路径、换乘时间等指标，并校核是否符合城市轨道交通相关规范要求；

d）根据客流仿真模拟结果，对客流拥堵，或不符合规范的区域进行调整优化，直至审核通过为止，并形成客流仿真模拟分析报告；

e）基于客流仿真模拟分析结果，生成方案模拟视频，并进行成果交付。

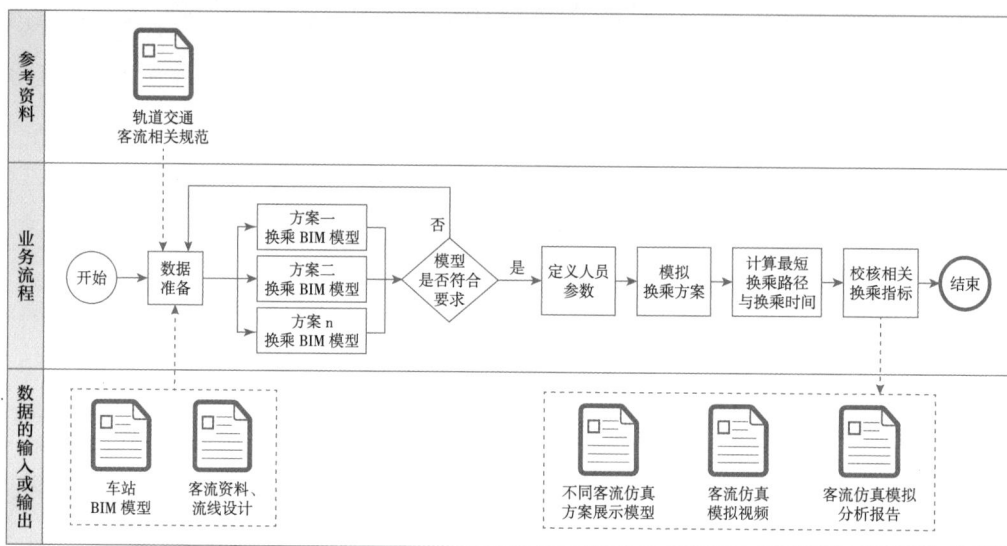

图 6.4.4-1　客流仿真模拟 BIM 应用流程

4）应用成果要求

a）客流仿真模拟分析报告，主要包括项目概况、分析所用软件及介绍，方案所使用的人员参数情况，模拟结果热力图、客流换乘指标等；

b）客流仿真模拟视频；

c）模拟优化后的方案展示模型。

4　应用价值

传统的客流仿真模拟主要采用数值计算方式得出相关结论，难以形象化呈现客流动向、客流分布、客流密度等方面。基于 BIM 模型开展客流仿真模拟，可形成换乘过程中的客流热力图，让项目相关方直观、清晰地在复杂的车站空间内了解换乘方案，通过视频动画等三维交互方式，形象地体验客流组织路径，尤其对换乘应用场景提出相关意见和建议，优化换乘方案，进而提升车站设计质量。

5　应用案例

深圳地铁 13 号线深大东站位于科苑南路与白石路交叉口以南，是 13 号线与 9 号线的换乘站，13 号线车站呈南北向埋设于科苑南路下，9 号线车站呈东西向埋设于白石路下。地下一层为站厅层，地下二层为设备层，地下三层为站台层。车站总建筑面积为 20243.24m^2。

车站东南侧主要有深圳市留学生创业大厦、在建的迅雷大厦和彩讯科技、待建的北京邮电大学及中南大学研究院，东北侧为深圳软件园、深圳市数字技术园，西北侧为中巴停车场、深港产学研基地，西南侧为香港中文大学深圳研究院、中国电信科院路营业厅及武汉大学深圳研究院等。车站站址东侧规划为新型产业用地，西侧为社会停车场用地、新型产业及教育科研用地，车站周围客流需求较大。

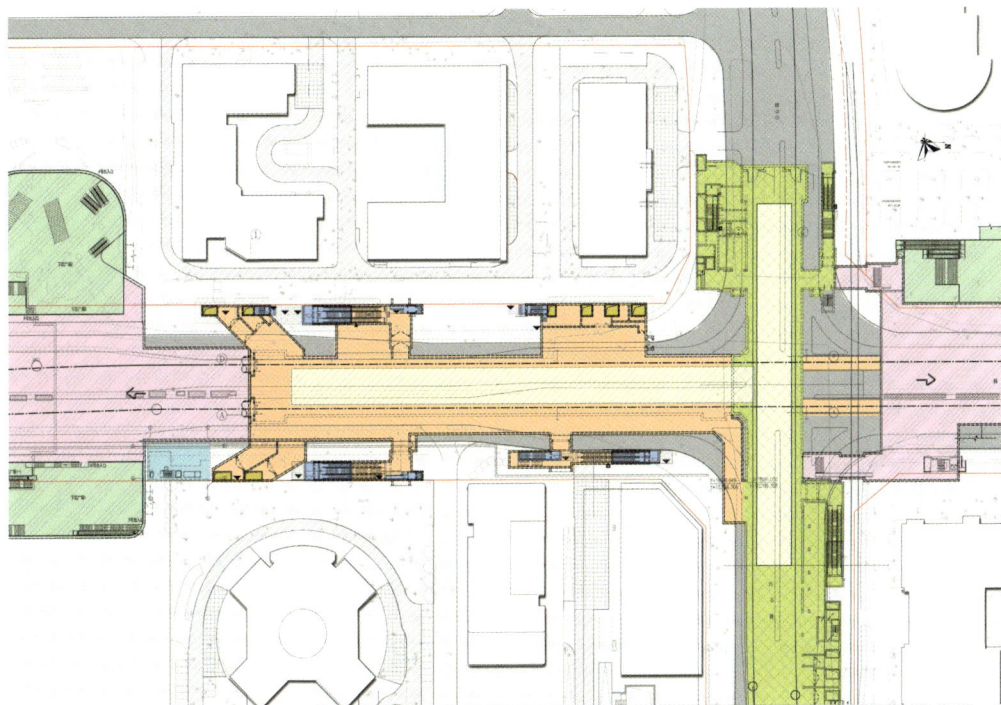

图 6.4.4-2　深大东站总平面图

该项目采用"建模—仿真—修改—再仿真"的技术路线优化车站设计，结合深大东站建设设计方案以及《深圳市城市轨道交通 13 号线工程客流预测专题报告》，开展换乘方案模拟分析。分析车站空间布局，仿真模拟分析的范围包括站厅层、站台层，核验超高峰小时一列进站列车所载乘客及站台上的候车人员能在 6min 内全部疏散至站厅公共区或其他安全区域、公共区乘客人流密度参数是否符合乘客疏散和安全运营要求。

预测客流规模是本方案分析的重要基础，本次模拟采用仿真软件自带的中国通勤交通乘客速度曲线，该成果来源于北京、上海等城市轨道交通车站内部的行人交通流特性研究，符合中国的交通特性。另外，设置车站内闸机的通过能力为 30 人 /min、自动扶梯运行速度为 0.65m/s 等参数。

经模拟，可计算分析 13 号线和 9 号线早高峰小时客流，计算得出深大东站换乘客流情况，包括换乘客流方向分布、与周边交通分向客流情况、客流密度图等，图 6.4.4-3 和图 6.4.4-4 分别展示了深大东站累计最大客流密度图、累计平均客流密度图。

分析模拟仿真结果，深大东站在远期早高峰时，上下行线站台抵抗短时大客流冲击能力强，在高峰小时内均未发生拥堵；站厅层付费区均处于舒适水平，服务水平较好。为进一步提高车站运营服务水平，得出如下建议：

1）车站南侧出站闸机距离北侧出站闸机较远，受客流冲击影响大，建议在 13 号线车站中部增加出站闸机；

2）13 号线站台等候区有较大的冲击客流，楼扶梯口部有小范围拥堵，建议高峰时间段在站台层增加客流疏导；

3）13 号线非付费区通道处客流较大，在转折处容易发生拥堵，建议优化安检处栏杆，扩大通道宽度。

基于 BIM 技术开展换乘方案模拟可对比分析不同的换乘方案，进而优化车站设计，提高了深大东站后期运营的服务管理水平。

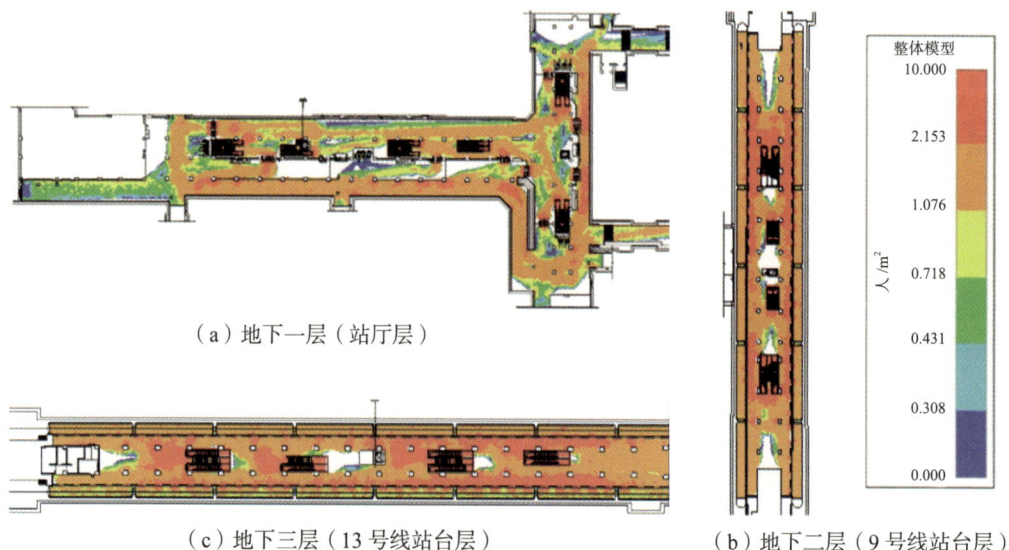

（a）地下一层（站厅层）

（c）地下三层（13 号线站台层）

（b）地下二层（9 号线站台层）

图 6.4.4-3　累计最大客流密度图

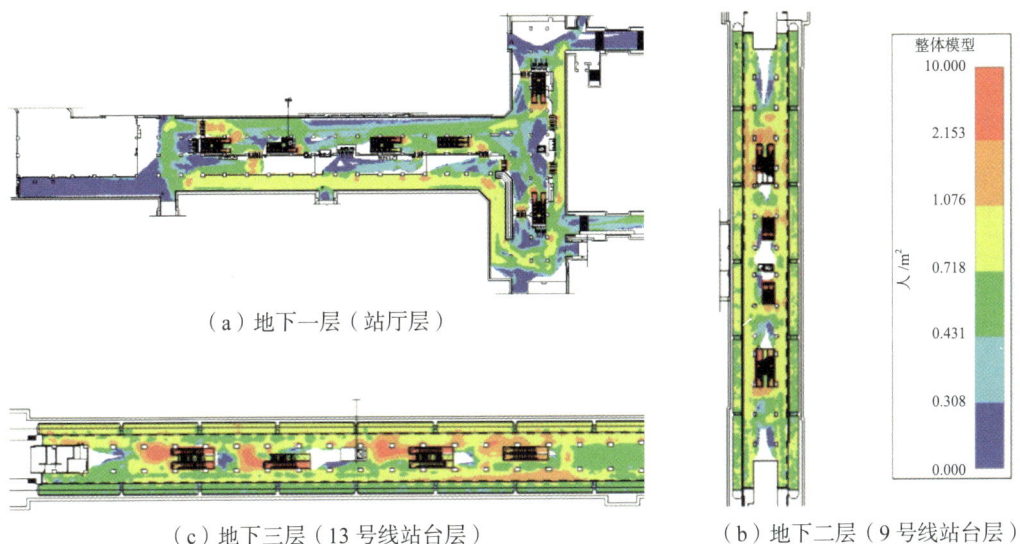

（a）地下一层（站厅层）

（c）地下三层（13 号线站台层）

（b）地下二层（9 号线站台层）

图 6.4.4-4　累计平均客流密度图

6.5　施工图设计

6.5.1　车站建筑方案优化

1　应用场景

经城市轨道交通初步设计，明确了项目整体方案的相关要求，需进一步开展方案优化工作，对城市轨道交通建筑限界、区间、站场、人员出入口布设等方面进行方案优化。尤其对于城市轨道交通工程项目，涉及专业多，需综合考虑各专业之间的协调性，并优化调整城市轨道交通项目的功能区域划分。

2　应用要点

在车站建筑方案优化过程中，除协调城市轨道交通工程其他专业之间的接口，需根据建筑物的楼层关系、视觉效果、体验观感、人流路径等方面对建筑方案进行对比分析，从中优选最佳方案，并及时反馈至其他专业进行调整与优化。城市轨道交通工程涉及车站、区间、车辆基地、主变电所、控制中心等不同类型、不同专业，本应用场景以车站的建筑设计方案为例，可为其他工程类型的方案优化提供参考。

3 应用流程

1）数据准备要求

a）车站各专业模型；

b）项目周边环境模型。

2）软件功能要求

车站建筑方案优化 BIM 应用软件宜具有以下功能：

a）宜具有丰富的建筑构件库；

b）可表达光线材质等建筑效果；

c）可对模型进行流畅的浏览与漫游；

d）宜具有效果仿真与渲染功能；

e）宜具有碰撞检查与分析功能。

3）应用流程要求

a）以车站项目为例，整合车站结构、给水排水、通风空调、电气、站台门等各专业模型，并审核各专业设计信息的完整性、准确性。

b）基于车站的建筑指标要求，综合考虑各专业之间的协调性，从美观性、经济性、舒适度、可实施性等方面优化车站建筑方案。

c）基于不同的建筑优化方案形成 BIM 模型，采用三维可视化的方式向建设单位及项目相关方进行展示，提升沟通效率，辅助决策。若不符合要求，或存在变更意

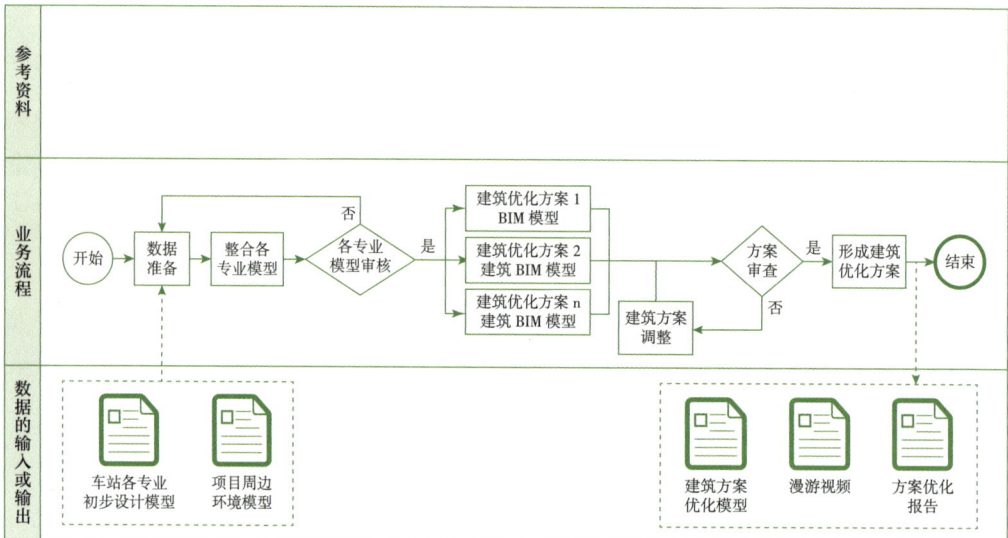

图 6.5.1-1 车站建筑方案优化 BIM 应用流程

见，应根据意见和建议修改完善建筑方案。相应地，根据变更方案调整并重新生成 BIM 模型。

d）基于车站建筑方案优化后的 BIM 模型生成相应的漫游视频等，并形成建筑方案优化分析报告，进行成果交付。

4）应用成果要求

a）建筑方案优化模型，满足建筑方案调整且审查通过的 BIM 模型；

b）优化后的建筑方案漫游视频；

c）建筑方案优化分析报告。

4   应用价值

在城市轨道交通工程多专业、多空间、高标准等情况下，传统的二维表达形式难以实现形象化的建筑方案呈现。通过 BIM 三维模型，可形象化地协调各专业之间的冲突，综合调整各区域房间布置，使公共区域、房间排布、出入口布设等方面更趋合理，项目各参与单位基于三维可视化的 BIM 模型，有利于提升沟通效率，并借助渲染仿真模拟，真实体验建成运营后的建筑状态，辅助方案审查和决策。进一步，优化后的建筑方案，可提升项目方案的准确性、可实施性，指导现场施工，减少后期返工的风险。

5   应用案例

南油站是深圳地铁 9 号线和 12 号线同步实施的双岛式换乘地下站，位于南海大道与登良路交叉路口，沿南海大道南北向布置。车站总建筑面积 $34940.85m^2$，为地下二层车站，站台宽 12m＋12m，地下一层为站厅层，地下二层为站台层。南油站位于深圳市交通繁忙的城市主干道，交通流量大、周边环境复杂、地下管线众多、工程实施难度大。

项目团队基于三维可视化 BIM 技术开展建筑方案优化，首先集成各专业模型，在统一的 BIM 模型开展沟通协调。运用 BIM 软件的碰撞检查功能可快速检查各专业之间的冲突与碰撞，形象化地协调各专业之间的冲突问题。同时，综合调整各区域房间布置，使公共区域、房间排布更趋合理，减少结构孔洞和预留预埋件错误导致的后凿损伤和返工，提高后期施工效率，避免工期延误，也节省了后期返工的损耗成本。针对车站的出入口设计方面，采用 BIM 模型与周边环境数据进行集成，为项目各参与单位提供形象化的出入口位置关系表达方式，使项目相关方高效、便捷地提出方案优化建议，提高建筑设计质量。

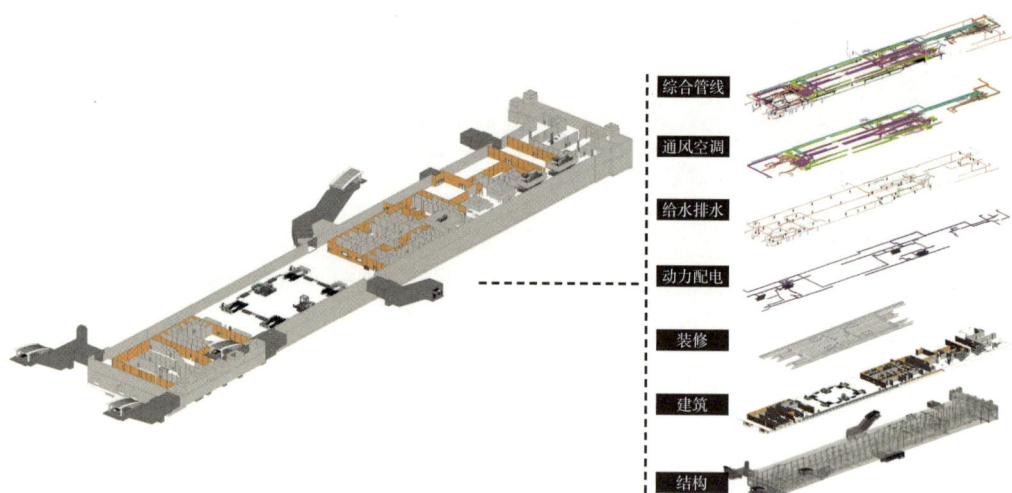

综合管线
通风空调
给水排水
动力配电
装修
建筑
结构

（a）车站各专业模型集成

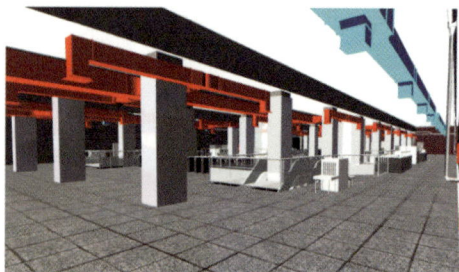

（b）局部优化效果一

（c）局部优化效果二

图 6.5.1-2　建筑方案优化效果图

6.5.2　车站净高优化

1　应用场景

在车站设计过程中，需要考虑机电管线的综合布局，在保证机电管线的基础上，还需要考虑车站内公共区、设备用房、风道等区域的净空高度，保证人员舒适性、维修维保空间等要求。车站内的净高优化可与机电管线综合优化同步开展，主要是基于各专业模型优化机电管线排布方案，对车站内最终竖向设计空间进行分析与优化，并得出最优的净空高度。

2　应用要点

净高优化分析应在车站土建模型的基础上排布管线方案，主要包括公共区、设备区、风道、走道等管线布置区域。除满足综合管线排布的功能需求，净高优化主要考虑净空高度满足相关规范要求，以及维保维修需求等主要因素，根据净高优化结果，

优化设计方案并做出相应的调整。根据国家标准《地铁设计规范》GB 50157—2013
等要求，车站各部位的最小高度如表 6.5.2 所示。

车站各部位的最小高度（m）　　　　　　　　　表 6.5.2

名称	最小高度
地下站厅公共区（地面装饰层面至吊顶面）	3.0
高架车站站厅公共区（地面装饰层面至梁底面）	2.6
地下车站站台公共区（地面装饰层面至吊顶面）	3.0
地面、高架车站站台公共区（地面装饰层面至风雨棚底面）	2.6
站台、站厅管理用房（地面装饰层面至吊顶面）	2.4
通道或天桥（地面装饰层面至吊顶面）	2.4
公共区楼梯和自动扶梯（踏步面檐口至吊顶面）	2.3

3　应用流程

1）数据准备要求

a）车站土建、机电管线综合模型；

b）净高分析的关键部位，如设备用房、车站公共区域、走道、车道上空等。

2）软件功能要求

车站净高优化 BIM 应用软件宜具有以下功能：

a）可整合各专业 BIM 模型并流畅浏览；

b）宜具有距离测量与标注功能；

c）宜具有碰撞检查与分析功能。

3）应用流程要求

a）根据统一坐标基点集成车站土建模型和机电管线综合模型，运用 BIM 三维可视化技术，计算车站内各净空高度是否满足城市轨道交通工程相关规范要求。同时，应保证综合管线之间应具有足够的维修维保空间。

b）初步调整优化后，针对车站公共区、设备区等关键区域，在合理设计范围内最大化提升净空高度，以提升车站室内设计的美观性。

c）车站内净高还需要考虑车站内大型设备的尺寸信息，在设备运输到场安装过程中，其运输路径的净空需满足设备运输要求。

d）制定车站室内净高优化方案后，建设单位组织对净高优化方案进行审核，审核方案的合理性、美观性等；若审核不通过，设计单位根据意见进行整改。

e）通过净高优化后形成最终的车站各专业 BIM 模型。

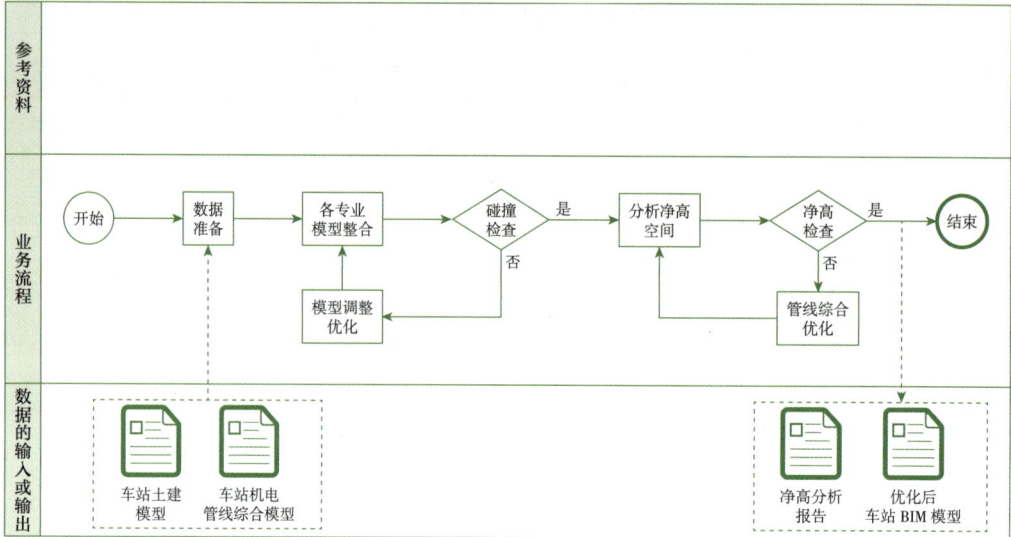

图 6.5.2-1　车站净高优化 BIM 应用流程

4）应用成果要求

a）优化后车站 BIM 模型，根据净高优化调整后的各专业 BIM 模型；

b）净高分析报告，报告应说明不同设计参数条件下对净高的影响，并得出净高优化方案，包括管线尺寸与布局、关键区域净高视图等。

4　应用价值

净高分析优化过程中需要综合考虑各专业设备、管线的空间位置关系。基于 BIM 技术开展净高分析与优化，可运用 BIM 模型三维可视化的特点，对空间狭小、管线密集或净高要求高的城市轨道交通工程进行碰撞检查、距离测量，直观、准确地排查不满足净高要求及装修美观需求的部位。设计单位优化净高后，可避免后期施工变更，保证工期、节约成本。

5　应用案例

福坑站是深圳地铁 16 号线二期地下车站，位于沙荷路和规划安业路交叉口，沿沙荷路东西向敷设。车站总建筑面积 17559m²，为地下二层车站，站台宽 12m，地下一层为站厅层，地下二层为站台层。

首先通过 BIM 建模软件建立建筑、结构、通风、动照、给水排水、弱电等专业三维模型，并借助三维建模的优势进行碰撞检查，调整管线路由，优化管线布置，提升空间净高，以达到最佳空间利用率。其中，对于设备区走道、公共区等主要位置的净高分析如下：

1）设备区走道：设备区管线类型众多，通过管线优化，将管线底标高由 2.8m 调整至 3.0m，并留出 0.7m 的安装维护空间，以保证后期维修维保的可实施性；

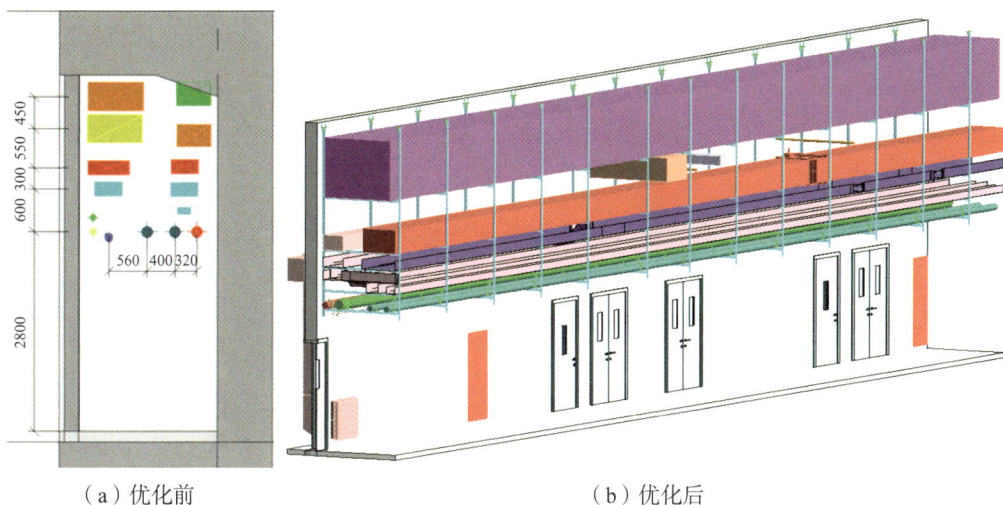

（a）优化前　　　　　　　　　　　　　（b）优化后

图 6.5.2-2　设备区走道净高分析模型

2）公共区第一跨：公共区第一跨为管线从设备区至公共区转换的空间，管线数量多，路由交叉复杂，通过 BIM 优化，该区域管线底标高由 3.2m 调整至 3.4m。

通过 BIM 三维模型完成综合管线深化后，更准确地表现车站每个设备用房及走道等区域的净高，同时也提高了空间利用率，实现指导施工的目的。

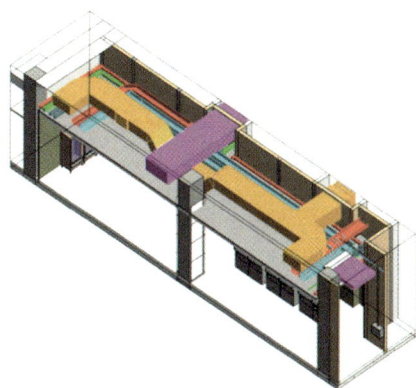

图 6.5.2-3　公共区第一跨净高分析模型

6.5.3　车站照明分析

1　应用场景

为保证城市轨道交通运行服务质量，合理设计车站照明，满足车站内的亮度要求，是车站设计的重要环节。基于城市轨道交通项目建筑方案，采用专业的照明分析软件，对车站室内进行照明模拟分析，模拟仿真常规运营状态下的照明，验证灯具布置是否满足功能需求、灯光表现是否达到预期效果、整个空间的照度亮度分布是否符合规范要求等，以优化车站照明设计方案。

2　应用要点

照明分析应在土建深化模型的基础上开展，在布局方面，主要考虑照明设备布置位置与数量、照明管线布置等；在效果方面，主要开展车站站厅、站台等区域的亮度、平均亮度、亮度均匀度、照度、不舒适眩光及失能眩光等计算分析。结合 BIM 模型，可高精度地仿真模拟车站的照明效果，为管理人员提供可交互的虚拟照明场景。对于地上车站项目，宜考虑日照采光对车站照明的影响，充分融合环境因素，促进节能减排。

城市轨道交通工程的区间隧道、车辆基地、主变电所等其他项目的照明分析相类似，各项目对照明的需求略有差异，可根据功能场景的需要开展照明分析 BIM 应用。

3　应用流程

1）数据准备要求

a）车站土建模型；

b）灯具模型及其资料。

2）软件功能要求

车站照明分析 BIM 应用软件宜具有以下功能：

a）可对模型进行三维浏览与漫游；

b）具有丰富的灯具产品构件；

c）具有灯光效果渲染功能；

d）具有距离测量功能。

3）应用流程要求

a）根据城市轨道交通工程的照明规范以及相关规范要求，基于车站土建模型设计灯具整体布局，包括灯具排列、灯具效果等。通过照明分析软件计算分析各方案的照度情况，并输出照明仿真渲染视频或图片。

b）建设单位应组织项目相关单位审核车站照明方案，对比分析不同方案的合理性、美观性和经济性。

c）基于车站照明分析结果，生成照明分析报告和视频动画等可视化成果文件。

4）应用成果要求

a）照明分析报告，包括照明设备数量、布局方案、灯具设备参数等；

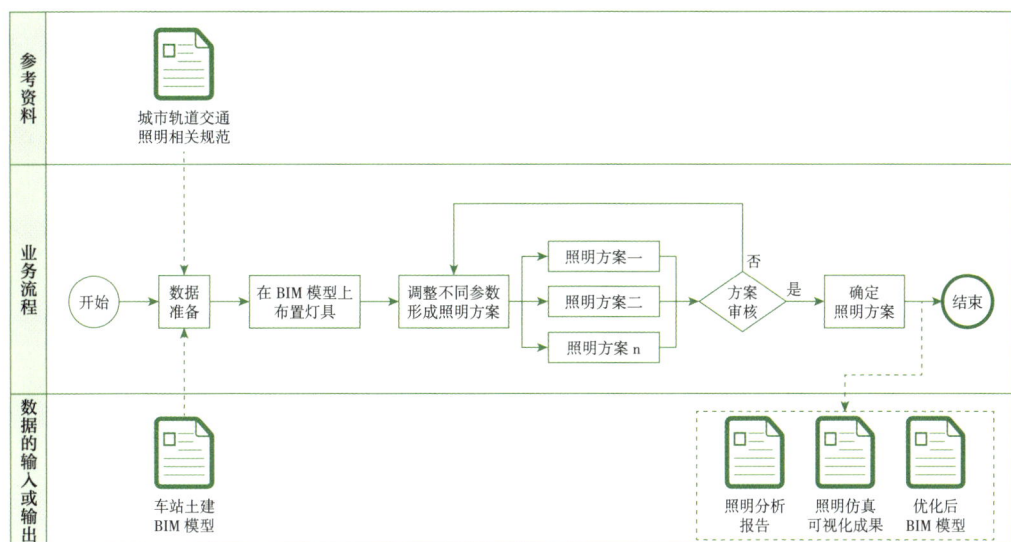

图 6.5.3-1 车站照明分析 BIM 应用流程

b）照明仿真的可视化成果，通过视频、图片等方式呈现车站内照明效果；

c）优化后 BIM 模型。

4 应用价值

城市轨道交通项目的照明效果是乘客对地铁最直接的感受和体验。在照明分析设计中，除了关注照明设备的亮度、照度、均匀度是否达到标准，还需要从乘客的视角考虑照明效果。基于 BIM 技术开展车站照明分析，应提供准确、完整的车站空间数据。在准确有效的车站空间开展灯具布局设计，并根据地铁设计规范要求输入平均亮度、总均匀度、纵向均匀度、眩光限制阈值、环境比等，快速生成照明效果。通过直观、形象的三维照明方案，有利于项目各参与单位提高照明设计方案的沟通和决策。同时，基于 BIM 技术可根据意见或建议不断调整方案，快速响应变更，使得照明设计更有依据、更科学，提高照明分析的设计效率。

5 应用案例

深圳地铁 3 号线四期工程梨园站位于龙岗大道与规划龙平东路交叉路口，沿龙岗大道路中南北向敷设。车站长 156m，宽 18.7m，为地上三层岛式高架车站，是全线唯一一座高架车站。该站共设有 4 个出入口，采用现浇法，车站总面积为 8816.24m²。

该项目借助 BIM 技术的三维可视化特点，详细分析站台的照明方案。梨园站站台长度 112m，宽度 16.8m，空间高度 6.5m，安装高度 3m。在车站 BIM 模型基础上，结合站台通用的灯具型号规格，设置不同的照明方案，具体方案如下：

（a）车站 BIM 模型

（b）站台层

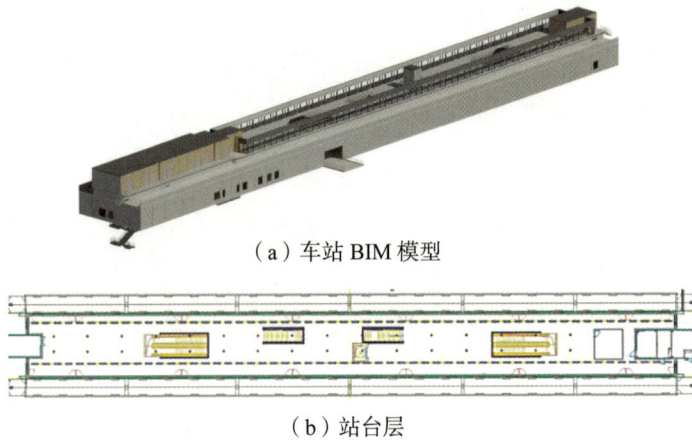

图 6.5.3-2　梨园站模型

1）灯具间隔 1750mm、24W，面板灯；

2）灯具间隔 1750mm、36W，面板灯；

3）灯具间隔 2000mm、24W，面板灯；

4）灯具间隔 2000mm、36W，面板灯；

5）灯具间隔 1750mm、24W，面板灯；筒灯 50W；

6）灯具间隔 1750mm、36W，面板灯；筒灯 50W；

7）灯具间隔 2000mm、24W，面板灯；筒灯 50W；

8）灯具间隔 2000mm、36W，面板灯；筒灯 50W。

可采用专业分析软件生成车站照明的照度等级、等照度图、点照度值、点照度表、灰阶图等成果，通过照明渲染方案，从光源、色温、配光曲线到样本图片等方面开展对比分析。图 6.5.3-3 展示了各方案照明分析结果的等照度图。

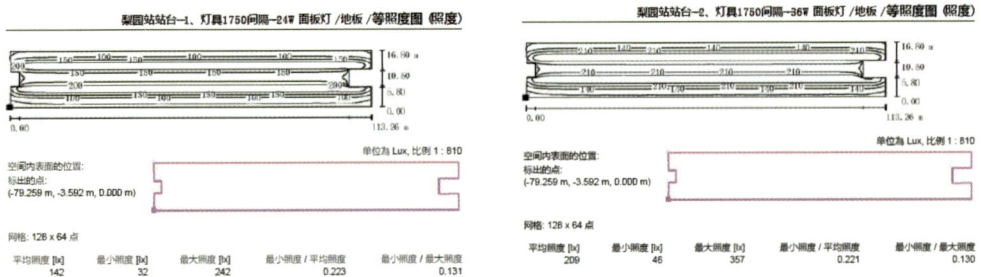

方案一：灯具间隔 1750mm、24W，面板灯　　　方案二：灯具间隔 1750mm、36W，面板灯

图 6.5.3-3　车站照明分析方案等照度对比分析

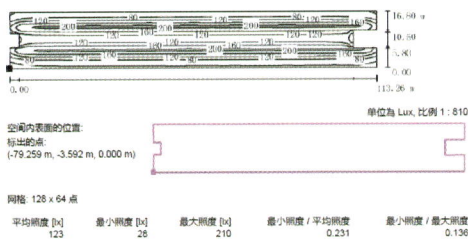

方案三：灯具间隔 2000mm、24W，面板灯

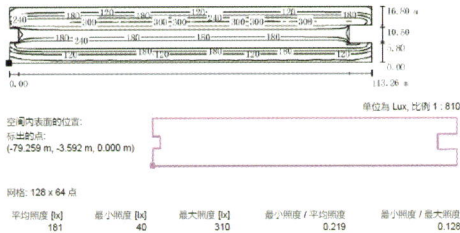

方案四：灯具间隔 2000mm、36W，面板灯

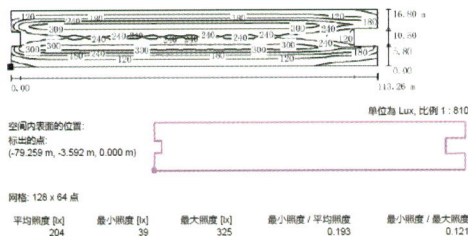

方案五：灯具间隔 1750mm、24W，面板灯；
筒灯 50W

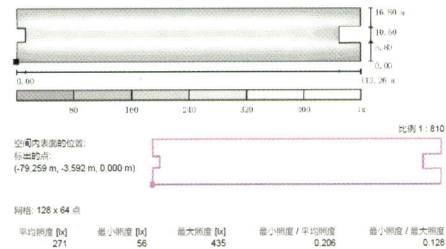

方案六：灯具间隔 1750mm、36W，面板灯；
筒灯 50W

图 6.5.3-3 车站照明分析方案等照度对比分析（续）

6.5.4 室内通风模拟分析

1 应用场景

作为重要的公共交通基础设施，城市轨道交通项目室内空间除了满足乘客日常乘车出行的舒适度，还需要考虑突发事件发生时车站内的气流组织，尤其对于地下半封闭类型的车站项目。因此，对城市轨道交通的通风设计提出了较高的要求。可采用 BIM 模型对城市轨道交通项目车站内的公共区、设备用房等区域进行气流组织模拟分析，验证通风方案的可行性，辅助通风设计方案的优化。

2 应用要点

通风模拟分析应在通风空调系统设计方案的基础上开展，主要包括模拟区域空间布局、通风空调系统计算、管线路由及末端风口布置、通风空调参数及模拟区域边界条件设定等。在开展通风模拟分析前，可对 BIM 模型进行必要的简化，保留与通风模拟分析相关的工程对象。在验证通风设计方案可行性过程中，主要从气流组织、舒适度、节能效果等方面分析，可通过不同方案的对比分析寻求最佳的通风设计方案。

3　应用流程

1）数据准备要求

a）城市轨道交通项目模拟区域的 BIM 模型，宜具备出入口、风道、孔口、空调等；

b）通风空调设计方案。

2）软件功能要求

室内通风模拟分析 BIM 应用软件宜具有以下功能：

a）可对模型进行浏览与漫游展示；

b）可计算模拟区域内温度场、速度场、压力场等气流组织相关参数；

c）可生成通风模拟效果图。

3）应用流程要求

a）结合城市轨道交通工程及相关规范要求，初步确定通风空调设计方案。

b）根据项目上游专业提资情况，完成通风空调发热量、新风量、通风量等负荷计算。

c）创建模拟区域 BIM 模型，包括模拟区域主要设备布置、通风空调系统管路及风口布置等。结合 BIM 模型和模拟软件建模原则，简化 BIM 模型并输入 CFD（Computational Fluid Dynamics，计算流体力学）软件。

d）根据城市轨道交通工程的通风要求，设定通风模拟参数，包括模拟区域温湿度、室外温湿度、送 / 排风口风量等。

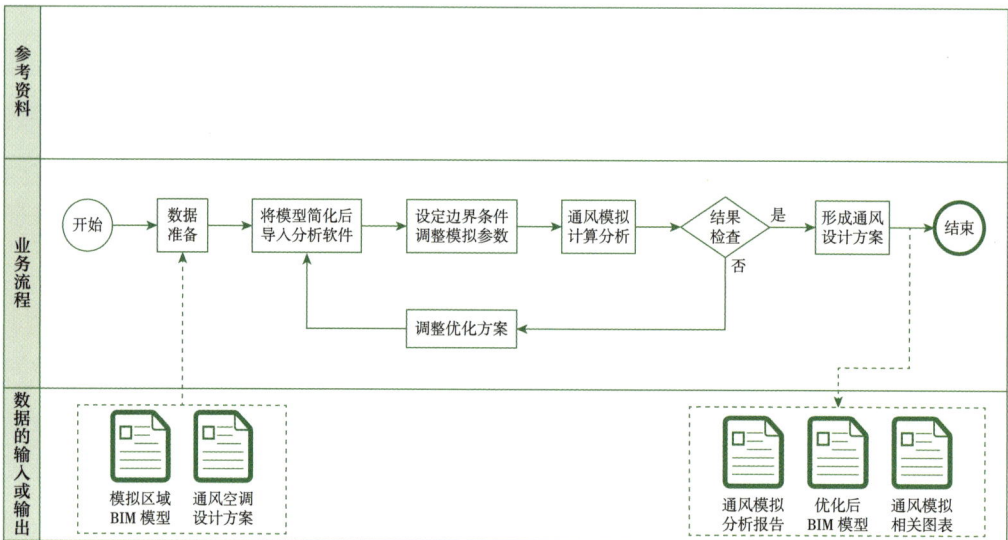

图 6.5.4-1　室内通风模拟分析 BIM 应用流程

e）核查通风模拟结果，对比模拟结果的输入参数与设定参数的一致性，验证方案准确性。

f）建设单位组织审核城市轨道交通项目通风设计方案的合理性、有效性，验证通风空调方案的可实施性。

g）基于城市轨道交通项目室内通风模拟分析结果，生成通风模拟分析报告、切片云图等成果。

4）应用成果要求

a）通风模拟分析报告；

b）优化后 BIM 模型；

c）通风模拟分析后的相关图表，应清晰表达所分析区域的风速场、温度场、压力场等。

4　应用价值

基于 BIM 技术，运用 CFD 软件开展室内通风模拟分析，可模拟通风空调实际运行情况下的气流组织，将通风空调气流组织转化为风速场、温度场、压力场等，直观表达气流组织分布情况，以验证通风空调方案的效果。

基于 BIM 技术的通风模拟分析，可创建形成城市轨道交通项目室内不同的 BIM 模型，对比分析不同的通风空调方案，比选形成满足相关规范及室内温湿度要求的最优方案。同时，通风模拟分析可对已有的通风设计方案进行优化，对不同输入参数的通风空调方案进行模拟分析，达到精细化设计的目的，满足城市轨道交通项目正常运行、乘客及车站设备和管理人员的正常候车、工作等环境需求。

5　应用案例

变电所、通信用房、控制室等设备用房为地铁安全运行提供技术保障，是城市轨道交通工程中车站的重要区域。该类设备用房若发生火灾，需快速灭火，以最大限度地减少火灾损失。在深圳市城市轨道交通 16 号线一期的回龙埔站环控电控室开展了通风模拟分析，以验证通风设计方案的合理性。

在该项目中，七氟丙烷为灭火介质，模拟电器类房间灾后排气过程，分析风口布局对气体灭火房间火灾后排气效果的影响，验证设置下排风口两次换气次数的方案能否满足灾后排气的需求。

前期采用 BIM 软件创建环控电控室模型，并采用 CFD 软件对分析区域进行通风模拟。初始时，房间内灭火气体的体积分数为 10%，灭火气体和空气混合；随着排气过程的开展，纯净的空气从送风口进入房间，灭火气体和空气的混合物通过排风口排

（a）分析模型说明　　　　　　　　（b）方案一：无下排风口

（c）方案二：下排风口（两次换气）　　　　（d）方案三：下排风口（一半风量）

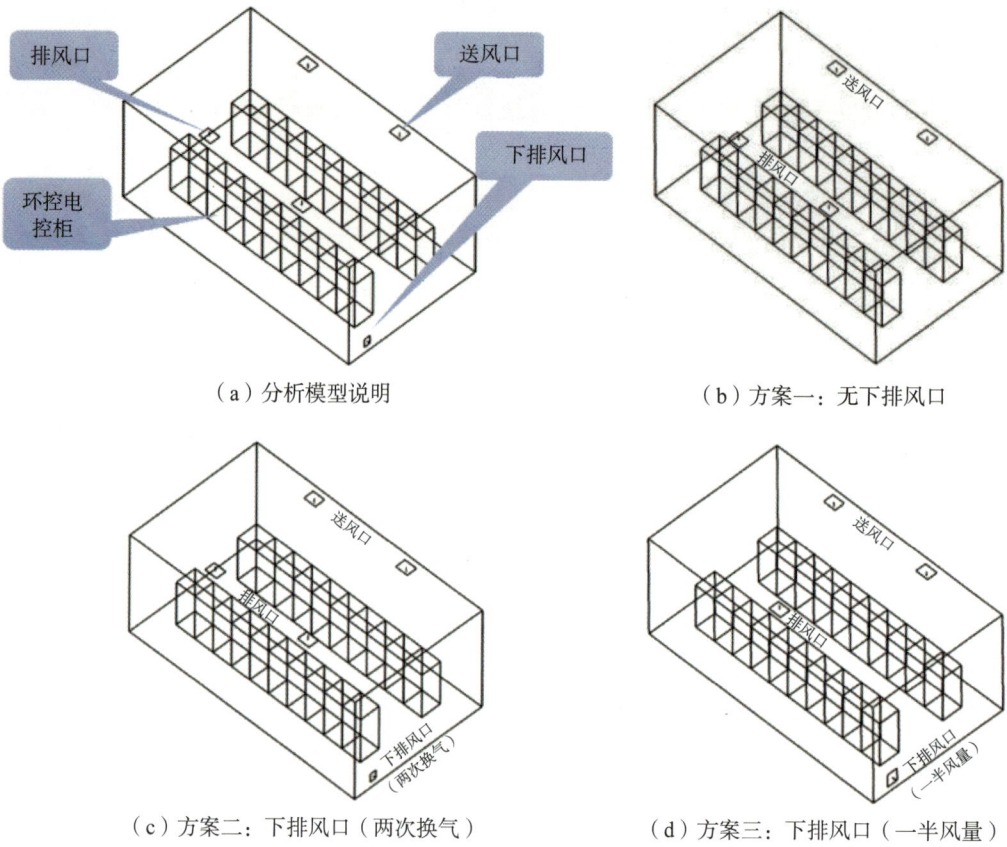

图 6.5.4-2　环控电控室设备及风口布置方案示意图

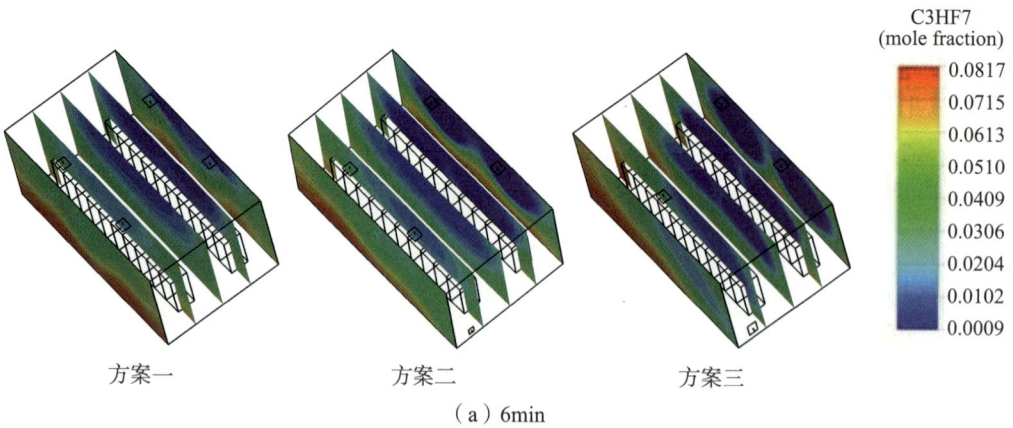

方案一　　　　　　方案二　　　　　　方案三

（a）6min

图 6.5.4-3　不同方案下灭火气体浓度分布随时间变化图

（b）12min

（c）18min

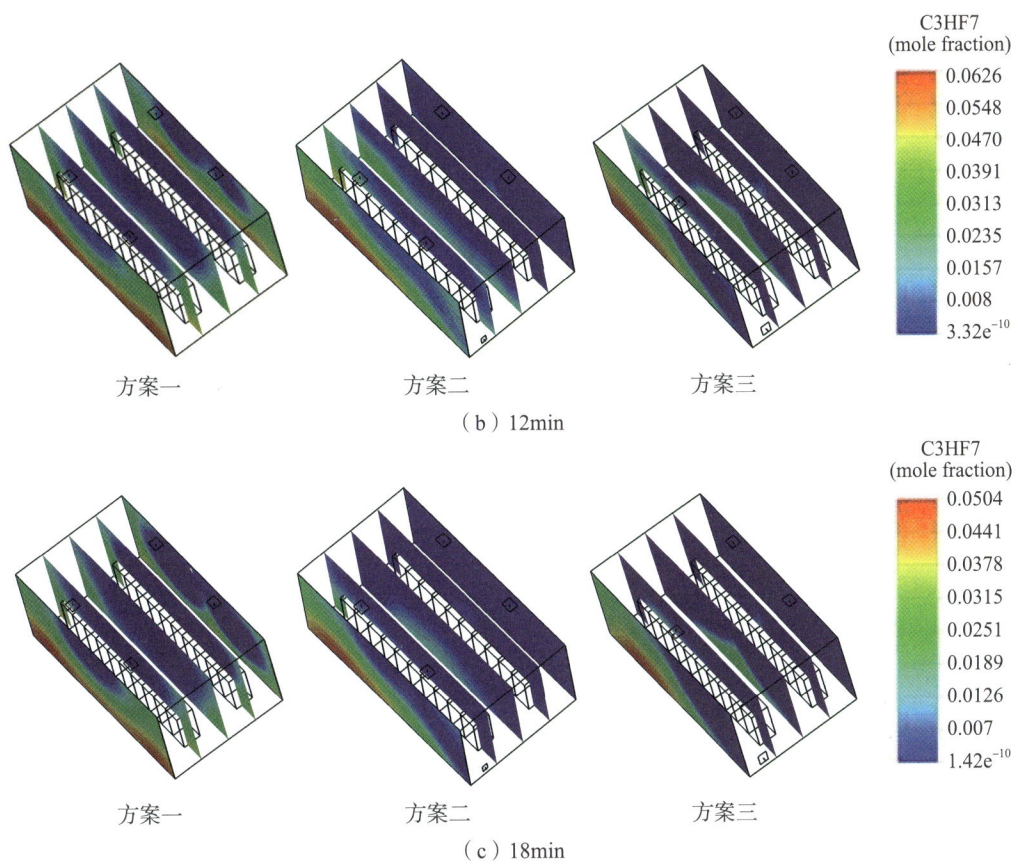

图 6.5.4-3　不同方案下灭火气体浓度分布随时间变化图（续）

向室外，受气体密度的影响，不同位置排风口排出的灭火气体体积存在明显差异，不同时刻三种方案灭火气体的浓度分布如上图。

经模拟分析对比，通风效果从高到低排序依次为方案二、方案三、方案一。通过对比分析不同风口布置方案的灭火气体瞬态排除过程，灭火气体密度大于空气密度时，灭火气体在房间内出现分层，房间下半部分灭火气体的平均浓度大于房间上半部分，下排风口的设置有利于灭火气体的排除。在房间条件允许时，设置下排风口及增大下排风口的风量有利于灭火气体的排除。

6.5.5　客流与应急疏散模拟

1　应用场景

除了满足日常运营的客流管理，在突发事件下，地铁设计需满足应急疏散要求。在开展城市轨道交通工程深化设计时，可将 BIM 模型与客流仿真模型相结合，辅助验证设计方案在客流和应急疏散方面的合理性。

2   应用要点

在开展客流与应急疏散模拟前，宜首先明确设计方案、客流量、行车组织方案等相关技术要求，为客流与应急疏散模拟准备基础数据。客流与应急疏散模拟应用可采用简化的 BIM 模型，宜具备地面、墙面、门、坡道、楼梯、自动扶梯、栏杆和出入口（目的地）等元素，并具备准确的几何尺寸和位置。

在客流与应急疏散模拟过程中，应通过设置人流特征、客流量、环境特征，模拟分析高峰时段、平峰时段下的客流特征，以及应急事件造成拥堵的客流情况，辅助客流与应急疏散方案的优化。应急事件包括火灾、洪水、台风、地震、战争、暴恐等突发灾害和事故，通过调整不同的环境特征和人流参数，可模拟应急事件下的疏散方案。

3   应用流程

1）数据准备要求

a）城市轨道交通工程设计模型，包含地面、墙面、门、坡道、楼梯、自动扶梯、栏杆和出入口（目的地）等要素的简化模型；

b）预测的高峰时段、平峰时段客流信息；

c）城市轨道交通项目客流和应急疏散要求；

d）项目运营方案。

2）软件功能要求

客流与应急疏散模拟 BIM 应用软件宜具有以下功能：

a）宜具有平面、三维等视图功能；

b）宜具有定义客流参数的功能，如客流数量、密度、速度等；

c）可根据客流的起终点模拟客流动向与路径。

3）应用流程要求

客流模拟与应急疏散模拟的应用过程类似，主要是环境参数和人流特征的差异，下面主要以应急疏散模拟为例进行分析说明。

a）简化的城市轨道交通工程 BIM 模型，并确保 BIM 模型具备应急疏散模拟分析所需的元素，如地面、墙面、门、坡道、楼梯、自动扶梯、栏杆和出入口等。

b）将简化的 BIM 模型导入客流模拟分析软件。在软件中，根据设计信息录入楼层（平台）、房间分区（或防火分区）、墙体（或隧道壁）、门窗（洞口）、楼梯（上下联络通道）、电梯等信息，并检查所分析模型的几何尺寸、空间关系、构件连接关系等是否准确，设置起终点以及疏散路径。

c）输入客流量、行车组织等信息，设置应急疏散算法进行模拟分析，计算紧急情况下总疏散时间、平均速度、热力图等，并分析最优逃生路径，校核疏散指标，验证疏散方案的准确性、可行性。在应急疏散模拟分析过程中，应注意区分高峰、平峰场景下的客流量分析。

d）组织审核应急疏散方案，根据意见或建议对方案进行调整与优化。

e）基于应急疏散模拟分析结果，形成应急疏散方案，并生成应急疏散模拟视频等，进行成果交付。

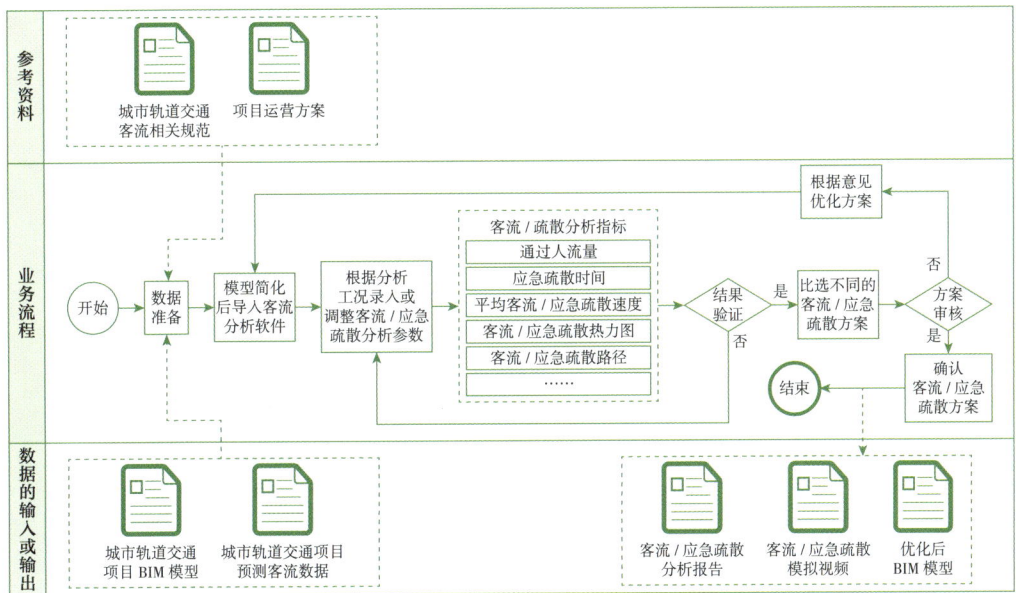

图 6.5.5-1 客流与应急疏散模拟 BIM 应用流程

4）应用成果要求

a）客流/应急疏散模拟分析报告，客流模拟分析报告应体现早晚高峰、平峰等场景下的客流状况，并对客流引导提出相关建议。应急疏散模拟分析报告应体现特定疏散条件下的各方面影响因素，通过分析计算得出人员疏散时间、疏散路线统计数据，提出改进疏散性能的方案和措施、应急预案的疏散要点建议等。

b）客流/应急疏散模拟视频，应体现运行过程中人员日常客流或应急疏散的场景，通过透视图、热力图等方式表现。

c）经客流与应急疏散模拟分析，优化后的 BIM 模型。

4　应用价值

采用 BIM 技术开展客流与应急疏散模拟,有助于提高城市轨道交通工程的设计质量以及应对突发事件的应急指挥调度能力。

在客流模拟分析方面,城市轨道交通项目运营期间客流量大,尤其是换乘站、枢纽站等复杂项目,在三维 BIM 模型的基础上,以预测及经验测算的客流量模拟高峰时段、平峰时段的客流情况,可分析客流特征,为车站内的客流引导提出完善建议。尤其对于楼梯口、电梯、出入口等关键区域,易造成拥堵,结合 BIM 模型可为现场的客流管理措施提供依据,保障地铁车站客流管理需求,提高设计质量。

在应急疏散模拟分析方面,结合 BIM 技术的三维化、数字化优势,可清晰定位项目内的应急物资、消防设施设备、疏散通道等位置和状态,辅助制定合理的疏散路线和救援应急预案。借助城市轨道交通项目 BIM 模型,采用客流分析软件,可提前发现疏散设计方案的不合理问题,最大程度消除应急疏散设计缺陷。基于 BIM 技术优化应急疏散方案,有效降低了潜在的人员伤亡风险,为乘客出行提供安全保障。

5　应用案例

科技馆站是深圳地铁 12 号线的地下站,位于规划南环路与规划海汇路交叉口,车站周边现状主要是空地(规划未稳定)。车站是地下二层岛式站台,共设 2 个出入口、2 组风亭,车站总面积为 13869.3m²。

根据国家标准《地铁设计规范》GB 50157—2013、《城市轨道交通工程项目规范》GB 55033—2022 等相关要求,城市轨道交通突发大客流事件响应预案的客流集散空间、运输运力配置应与工程能力协调,应设置应急疏散场地、疏散通道,以及应

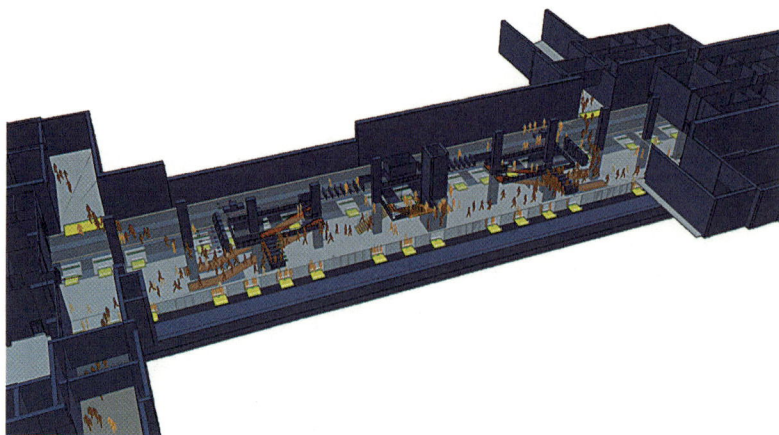

图 6.5.5-2　基于 BIM 的科技馆站客流模拟

急情况下乘客安全滞留空间，并应具备相应的疏散能力。结合 BIM 技术开展应急疏散模拟，在设计阶段提前模拟疏散所需时间，并依据仿真模拟结果对设计方案进行优化。

结合科技馆站预测客流数据，对科技馆站远期客流进行仿真模拟，原设计方案满足乘客应急疏散的相关要求。但总体分析车站客流模拟情况时发现，部分闸机处存在拥堵，构成车站运行的瓶颈点，易引发事故。因此，对该处的闸机进行优化，闸机处密度由 F 级服务水平（拥堵）提高至 C 级服务水平（比较顺畅），有效降低了原方案瓶颈处的客流密度，提升客流疏散水平。

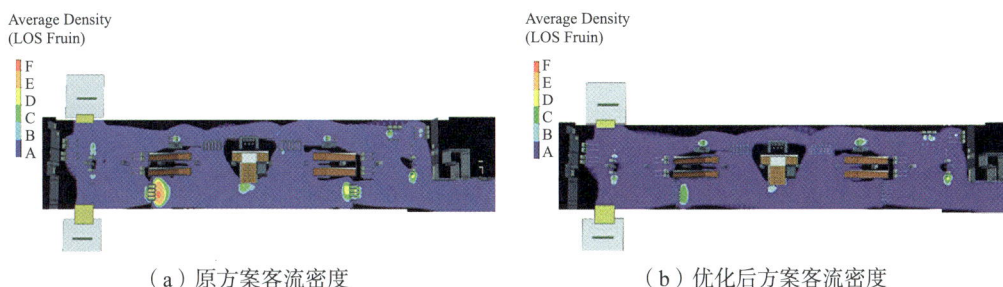

（a）原方案客流密度　　　　　　　　　　　　　（b）优化后方案客流密度

图 6.5.5-3　科技馆站方案优化前后客流密度图

6.5.6 管线综合与碰撞检查

1　应用场景

集成城市轨道交通项目各专业模型，应用 BIM 三维可视化技术对机电管线整合优化。检查机电管线、土建专业的碰撞，核查机电管线的错漏碰缺问题，完成项目设计图纸范围内各种管线布设与建筑、结构平面布置的三维协同设计工作。根据检查问题，优化机电管线布置方案，在避免空间冲突的前提下，使其满足运输、安装、运行及维护检修的空间使用要求。

2　应用要点

管线综合与碰撞检查应在土建深化模型的基础上开展。开展管线综合和碰撞检查过程中，若无特殊原因，一般应遵循以下原则：

1）对于室内管线

a）根据项目特点应明确界定风管、水管、桥架等空间分层的标高关系。

b）在满足净高要求的前提下，各专业管道宜水平分层布置，宜呈直线、互相平行、不交错，管道不宜翻弯过多。

c）考虑施工安装、运营维修更换的操作空间预留。

d）可弯管线让不可弯管线，分支管线让主干管线。

e）金属管避让非金属管。因金属管易切割、弯曲和连接。

f）附件少的管道避让附件多的管道，以利于后期的施工和检修。

g）大管优先，小管让大管。因小管道造价低，且容易安装，通风空调管道、排水管道、排烟管道等占据空间较大的管道应优先布置。

h）有压管道避让无压管道，如冷凝水排水管、雨排水管、生活污水管等管道均靠重力排水，其水平管段需保持一定的坡度，在与有压管道碰撞时，应优先考虑无压管道。而有压管道之间，低压管需避让高压管。

i）电气管线避热避水；在热水管线、蒸汽管线上方及水管垂直下方不宜布置电气线路。

j）强弱电分设。由于弱电线路如电信、有线电视、计算机网络等线路易受强电线路电磁场的干扰，因此强电线路与弱电线路不应敷设在同一个电缆槽内，且应保留一定距离。

2）对于室外管线

需遵循市政管线规范的相关要求，宜水、电分离，管线的埋置深度、坡度和间距应满足相关规范要求。

3   应用流程

1）数据准备要求

a）各专业设计模型；

b）管线综合优化原则及布置方案。

2）软件功能要求

管线综合与碰撞检查 BIM 应用软件宜具有以下功能：

a）可整合各专业 BIM 模型并流畅浏览；

b）宜具有碰撞检查与分析功能；

c）宜具有测量与标注功能；

d）宜具有管线标注出图功能。

3）应用流程要求

a）整合城市轨道交通工程各专业 BIM 模型，核查模型的完整性、准确性。

b）根据管线排布方案和相关规范，对项目全专业管线进行综合排布。

c）采用软件自动检查管线之间碰撞、管线与建筑和结构之间的碰撞、结构构件之间的碰撞，对检查结果进行人工校审并记录。经检查得出的碰撞点，反馈至相关专业设计人员进行审查和确认，根据碰撞情况进行模型优化。

d）通过设置合适的碰撞检查距离，对机电管线的保温、安装空间、检修空间、净空等开展进一步检查，对各碰撞位置进行详细分析并记录。经检查得出的问题区域，反馈至相关专业设计人员进行审核和确认，根据问题情况进行模型优化。

e）应基于管线综合与碰撞检查结果调整优化模型，并编制管线综合与碰撞检查分析报告。

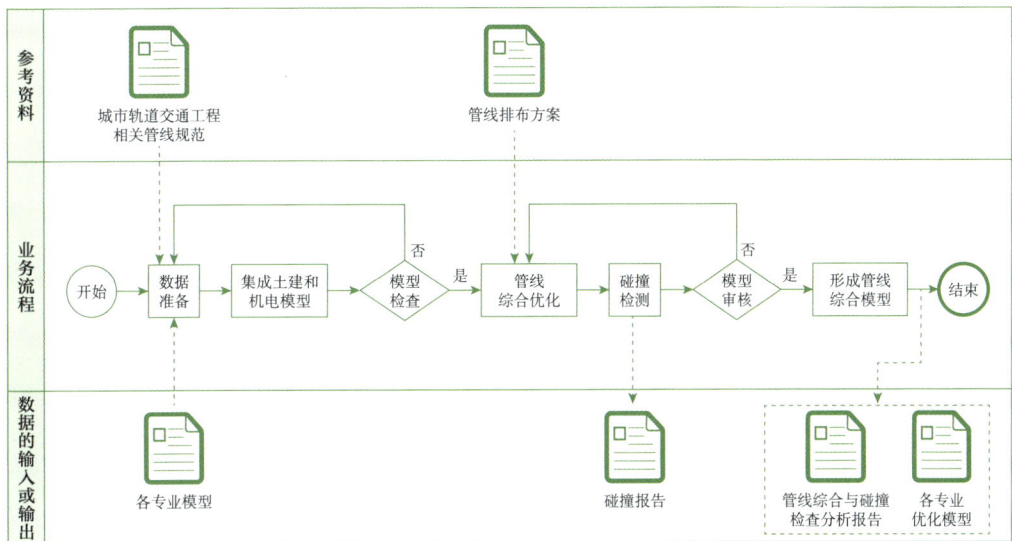

图 6.5.6-1 管线综合与碰撞检查 BIM 应用流程

4）应用成果要求

a）优化后的各专业模型，经管线综合和碰撞检查分析后，各专业设计师调整完善 BIM 模型。其中，管线排布应合理、美观，管线路由和标高应准确，并应符合相关规范和功能要求；管线综合模型中关键或复杂区域应设置局部详图或剖面视图；管线综合和碰撞检查调整后，其净高应满足相关规范要求。

b）管线综合与碰撞检查分析报告，应详细体现单专业、多专业之间的各类构件碰撞，以及设计过程中可能存在的软碰撞等，分专业生成碰撞检查点位，并提出优化建议。

4 应用价值

传统管线综合的方式是将所有机电专业及土建专业的图纸进行叠加，然后选取重点部分或管线较为复杂的部位，针对性地绘制剖面图，或针对各类设备机房绘制机房大样及剖面图。该方式对后续施工有一定指导意义，但绝大多数情况下还需要进行施工二次深化，且在设计阶段难以充分考虑设备、阀门、附件等尺寸，容易造成预留空间不足、后期无法按图施工等问题。

基于 BIM 的管线综合与碰撞检查是将各专业所有管线、设备基于三维模型进行整合，并根据不同专业管线的功能要求、施工安装要求、运营维护要求等，结合建筑、结构设计和室内装修设计需求对设备与管线的布置进行统筹协调，以排布合理的管线方案。通过 BIM 软件快速对各专业之间开展碰撞检查，核查各构件之间是否存在冲突。管线综合完成后对各功能区域的空间净高进行复核分析，确定可满足空间要求的区域及不满足的区域，并针对不满足空间要求的区域进行分析和设计调整。

管线综合和碰撞检查 BIM 应用有助于协同各专业设计，避免专业碰撞和冲突，保证管线排布方案合理、美观，并满足净高要求，避免后期施工管线拆改带来的经济损失和工期延误。

5　应用案例

深圳轨道交通 12 号线工程赤湾停车场位于深圳市南山区赤湾山南侧、赤湾路东北侧、兴海大道西南侧区域。项目范围主要包括运用库（停车列检库）、洗车库、地铁综合配套用房（综合楼）、混合变电所、雨水泵房等多个建筑单体及停车场、边坡治理区域等。停车场用地面积为 17.66 公顷，边坡治理区域面积为 8.36 公顷。

为保证停车场管线综合设计的合理性、准确性，项目团队采用 BIM 软件开展赤湾停车场管线综合和碰撞检查应用，通过各专业模型创建开展机电管线综合设计，发现问题，解决管线冲突，优化设计方案，极大地避免了后续的返工和调整。预计该应

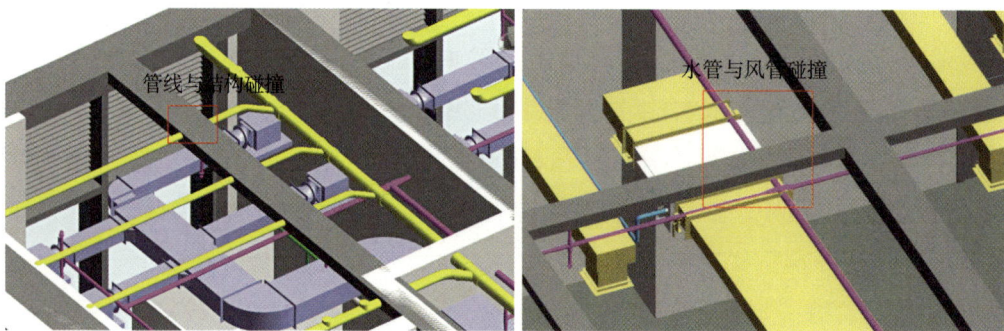

图 6.5.6-2　管线碰撞检查

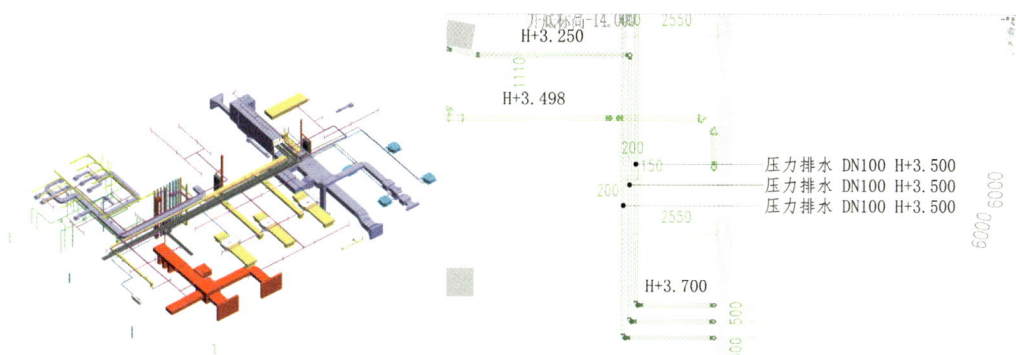

图 6.5.6-3　管线综合优化出图

用缩短工期约 10 天，节约成本 10 余万元。此外，在机电安装 BIM 模拟优化过程中，提升沟通效率 20%。经管综优化后的设计方案，可导出准确有效的各专业图纸，辅助设计对施工进行管综交底。

6.5.7 预留预埋检查

1　应用场景

基于土建 BIM 模型和机电 BIM 管综模型，对机电管线的预留洞口进行布设，可以增强机电和土建专业间的协同设计，将管线综合排布后的模型与土建模型整合后，生成预留套管。利用 BIM 可视化优势对结构预埋件进行布置，辅助设计、施工核查预埋件的平、立面位置，避免主体结构二次开孔和机电管线穿孔点位偏差。

2　应用要点

预留预埋检查应在机电和土建模型的基础上进行，主要包括管线排布方案的确定、管线穿越结构点位的核查、预留洞口和管线套管的布置、重点区域的预埋件布设、预留预埋件定位标注和出图等。预留预埋检查重点内容应包括预留洞口形状及尺寸，预埋套管规格型号及管径，套管中心标高，洞口中心距最近结构柱、结构墙体距离等。设计过程中重点考虑预留预埋点位的规范性和机电管线安装的可行性。

3　应用流程

1）数据准备要求

a）土建模型、管线综合模型；

b）相关施工图纸资料。

2）软件功能要求

预留预埋检查 BIM 应用软件宜具有以下功能：

a）可整合各专业模型并流畅浏览；

b）宜具有距离测量与标注功能；

c）宜具有碰撞检查与分析功能；

d）宜具有智能开洞功能；

e）宜具有管线、洞口同步更新功能；

f）宜具有预留预埋标注和出图功能。

3）应用流程要求

a）分别完成土建专业和机电专业 BIM 模型创建，并完成机电专业管线综合深化；

b）整合各专业模型，核查机电管线穿越结构点位是否准确、预留预埋是否缺漏、预留预埋点位是否符合规范要求；

c）各专业确定预留预埋点位后，生成预留洞口、预埋件和预埋套管模型，并保证图模一致性；

d）各专业审核预留预埋施工图以及预留预埋模型的规范性，确定预留预埋设计满足设计和施工要求后生成预留预埋审查分析报告，并提交最终检查成果。

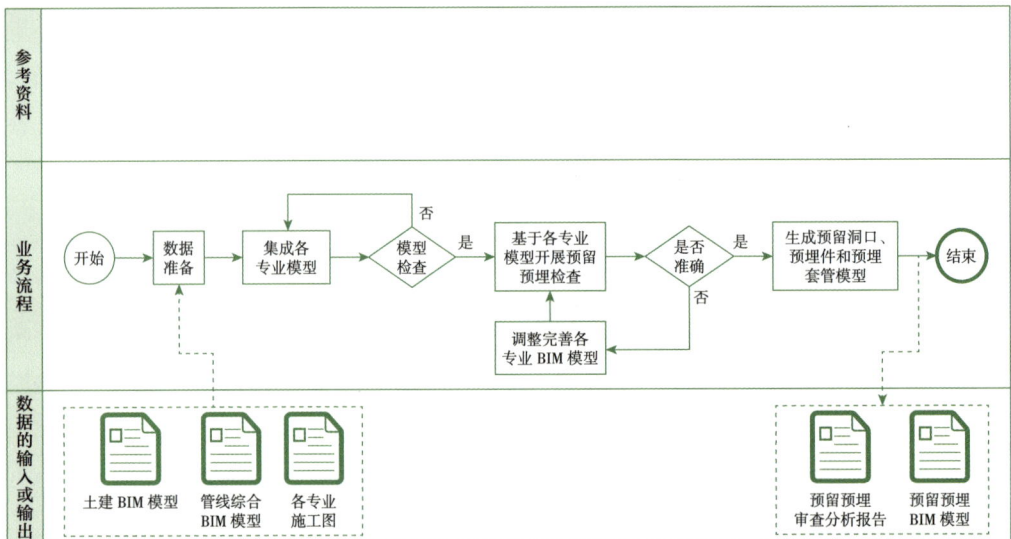

图 6.5.7-1　预留预埋检查 BIM 应用流程

4）应用成果要求

a）预留预埋审查分析报告，应详细体现单专业、多专业之间的各类预留孔洞、预埋件，记录管线、结构等专业预留预埋内容和分布情况，以及预留洞口情况；

b）预留预埋 BIM 模型，应能准确标记孔洞、预埋件等构件位置。对于复杂区域或关键区域，应设置必要的局部三维视图。

4 应用价值

传统的预留预埋设计表达方式不够形象、直观，往往只针对项目重要和复杂区域进行预留预埋深化。采用 BIM 技术进行预留预埋检查，可加强各专业之间的设计协同，对项目中的预留预埋进行整体质量控制。

在设计阶段提前利用 BIM 技术对土建及机电专业间的工序交叉部位进行碰撞检查分析，并根据碰撞报告对相应土建、机电专业进行深化，以期实现土建施工与机电施工的零碰撞、预留预埋零缺漏。在 BIM 模型中可准确定位预留孔洞、预埋件的位置，辅助布置预埋构件的平、立面位置，避免主体结构与围护结构施工后进行二次钻孔带来的噪声、粉尘，以及打孔偏差带来的作业面破坏等不利影响，提升设计质量和结构安全性。

后期各专业按照深化设计后的图纸开展施工，实现预留孔洞和预埋件的提前检查，有利于降低返工的施工成本，避免返工浪费，规避工期延误风险和质量隐患，提高施工质量。同时，通过预留预埋 BIM 模型可精准统计预留孔洞量、预埋件工程量，辅助把控施工成本。

5 应用案例

深圳地铁 12 号线赤湾停车场项目位于深圳市南山区赤湾山南侧、赤湾路东北侧、兴海大道西南侧。地块长约 1050m，最宽处约 370m，最窄处约 90m。场址地形呈西高东低，起伏较大，相对高差约为 15～20m。停车场用地面积为 17.66 公顷，涉及专业多，预留预埋工作量大。

在赤湾停车场的地铁配套用房管线综合施工图设计模型基础上，项目团队采用 BIM 模型创建管线孔洞及管线套管，采用三维交互方式梳理结构墙、板及二次结构的孔洞预留和预埋布置情况，并生成平面孔洞图以及套管明细表。进一步，基于 BIM 技术完成孔洞图，并开展施工现场复核，确保现场预留孔洞及套管无遗漏情况，且尺寸及位置准确，从而减少返工，降低项目成本大约 15%。

为确保停车场施工现场预留孔洞的准确性，设计在原有二次结构平面图的基础上，从 BIM 模型导出墙体的管线孔洞剖面图，并采用 BIM 模型生成相应预留套管明细表，提高二次结构留洞图纸深度以及预留套管工程量准确度。

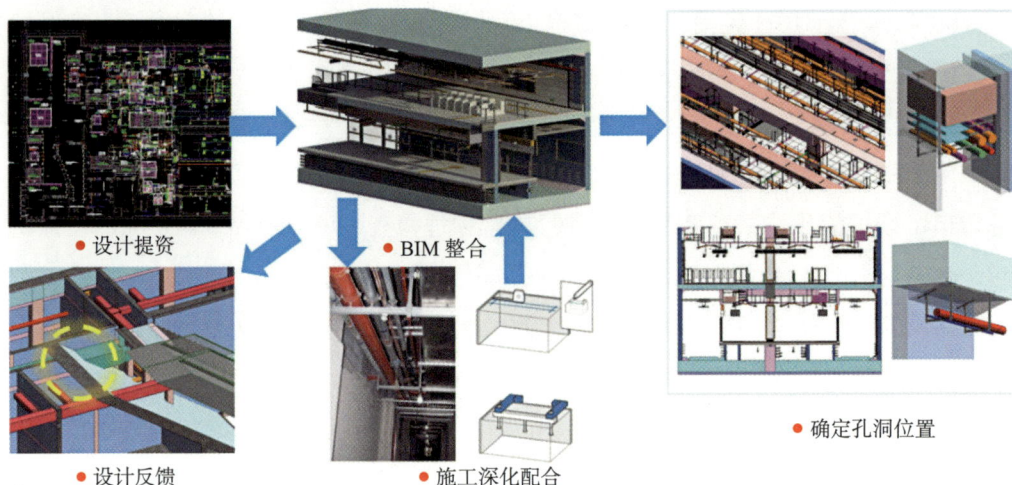

- 设计提资
- BIM 整合
- 确定孔洞位置
- 设计反馈
- 施工深化配合

图 6.5.7-2　基于 BIM 的预留预埋检查

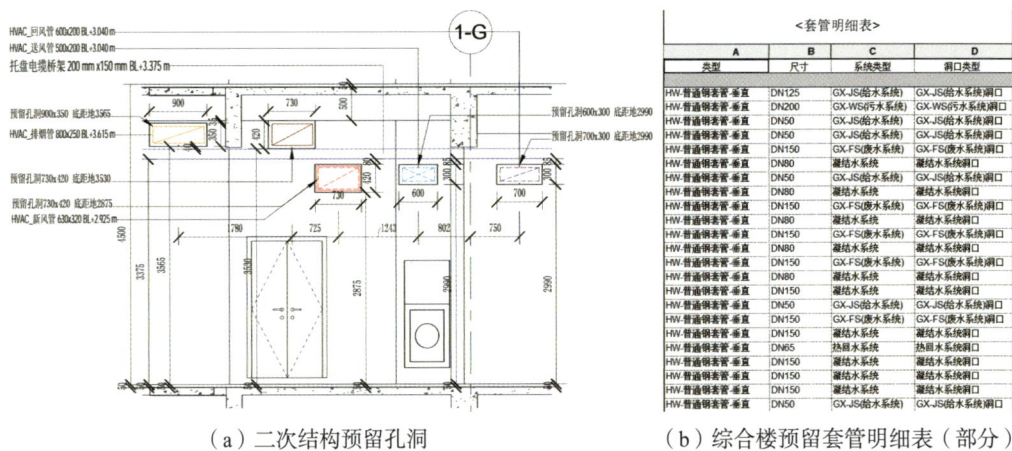

（a）二次结构预留孔洞　　　　（b）综合楼预留套管明细表（部分）

图 6.5.7-3　基于 BIM 的二次结构预留预埋

6.5.8 工程量计算

1　应用场景

基于施工图设计 BIM 模型，结合工程计量和计价规范，使用 BIM 算量软件可计算城市轨道交通工程各专业、各部位的工程量。根据城市轨道交通工程的分部分项工程要求、构件拆分规则等要求，对不同专业各类型构件按需求进行拆分，并对拆分的构件信息附加相应的属性信息，如材料用量、混凝土量等，可快速统计不同字段类型的工程量情况。同时，对于不同的工程项目方案，采用 BIM 模型可快速计算各方案的工程量情况，便于对比分析。在 BIM 工程量基础上，结合材料造价，可辅助项目建设全过程的成本控制管理。

2 应用要点

在计算工程量前，宜在设计模型的基础上进行算量深化，补充工程量所需信息，以及按照工程量扣减、组合等要求进行模型调整。工程算量需运用模型单元识别工程量清单项目并计算其工程量，或导入其他算量软件进行工程量计算与复核。因此，其构件须命名准确、编码有效、分类清晰，保证清单项与构件一一对应。

基于 BIM 技术的工程量计算应根据设计过程保持阶段性更新，可自动计算并更新工程量清单，辅助设计变更管理。在估算、概算、预算、结算、决算等阶段均可采用 BIM 技术辅助工程量计算，其 BIM 模型深度和范围需符合相应阶段的要求，才能保证工程量计算结果的准确性。

3 应用流程

1）数据准备要求

a）城市轨道交通工程清单规范、定额规范；

b）设计 BIM 模型；

c）相关施工信息，如设备材料、工艺工法等。

2）软件功能要求

工程量计算 BIM 应用软件宜具有以下功能：

a）可导入设计模型，进行模型构件拆分或组合，并附加相应的属性信息参数，创建算量模型；

b）可附加相应的算量指标或定额信息，编制招标预算工程量清单、招标控制价、投标预算工程量清单等；

c）宜支持现行城市轨道交通工程量清单计价规范等相关规范要求。

3）应用流程要求

a）基于设计 BIM 模型创建工程量计算模型，补充缺项部分、增加算量所需的参数和信息，其算量编码应与相关规范保持一致。

b）根据算量模型使用 BIM 算量插件，或导入算量软件计算工程量，生成工程量清单。

c）若存在多个项目方案，应对比分析不同方案的工程量情况。当方案发生变更，可相应调整算量 BIM 模型，快速响应工程量变化。

d）造价咨询审核算量模型和工程量清单成果，审核工程量是否满足限额设计要求，并依据相关定额生成项目算量成果。

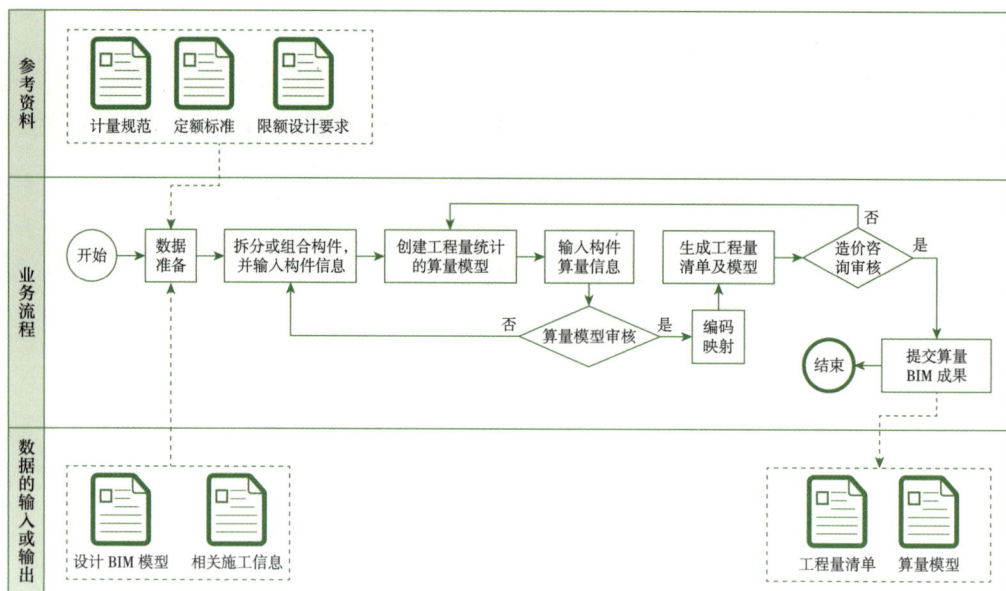

图 6.5.8-1　工程量计算 BIM 应用流程

4）应用成果要求

a）工程量清单，通过造价咨询审核，满足工程项目相应阶段的算量要求；

b）算量 BIM 模型。

4　应用价值

城市轨道交通工程涉及专业多，施工工艺复杂，传统的工程量计算工作量巨大，且存在大量的重复劳动工作，工作效率低，容易发生错误、漏项等问题，且不能与设计过程紧密结合，当发生设计变更，不能及时响应变化情况。采用 BIM 模型自动计算工程量，一方面，可运用 BIM 模型承载的准确数据进行工程量自动计算，提高计算的准确性和效率；另一方面，有利于推动基于 BIM 的设计算量一体化应用，当发生设计变更，可通过调整模型，快速响应工程量变更情况，避免传统模式下的重复建模，也提高了 BIM 模型的利用率。

进一步，工程量是成本管理的重要基础，在算量模型的基础上附加相应定额和费用要素，可自动计算工程造价，有利于实现建设过程成本动态管控。

5　应用案例

深大城际先开段是深大全线的第二个区间机场东—黄麻布区间，区间长 4.56km，包括前期工程、区间双线盾构隧道，1 处盾构始发井、10 个联络通道以及洞内附属结构，沿线地层为砾质黏性土、全强风化花岗岩以及中微风化花岗岩。

项目组首先按照 BIM 算量建模规则创建深大城际先开段的车站主体、附属、区间及区间风井等区域 BIM 模型，为基于施工图 BIM 模型的工程量自动计算提供数据基础。项目区间采用双模盾构法施工，试算内容为盾构法区间算量。通过研发自动识别复合地层模块的软件，对土岩复合段进行自动识别，相比传统手算，效率更高，且更贴近实际施工情况。经计算，深大城际先开段试算段长度约 4.32km，识别功能耗时约 5min。本项目土石方的工程量是通过对地质模型进行切割计算所得，由于软件逻辑的局限性，剪切的地质体小于计算体积，为进一步提高模型 mesh 网格剪切精度，将部分网格转化为参数化实体。

本项目采用 BIM 模型精准且快速地计算施工图工程量，为造价管理提供准确的基础数据，为合同管理提供了准确的计量支付与结算依据，有利于各方根据准确有效的工程量开展施工管理。

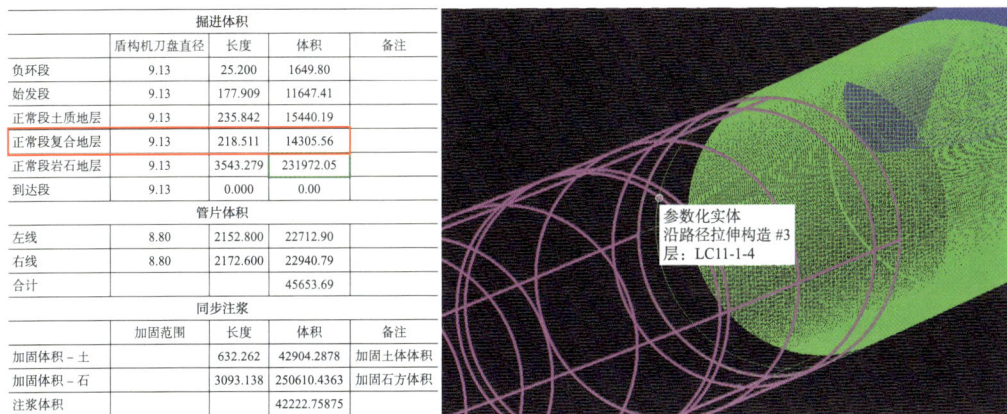

掘进体积				
	盾构机刀盘直径	长度	体积	备注
负环段	9.13	25.200	1649.80	
始发段	9.13	177.909	11647.41	
正常段土质地层	9.13	235.842	15440.19	
正常段复合地层	9.13	218.511	14305.56	
正常段岩石地层	9.13	3543.279	231972.05	
到达段	9.13	0.000	0.00	
管片体积				
左线	8.80	2152.800	22712.90	
右线	8.80	2172.600	22940.79	
合计			45653.69	
同步注浆				
	加固范围	长度	体积	备注
加固体积－土		632.262	42904.2878	加固土体体积
加固体积－石		3093.138	250610.4363	加固石方体积
注浆体积			42222.75875	

图 6.5.8-2　基于 BIM 的工程量计算

6.5.9 装修效果仿真

1　应用场景

装修效果仿真可在设计方案稳定后开展，在施工图设计 BIM 模型的基础上补充装饰装修构件及相关材质，形成装修深化设计 BIM 模型。采用渲染、VR 等技术，仿真模拟装修效果，可使项目相关参与单位进行虚拟漫游和交互体验，辅助装修方案的沟通与决策。

2　应用要点

装修模型应在土建模型的基础上进行深化，主要包括装饰装修做法建模、装修材质表达，以及重要空间和场景的可视化效果展示。进一步，可将装修深化设计模型导入相关分析软件，对室内装修部分进行采光模拟分析、通风模拟分析、温度模拟分析等性能分析，提高装修方案实用价值。

3　应用流程

1）数据准备要求

a）城市轨道交通项目装修设计规范与验收规范；

b）装饰构件详图尺寸、加工、安装的相关信息；

c）城市轨道交通项目各专业 BIM 模型。

2）软件功能要求

装修效果仿真 BIM 应用软件宜具有以下功能：

a）宜具有丰富的装饰构件库及材质库；

b）可真实表达灯光、材质、饰面、家具等细节效果；

c）宜具有良好的渲染功能，可生成效果图；

d）可导出轻量化模型；

e）可基于模型自动生成平立面图，以及关键位置的节点大样图、细部节点图等。

3）应用流程要求

a）将设计 BIM 模型进行前处理，删除、过滤与装修表达无关的设施设备，并核查模型的准确性、完整性。

b）在处理后的设计 BIM 模型基础上，或将 BIM 模型导入仿真软件，根据不同的装修方案，更新相应的门窗、家具、照明灯具等模型构件的样式，赋予构件材质、颜色、灯具亮度等，并进行模型渲染，形成方案效果图、虚拟漫游动画、VR 交互模型等，用于方案汇报和对比分析。

c）组织相关单位运用装修 BIM 模型审核对比各装修方案，并提出方案修改完善建议。

d）设计单位根据意见和建议深化装修方案。整合装修、土建、机电各专业 BIM 模型，开展专业协同。通过碰撞检测，核查装修方案与其他专业工程的碰撞点并记录，形成报告并反馈至装修设计单位进行修改复核。若发现设计图纸问题，应形成问题报告，反馈至设计单位修改。

e）可基于装修深化设计 BIM 模型实现装饰工程量的分项统计。

f）基于装修 BIM 模型生成方案展示视频、细部节点详图、工程量统计表，并进行成果交付。

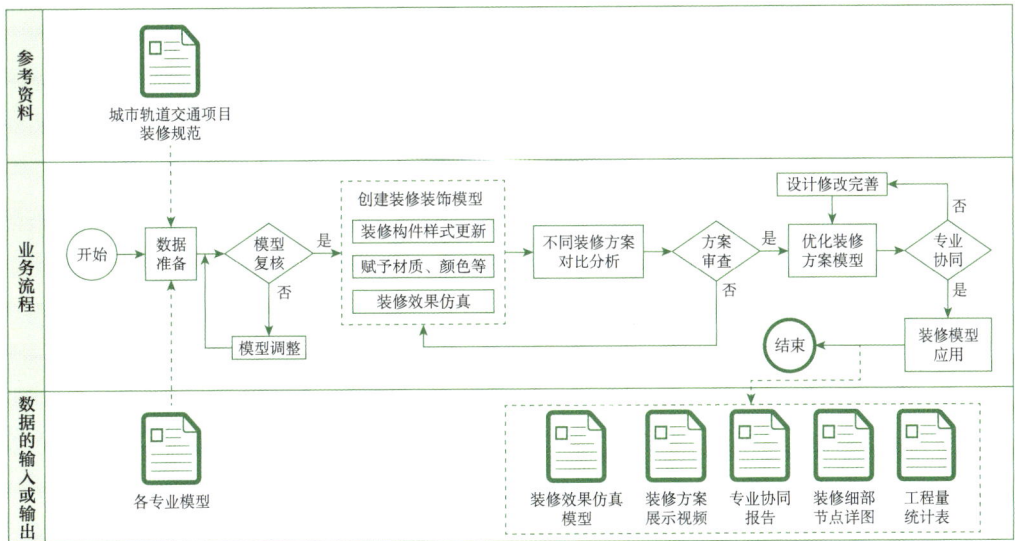

图 6.5.9-1　装修效果仿真 BIM 应用流程

4）应用成果要求

a）装修效果仿真 BIM 模型，应包含装修方案的相关构件及其材质、颜色；

b）装修方案展示视频，可基于装修 BIM 模型制作相应的展示视频等可视化成果；

c）专业协同报告，包含装修模型与土建、机电等模型之间的协同分析；

d）装修细部节点详图，针对装修方案的关键部位、细部节点等位置基于 BIM 模型制作详图；

e）工程量统计表，基于装修 BIM 模型计算装修工程量。

4　应用价值

城市轨道交通项目的装修设计质量直接影响乘客的出行体验。在土建、机电模型的基础上创建装修 BIM 模型，BIM 模型可承载装修方案的各类信息，经过渲染仿真后可高精度地模拟装修效果，形象化地表达设计师的设计意图，有利于项目各参与单位在虚拟仿真的体验环境下进行沟通与决策，实现对城市轨道交通项目装饰装修的高品质管控。

城市轨道交通项目装修工作量大，BIM 模型记录了装修方案的各项数据，可快速形成准确的装修工程量，便于精准掌握材料用量，减少浪费，控制项目成本。

5　应用案例

深圳市轨道交通 3 号线福保站位于红花路与益田路交叉口处，沿红花路东西向敷设。车站形式为地下二层岛式车站，采用框架结构体系，车站总长 565.68m，标准段宽 19.7m。其中公共区装修面积为 5030m²。车站共设置 7 个出入口，3 个风亭组、7 个紧急疏散口。深圳地铁 3 号线三期全线按"功能标准化、文化个性化"设计原则，统一装饰风格及设计手法，全线整体设计体现"璀璨星河"的设计理念，通过空间造型，设计元素营造车站的区域文化氛围。

根据装修设计方案的理念和要求，在车站机电管线综合模型基础上，完成装修方案模型创建。根据不同的装修方案表达要求，对已创建的 BIM 模型赋予材质、颜色以及光源等信息，通过参数调整，仿真模拟车站不同方案的装修效果。项目相关单位在三维化、虚拟化的环境中进行装修方案讨论，通过 BIM 技术提供的身临其境装修效果沉浸式体验，提前感受轨道交通项目最真实的空间感、距离感和体验感，辅助装修方案决策。同时，借助 BIM 技术辅助车站公共区装修、风水电一体化设计，协同调整并优化设计方案，满足设备安装、检修空间、美观等各方面要求，提高装修方案质量。

图 6.5.9-2   基于 BIM 模型的装修效果仿真

7 施工 BIM 应用

7.1 一般规定

7.1.1 为推进设计 BIM 模型向施工交付使用，避免重复建模，施工 BIM 模型宜结合现场条件、工艺工法等情况，采用设计 BIM 模型开展土建、机电、装修等施工深化设计。

7.1.2 城市轨道交通工程施工 BIM 应用的阶段可划分为施工准备阶段、施工实施阶段、竣工验收阶段。

7.1.3 施工准备阶段以深化设计 BIM 模型为基础，在设计交底后，深入理解设计意图，分析工程重难点，优化施工组织设计，并基于 BIM 技术开展城市轨道交通工程施工的前期准备工作，以指导后期现场施工。

7.1.4 施工实施阶段以施工 BIM 模型为基础，基于 BIM 集成物联网、大数据、GIS、AI 等其他信息技术，开展项目现场的质量安全管理、进度管理、成本管理等，推进施工现场的精细化、数字化、动态化管理。

7.1.5 竣工交付阶段以竣工 BIM 模型为基础，应保证竣工模型与现场工程实体的一致性，并按照城市轨道交通项目运营要求，完善竣工 BIM 模型，为后期运营维护提供准确有效的基础模型。

7.1.6 施工 BIM 应用是一个持续性过程，应根据施工过程的变化及时调整、更新 BIM 应用，直至城市轨道交通项目竣工交付。

7.2　施工深化设计

7.2.1　土建施工深化设计

1　应用场景

在接收设计模型后，结合施工组织设计、施工方案等要求，开展土建专业模型的深化，针对城市轨道交通工程主体结构、二次结构、预留预埋、钢筋工程等方面，构建工程整体或细部的三维模型，指导现场土建施工方案的实施。应集成各专业模型，检查各专业设计与土建模型之间的关系，例如根据设计模型中相关管线、桥架的尺寸、位置和高度等信息，指导施工现场孔洞预留，并根据预埋件的布置要求，如规格、位置等，指导施工现场预埋件的布置，避免正式施工时由于错漏碰缺等问题导致管线拆改、封堵孔洞、重新开凿和重新埋设等返工，达到节约材料和保障工期的目的。

2　应用要点

土建深化设计模型专业内容较多，在深化完善模型时，需根据施工工序进行分层建模或根据不同的施工内容进行分段、分类建模，分段建模时需注意统一坐标系，方便链接参照和模型整合。

1）针对主体结构深化设计，宜对工程的主体结构，以及与二次结构连接节点、机电设备、装饰安装工程的连接节点进行深化设计，检查是否存在错漏碰缺的问题；

2）针对二次结构深化设计，在主体结构模型的基础上复核构造、机电、精装等工程的穿插工序是否合理，优化工序工法；

3）针对预留预埋深化设计，运用设计模型准确获取穿墙点相关管线与桥架构件的尺寸、位置和高度等信息，形成开孔剖面；搜索设计模型的预埋件位置，并获取预埋件的类型、规格、位置和高度等信息，形成包含尺寸标注的预留预埋布置图；

4）针对钢筋深化设计，对关键区域或节点进行钢筋模型创建，通过三维可视化的方式，检查钢筋设计的合理性、可实施性。

3 应用流程

1）数据准备要求

a）各专业 BIM 模型；

b）各专业施工图纸；

c）相关管线、桥架、预埋件等现场条件与设备规格型号信息。

2）软件功能要求

土建施工深化设计 BIM 应用软件宜具有以下功能：

a）可整合各专业 BIM 模型并流畅浏览；

b）宜具有碰撞检查与分析功能；

c）宜具有土建细部节点精细化设计和出图的功能。

3）应用流程要求

a）集成城市轨道交通工程各专业模型，结合城市轨道交通工程项目的施工要求和技术方案等要求，调整并完善土建模型，以满足后期施工要求；

b）土建深化设计主要从主体结构、二次结构、预留预埋、钢筋等方面开展深化设计，将深化设计后的土建模型与其他专业模型进行碰撞检查，查找主体结构、二次

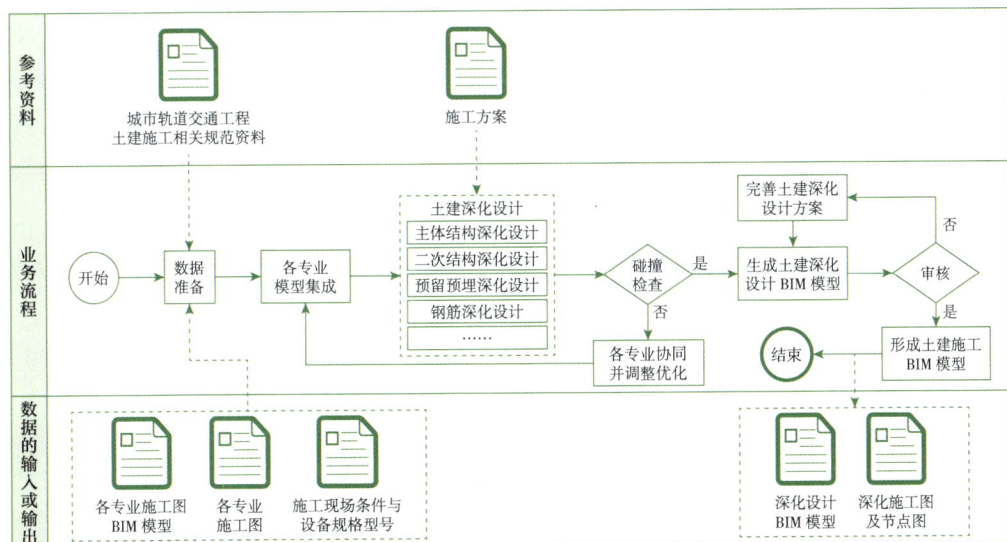

图 7.2.1-1 土建施工深化设计 BIM 应用流程

结构、预留预埋及孔洞、机电设备系统、钢筋等部分之间是否存在交叠、错位、碰撞等问题。发现问题后依次进行优化，并及时反馈至设计单位进行复核，减少冲突导致的工程变更；

c）深化设计后的土建 BIM 模型通过建设单位、设计单位、施工单位等有关单位审核确认后，形成土建施工 BIM 模型，以及相关的深化施工图、节点图等。

4）应用成果要求

a）土建深化设计 BIM 模型，包含主体结构、二次结构、预留预埋、钢筋等深化内容；

b）深化施工图及节点图，宜由深化后的土建 BIM 模型输出，并满足相关出图规范。

4　应用价值

设计模型现阶段难以传递至施工单位使用。在充分考虑城市轨道交通工程项目施工特点的基础上，基于 BIM 技术开展土建施工深化设计，合理规划城市轨道交通工程土建的工艺流程与施工方法，尤其是对土建工程的重点区域、隐蔽工程等采用三维可视化的方式进行展现，使方案更合理、精细，可有效指导现场施工，提高施工质量。同时，土建深化设计是与其他专业协同开展，可保障现场施工的有效性，减小返工带来的施工影响。

5　应用案例

深圳地铁 12 号线土建五工区钟屋站为地下二层大型半盖挖车站，全长 597m，车站净宽 30.3m，土方量 36 万 m^3。钟屋站车站上方 2/3 为临时铺盖板，竖向为 3 道支撑（一道混凝土撑、两道钢支撑），整体围护结构支撑体系包含地连墙、临时盖板、临时钢立柱、钢支撑、临时钢连梁、型钢剪刀撑，支撑结构极为复杂，对基坑土方开挖、后期主体结构浇筑、材料转运带来巨大的挑战。

为尽快开展钟屋站土方开挖及主体结构施工，项目部联合钢支撑队伍、土方队伍及现场生产人员，借助 BIM 模型讨论各施工工序的交叉衔接，解决土方开挖过程中挖机出土行进路线、钢支撑架设的材料进出等重难点问题。

在钟屋站钢立柱—连系梁原设计方案中，托板 GB3、GB4 满焊于立柱侧面，形成整体后沿车站纵向布置工 32a 连系梁满焊于托板 GB4 上，再沿车站横向架设钢支撑放置于连系梁上，共同组成支撑体系。通过对设计方案进行三维分析，发现原设计方案大量采用焊接连接，使钢立柱整体性降低，考虑到钢立柱为临时铺盖板的主要承重体系，存在一定风险。五工区施工单位主动与设计进行对接，提出采用钢抱箍 +

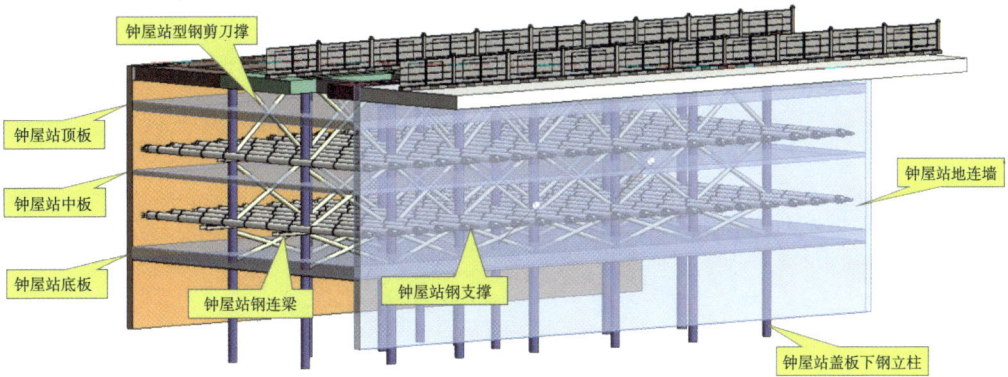

图 7.2.1-2 围护结构支撑体系 BIM 模型

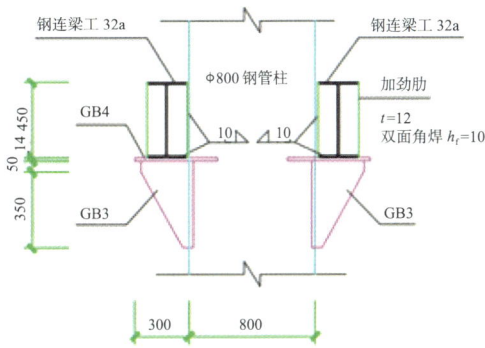

工字钢连梁与钢管柱连接侧面图

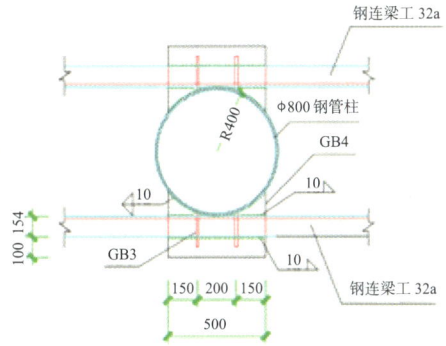

钢连梁与钢管柱连接大样

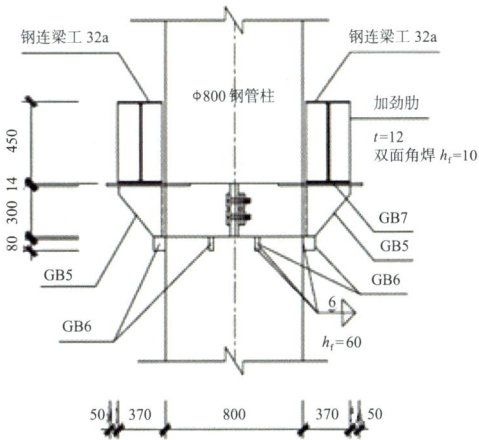

工字钢连梁与钢管柱连接侧面图

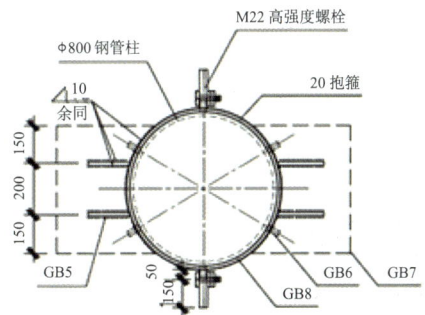

工字钢连梁与钢管柱连接平面图

（a）深化设计前后对比

图 7.2.1-3 剪力撑与钢立柱连接方式示意

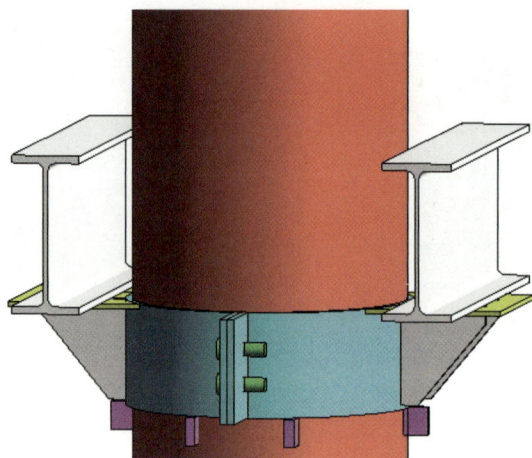

（b）钢立柱—连系梁模型图

图 7.2.1-3　剪力撑与钢立柱连接方式示意（续）

双排高强度螺栓抱紧钢立柱，将需要焊接的托板直接焊接在钢抱箍上，避免主要支撑体系—钢立柱被焊伤，提升结构稳定性。同时，制作钟屋站钢立柱—连系梁连接节点深化模型，提供设计单位开展验算。经验算，该深化设计方案可行，现场按照新方案实施。

钟屋站钢立柱—连系梁优化设计图下发后，项目部积极筹备，根据方案制作钟屋站钢立柱—连系梁节点模型，用于现场施工人员交底及技术指导。采用图纸与模型相结合的三维交底方式，减少现场施工前置问题，提高了施工效率。

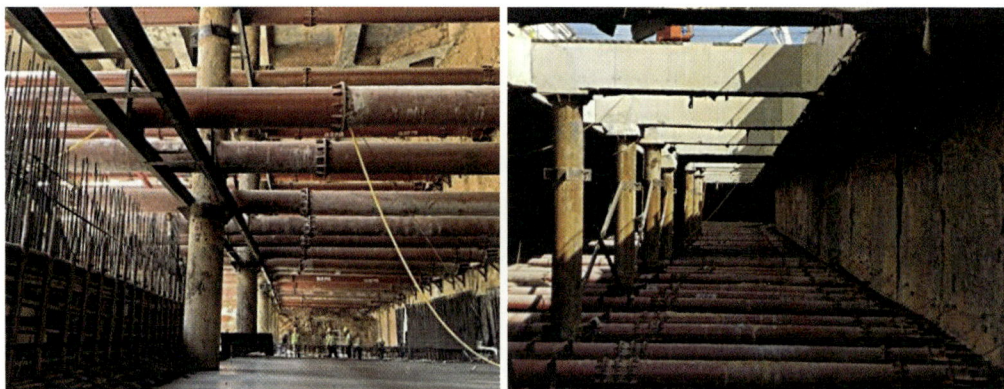

图 7.2.1-4　钟屋站现场施工照片

7.2.2 机电施工深化设计

1 应用场景

基于 BIM 模型的机电施工深化设计包括机电各专业的深化设计以及专业之间的协调深化设计，将施工操作规范与施工工艺融入机电 BIM 模型，对各系统的设备空间布置、管线排布、预留预埋、综合支吊架等进行深化设计，使机电 BIM 模型满足施工作业要求，以及后期运营维保需求等。基于 BIM 的机电深化设计应在施工开工前开展，为正式施工实施提供技术支撑。机电深化设计主要包括管线综合优化排布、设备及预留孔安装定位、支吊架深化设计等内容。

2 应用要点

机电施工深化设计专业内容较多，模型需根据施工工序进行分层建模或根据不同的系统类型建模，建模时需注意统一坐标系，方便链接参照和模型整合。

1）针对管线综合深化设计，机电管线错综复杂，应综合运用 BIM 软件的碰撞检查功能，开展各机电管线间的干涉检查分析，对于检查并经确认的碰撞干涉点，联合设计单位优化调整，明确管线综合深化设计方案，实现管线整体优化布置；

2）针对设备及预留孔安装定位，依据 BIM 管综模型建立穿墙套管 BIM 模型，并依据穿墙套管 BIM 模型中套管的位置，对现场穿墙套管进行预埋，保证现场套管尺寸及位置与模型保持一致；

3）针对支吊架深化设计，运用 BIM 三维可视化特点，对管线支吊架进行深化设计，并出具支吊架施工图，避免因支吊架无法安装导致管线返工现象。

3 应用流程

1）数据准备要求

a）各专业 BIM 模型；

b）各专业施工图纸；

c）施工现场条件与设备选型等。

2）软件功能要求

机电施工深化设计 BIM 应用软件宜具有以下功能：

a）可整合各专业 BIM 模型并流畅浏览；

b）宜具有碰撞检查与分析功能；

c）宜具有测量与标注功能；

d）宜具有机电节点精细化设计和出图的功能。

3）应用流程要求

a）集成城市轨道交通工程各专业模型，结合城市轨道交通工程项目的施工要求和技术方案等要求，调整并完善机电模型，以满足后期施工要求；

b）机电深化设计主要从管线综合优化排布、设备及预留孔安装定位、支吊架深化设计等方面开展，应将机电模型与其他专业模型进行碰撞检查，查找是否存在交叠、错位、碰撞的问题，发现问题后依次进行优化，并及时反馈至设计单位进行复核，减少冲突导致的工程变更；

c）深化设计后的机电 BIM 模型通过建设单位、设计单位、施工单位、设备厂商等有关单位审核确认后，除解决碰撞问题，还需保证机电设备和管线正常安装、后期运维的空间，进而形成机电施工 BIM 模型，以及相关的深化施工图、节点图等。

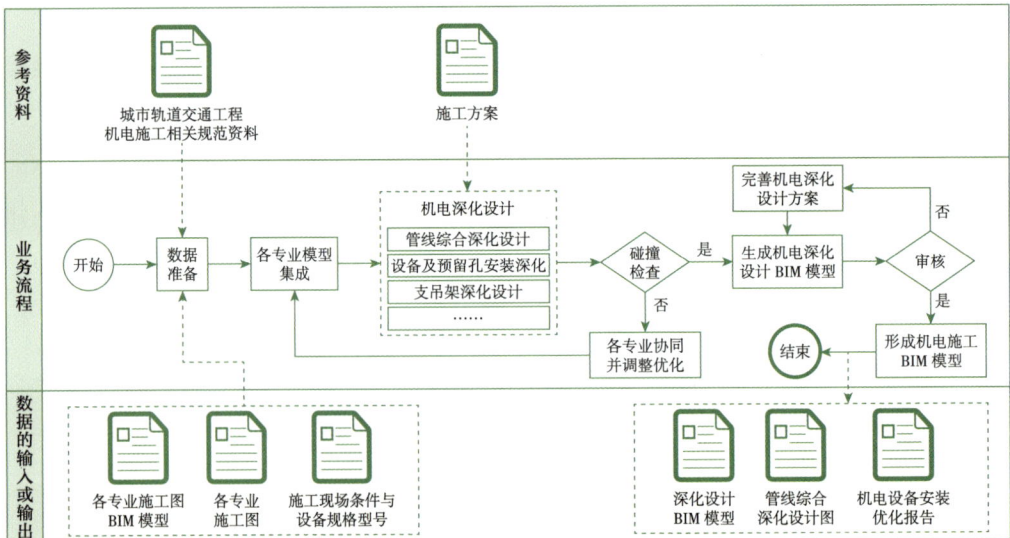

图 7.2.2-1 机电施工深化设计 BIM 应用流程

4）应用成果要求

a）机电深化设计 BIM 模型，包含管线综合优化排布、设备及预留孔安装定位、支吊架设计等深化内容；

b）管线综合深化设计图，宜由深化后的机电 BIM 模型输出，并满足相关出图规范；

c）机电设备安装优化报告，根据碰撞检查结果以及现场施工条件调整优化的分析报告。

4　应用价值

城市轨道交通工程机电设备类型多、管线错综复杂，因此，需开展基于 BIM 技术的机电施工深化设计，基于准确有效的 BIM 模型指导现场施工，在保证现场高效、合理施工安装的同时，为后期运营维护提供有效支撑。

采用 BIM 三维模型可形象、直观地协调各专业之间的冲突，综合优化机电专业在各区域的管线布置，使管线排布更趋合理、美观、有序，提升后期施工的准确性、可实施性。同时，管线管道的优化布置，可减少管线管道预留孔洞和预埋件错误导致的后凿损伤和返工，提高施工质量。进一步，施工深化设计后的机电 BIM 模型更符合现场施工的实际情况，在机电专业工程量统计上，基于该模型可得到更精准有效的算量和造价，有利于提升机电成本的管控水平。

5　应用案例

深圳地铁 12 号线安装装修一工区花果山站为地下二层岛式车站，车站总长 224m，标准段外包总宽 20.1m，主体部分建筑面积 10791.523m²，地下附属部分建筑面积 2279.41m²，有效站台宽度为 11m，车站有效站台长 140m。车站专业类型众多、管线错综复杂，各专业管线交叉点多，给后期现场管线安装带来了巨大的挑战。

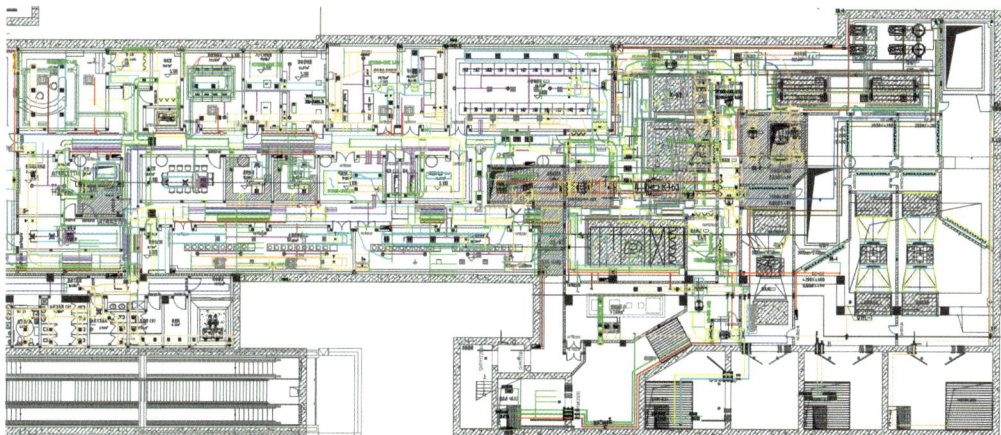

图 7.2.2-2　花果山站设备区管线图

在机电专业正式施工前，项目部首先将各专业管线统一整合至土建模型中。借助 BIM 三维可视化特性，结合管线平面布置及三维图布置，快速高效地开展管线综合优化。在深化过程中开展管线碰撞检查，避免因人为疏忽导致管线碰撞。

综合管线模型优化后，建立穿墙套管 BIM 模型。结合土建 BIM 模型，根据管线

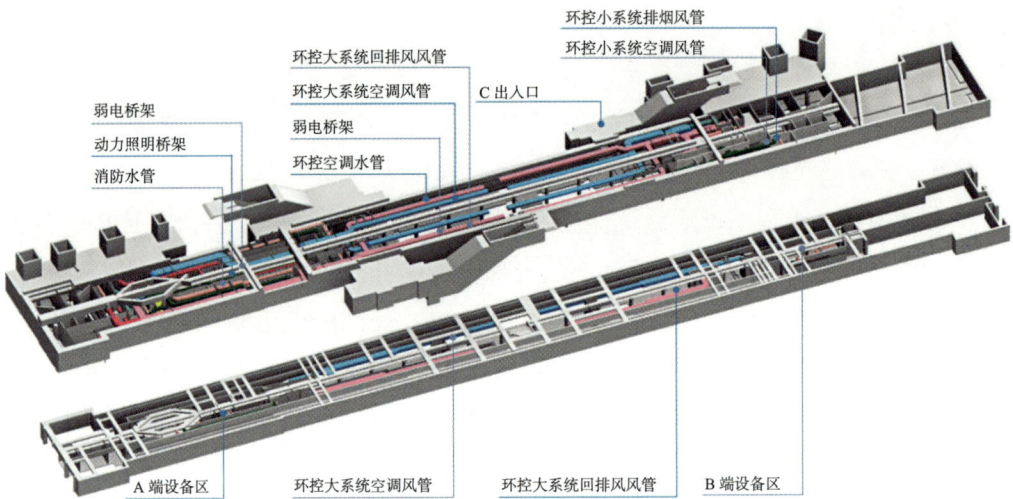

环控小系统排烟风管
环控小系统空调风管
环控大系统回排风风管
环控大系统空调风管   C 出入口
弱电桥架
弱电桥架   环控空调水管
动力照明桥架
消防水管

A 端设备区   环控大系统空调风管   环控大系统回排风风管   B 端设备区

图 7.2.2-3　花果山站综合管线深化设计模型

与相关墙体之间的干涉关系，确定 BIM 模型中穿墙套管的准确位置，并对穿墙套管进行预埋设计，保证套管尺寸及位置与模型的保持一致，避免后期因套管预留不到位导致机电管综模型无法正常实施。

根据综合管线模型，采用 BIM 技术对管线支吊架进行施工深化设计，深化设计后可出具支吊架施工图，提高施工效率及质量，且避免因支架无法安装导致管线返工现象。

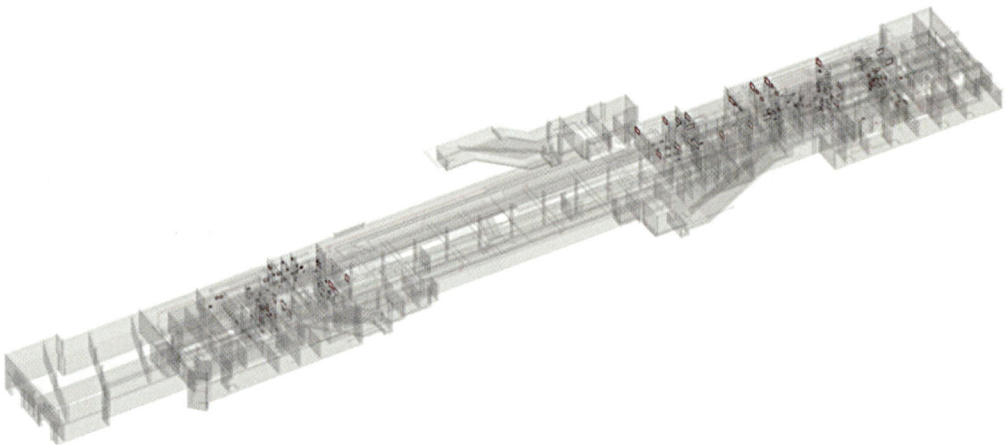

图 7.2.2-4　花果山站穿墙套管深化设计模型

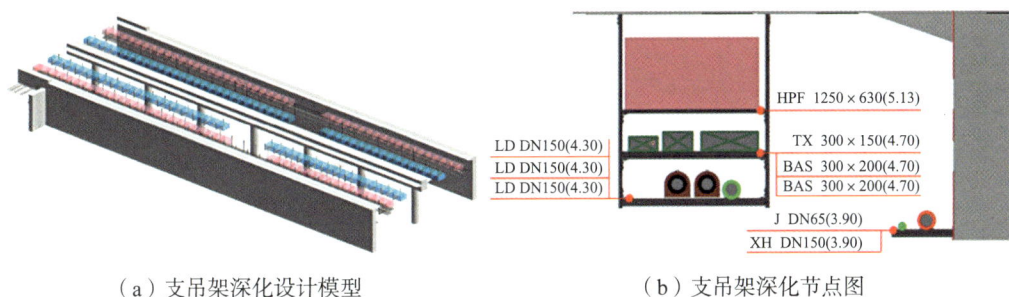

（a）支吊架深化设计模型　　　　　　　　（b）支吊架深化节点图

图 7.2.2-5　花果山站支吊架深化设计模型

7.2.3 装修施工深化设计

1　应用场景

依据装修设计方案，采用 BIM 技术三维可视化的特点，综合考虑装修专业各类构件与其他专业之间的空间关系、施工工艺关系，合理优化现场装修实施方案，以实现天、地、墙装饰面板等模块化、通用化、标准化作业，确保装修方案的合理、美观。同时，采用装修深化设计模型可输出关键区域或部位的三维模型视图，以及相关的明细表、详图等，以更好地指导现场装修施工。

2　应用要点

装修施工深化设计应用宜在装修设计方案稳定后开展，在施工阶段装修团队进场前，宜根据现场实际施工情况，对装修方案进行检查分析。装修施工深化设计需考虑与其他专业之间的干涉关系，包括影响分析、管线校核和标高控制等方面。通过渲染、仿真、漫游等方式，真实表达装修装饰效果，指导装修方案的现场沟通与决策。

3　应用流程

1）数据准备要求

a）各专业 BIM 模型；

b）各专业施工图纸；

c）施工现场条件等；

d）装饰构件详图尺寸、加工、安装的相关信息。

2）软件功能要求

装修施工深化设计 BIM 应用软件宜具有以下功能：

a）可整合各专业 BIM 模型并流畅浏览；

b）可真实表达灯光、材质、饰面、家具等细节效果；

c）宜具有良好的渲染功能，可生成效果图；

d）宜具有碰撞检查与分析功能；

e）宜具有测量与标注功能；

f）宜具有节点精细化设计和出图的功能。

3）应用流程要求

a）集成城市轨道交通工程各专业模型，结合城市轨道交通工程项目的装修装饰要求，调整并完善装修模型，以满足后期施工的要求；

b）将深化设计后的装修模型与其他专业模型进行碰撞检查，查找是否存在交叠、错位、碰撞的问题，发现问题后依次进行优化，并及时反馈至设计单位进行复核，减少冲突导致的工程变更；

c）基于装修 BIM 模型，应运用专业软件进行模型渲染，制作方案效果图、虚拟漫游动画或 VR 展示文件，用于方案沟通汇报；

d）深化设计后的装修 BIM 模型通过建设单位、设计单位、施工单位等有关单位审核确认后，形成装修施工 BIM 模型，以及相关的深化施工图、节点图等。

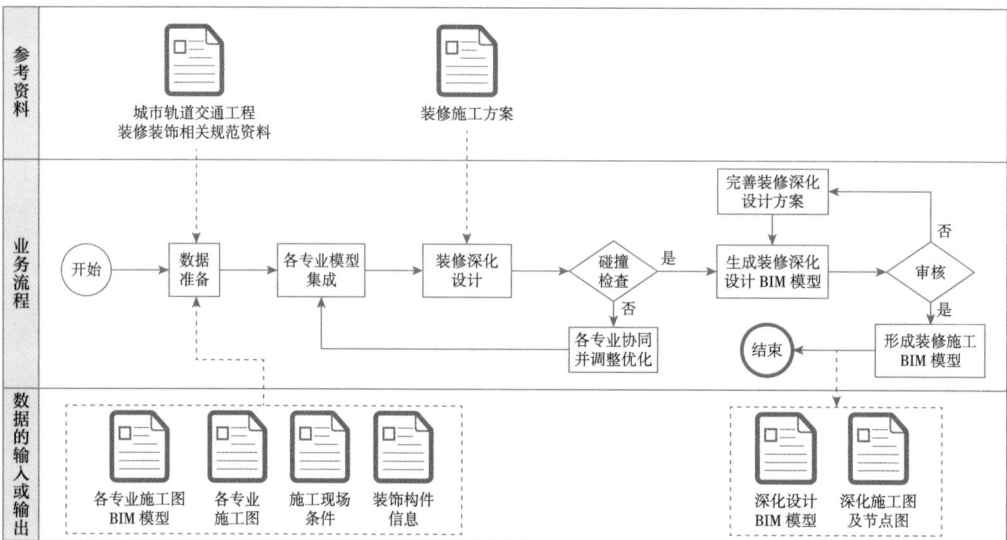

图 7.2.3-1　装修施工深化设计 BIM 应用流程

4）应用成果要求

a）装修深化设计 BIM 模型；

b）深化施工图及节点图，宜由深化后的装修 BIM 模型输出，并满足相关出图规范。

4 应用价值

城市轨道交通工程的装修装饰是面向乘客服务的直接"窗口",其质量是影响城市轨道交通项目服务水平的重要因素之一。装饰装修类型多,且每个车站的装修装饰风格可能要求不一。装修装饰方案与建筑结构专业不同,其效果往往需要更形象、直观的表达方式。在传统设计中,施工人员难以直接理解二维图纸表达的设计意图,在传递信息上极易出现偏差。采用 BIM 技术开展装修施工深化设计,直观呈现装修效果,并可通过 BIM 技术模拟装修施工过程。因此,采用 BIM 技术开展装修深化设计,不仅可高精度地仿真模拟装修效果,辅助装修方案决策,还能模拟现场施工条件,为装修装饰的重点区域、隐蔽工程等提供三维全面的视角,指导现场施工。

5 应用案例

深圳地铁 12 号线海上田园东站为地下二层岛式车站,车站总长 474.74m,面积约 12406.02m²。该项目存在工期紧、专业多、管线工序复杂、施工技术交底难等问题,且对车站装修装饰要求高,项目部决定采用 BIM 技术对装饰装修进行施工深化。

基于 BIM 技术的装修深化综合考虑了各专业的施工工艺及空间关系,更直观、便捷地考虑天、地、墙装饰面板的模块化、通用化、标准化,减少非标板,在车站施工中全面应用 BIM 技术,解决了常规建造模式下设计、安装、调试过程中的各项技术难点。同时,该项目创建了装修的样板工程,涵盖装饰装修工程中的建筑砌筑及抹灰、地板、顶棚、墙面等施工工艺。相较于传统的二维 CAD,装修深化 BIM 模型可

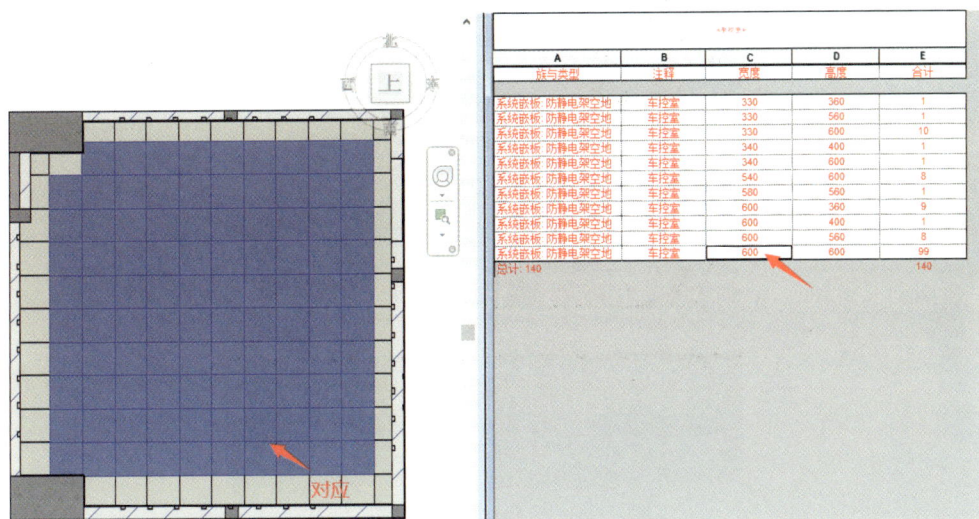

图 7.2.3-2 设备房地砖定位及工程量统计

精确定位每块砖在房间的具体位置，以及准确的工程量。

整合各专业模型，检查装修设计方案的"错漏碰缺"。基于 BIM 技术复核净高，有效解决传统二维设计中难以发现的问题。

相比于传统设计需要人为想象装修效果，基于 BIM 的装修设计实现"所见即所得"，通过漫游、图片等方式可直观地向项目有关单位展示装修效果，保证设计效果和实际效果的一致性。

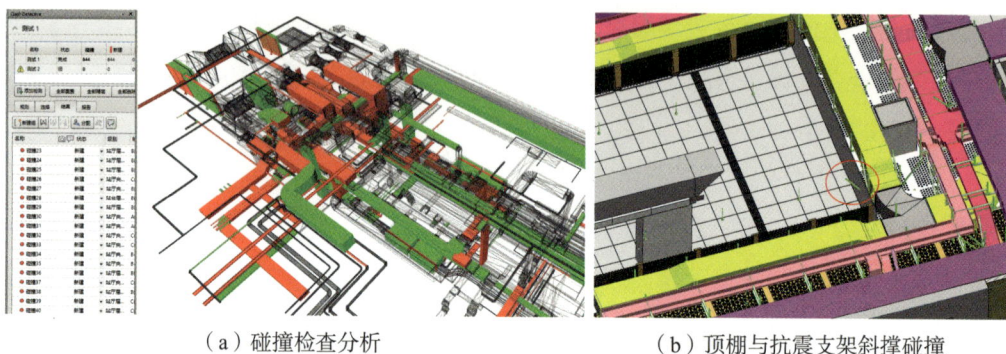

（a）碰撞检查分析　　　　　　　　　（b）顶棚与抗震支架斜撑碰撞

图 7.2.3-3　装修深化设计的碰撞检查分析

（a）公共区装修仿真效果

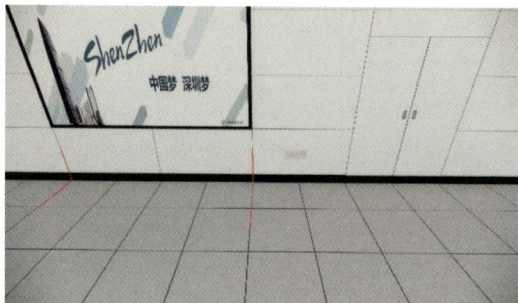

（b）公共区"天、地、墙"对缝排板

图 7.2.3-4　公共区装修效果仿真

7.3 施工准备

7.3.1 征地拆迁实施

1 应用场景

城市轨道交通工程具有施工作业面分布广、环境敏感点多、作业交叉面错综复杂等特点。在开工建设前，需结合现场情况对周边环境开展征拆管理。通过 BIM + GIS 技术，建立三维数字地形和周边征拆对象的 BIM 模型，实现征拆对象虚拟场景的可视化、参数化和信息化，可通过不同的颜色区分城市轨道交通项目周边环境、周边建（构）筑物的征拆迁状态。进一步，基于 BIM 模型对比分析不同征拆方案的优劣，进而优化征拆方案。

征拆管理应贯穿城市轨道交通项目建设全过程，并随着施工现场的变化、工程实体的进度等情况而变化。

2 应用要点

应运用 GIS 技术，将 BIM 模型与空间地理数据有机融合，在 GIS 地图上整合城市轨道交通工程的用地红线、工程轮廓、道路红线、征拆范围等征拆要素。

在征地拆迁实施过程中，应充分发挥 BIM 数据集成的特点，基于 BIM 模型集成征用土地的性质、权属、面积，以及征拆建（构）筑物使用性质、结构类型、占地面积、总面积、层数、层高等，为征拆管理过程提供基础数据。

应实时关注施工现场未开始、已签约、已完成等征拆状态，以动态调整优化征拆方案。

3 应用流程

1）数据准备要求

a）实景模型；

b）征拆图册（如有）；

c）施工场地布置模型；

d）施工模型。

2）软件功能要求

征地拆迁实施 BIM 应用软件宜具有以下功能：

a）宜具有 BIM 与 GIS 集成功能，并可整合各专业 BIM 模型；

b）宜具有距离、面积测量与标注功能；

c）宜具有模型编辑功能，如剖切、移动调整、修改状态等。

3）应用流程要求

a）施工单位依据设计单位提供的施工图和施工图设计模型，通过倾斜摄影的数据采集，建立城市轨道交通工程现场相关区域的三维地理信息模型；

b）将施工图设计模型和三维地理信息模型整合，并检查模型，将用地性质、权属、面积，建（构）筑物等信息补充至模型中，为征拆管理提供基础数据；

c）将征拆图册及红线图等征拆资料导入项目指定的 BIM 软件或平台中；

d）基于 BIM 开展征拆现场真实场景的虚拟展示，结合现场拆迁进度同步展示各建（构）筑物的拆迁状态，供项目参与单位对征拆方案的合理性、可行性进行分析及调整优化；

e）基于 BIM＋GIS 环境下的征地拆迁实施与管理生成展示视频，以及相应的征拆管理报告。

4）应用成果要求

a）征拆管理视频，应体现城市轨道交通工程建设各阶段的征拆过程；

b）征拆管理报告，应包含征拆范围、用地说明、拆迁建筑物等情况。

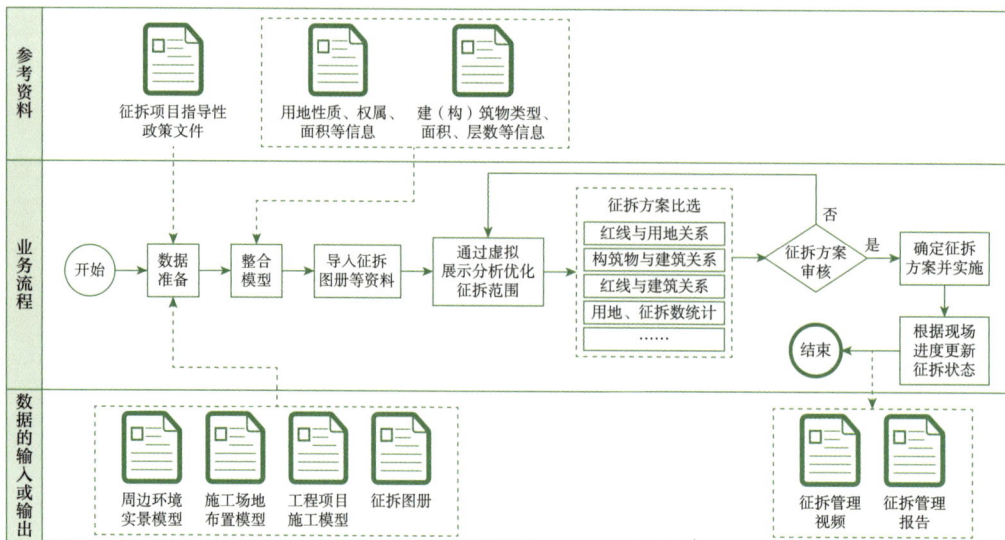

图 7.3.1-1　征地拆迁实施 BIM 应用流程

4 应用价值

基于 BIM 技术的征地拆迁实施，可以对拟建的城市轨道交通工程占用土地及周围的征拆建筑开展全方位模拟分析，高度还原城市轨道交通新建工程与现状建（构）筑物之间的空间关系，对征拆方案开展更直观、量化的对比分析，辅助决策，提高征拆方案的合理性。同时，可结合施工进度跟踪现场征拆进度，便于项目参与单位动态把控征拆状态。

另外，可通过 BIM 模型自动生成征拆管理相关信息报表，包括征拆起止时间、征拆建（构）筑物数量和面积等，辅助征地拆迁成本计算，控制成本。

5 应用案例

深圳地铁 5 号线的东门路站为地下二层岛式车站。东门路站位于向西路与东门路之间，沿深南东路东西向布置。车站总长度 246m，标准段宽 21.4m。站台长 140m，宽 12m。车站东北侧设置通道与既有 2 号线湖贝站连接。

车站位于深圳市繁华城区，周边紧邻大量既有建（构）筑物，车站附属结构均侵入附近小产权用地范围，需对侵入设计结构范围土地进行征拆整备。其中，东门路站 C 出入口原设计方案需占据某医院门诊路前广场的一半停车位及过车通道，使医院前广场不再具备停车能力，在征拆工作中遭遇极大阻力。

项目团队首先建立车站结构模型，运用无人机倾斜摄影对施工场地周边环境进行拍摄、建模，然后基于 GIS 技术整合各模型数据，并导入包含用地范围的地形图，虚拟展示征拆现场的真实场景。

结合倾斜摄影技术与 BIM 技术，使参建各方快速获取征拆对象信息，既解决征拆过程中图纸与实际不符的问题，同时结合 BIM 模型掌握工程对象与征拆对象之间的空间关系，优化征拆方案，极大地改善传统征拆过程中信息滞后、数据不清晰等问题。

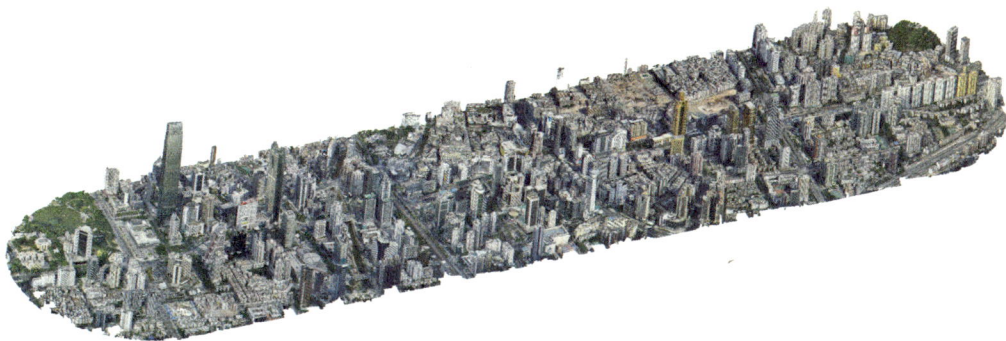

图 7.3.1-2 项目周边整体倾斜摄影的实景模型

通过与倾斜摄影模型对比，根据实际情况修正征拆方案的范围与布局，保留了大部分停车位，实现征拆方案优化，保留医院主要停车能力。征拆方案最终得到各方认同，顺利推进东门路站结构施工。

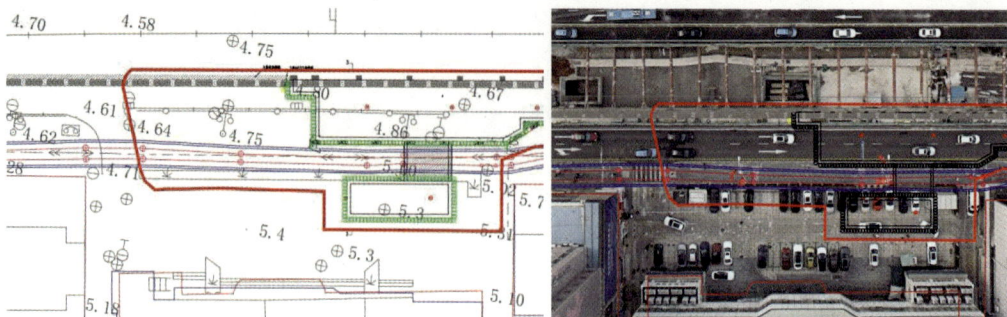

图 7.3.1-3　征拆范围导入倾斜摄影模型后的效果

7.3.2　施工场地布置

1　应用场景

城市轨道交通工程一般在城市的繁华区域开展建设，在用地越来越紧张的背景下，尤其是轨道交通工程规模大，需要合理规划施工场地布置，以保障建设期间的有序作业。施工单位在进场前，应根据现场环境和周围边界条件情况，采用 BIM 技术开展施工场地布置。通过施工场地布置方案，建立地形、道路、建筑物、临时设施等三维模型，还原施工现场及周边真实环境，具备条件的可采用倾斜摄影技术创建施工现场周边实景模型。

2　应用要点

施工场地是"人、材、物、料、机"的集合体，需根据施工实施情况合理规划用地区域，包括施工区域、临时道路、临时设施、加工区域、材料堆场、临水临电、施工机械、安全文明施工设施等内容，创建施工场地布置 BIM 模型。施工场地布置方案的模型宜符合各地区的绿色工地规范要求，洗车池、沉降池、消火栓、变电箱等设施应符合规范要求，并在模型中重点标识；施工场地布置方案模型的机械宜符合施工现场的机械尺寸要求，以判断实际现场施工是否存在相互干扰的问题。

施工场地布置模拟分析不仅是对人员、材料、设备等利用规划，还需要考虑施工期间的动态变化，施工现场处于持续发生变化的状态。因此，施工场地布置 BIM 模型宜根据现场施工变化开展定期更新和维护。

3 应用流程

1）数据准备要求

a）总平面图；

b）BIM 模型；

c）地形资料；

d）安全及环保规范；

e）施工方案、施工进度安排计划表；

f）施工现场条件与设备选型。

2）软件功能要求

施工场地布置 BIM 应用软件宜具有以下功能：

a）宜具备丰富的构件库，可实现场地布置三维模型的建立；

b）可对场地布置进行空间冲突的检查和优化；

c）宜支持动态视角观察，可对现场布置进行动画漫游浏览、交通组织仿真以及施工机械设备进场模拟等。

3）应用流程要求

a）根据施工组织方案创建场地 BIM 模型，可基于 BIM 模型对比分析不同施工组织方案，优化现场施工组织；

b）应运用施工场地布置 BIM 模型优化场地布置，材料、半成品等堆场宜尽量布

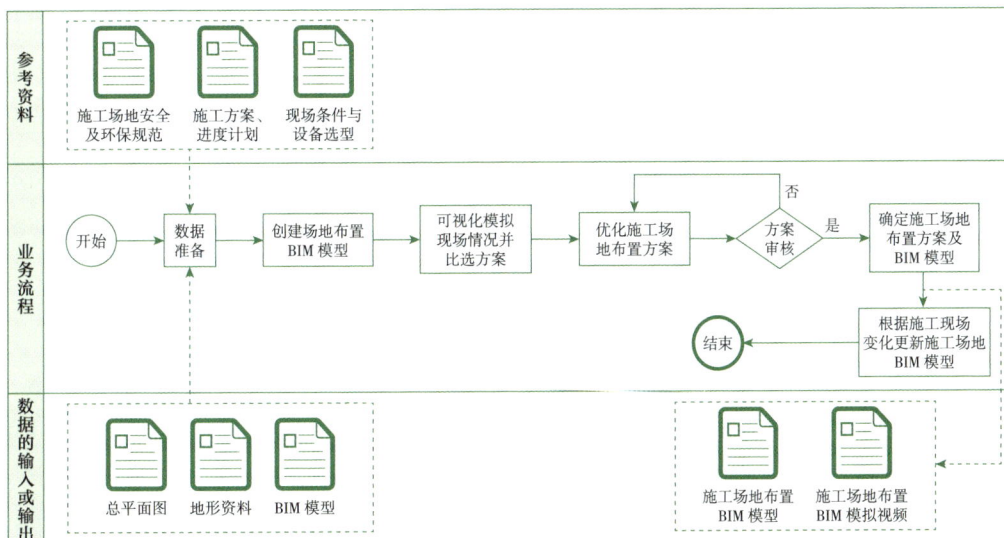

图 7.3.2-1　施工场地布置 BIM 应用流程

置在使用点附近，缩短场地内部运输距离；

c）宜运用施工场地布置 BIM 模型分析施工现场安全风险范围，如塔式起重机悬臂范围，并进行安全提示；

d）施工场地布置 BIM 模型宜体现劳动保护、技术安全以及消防安全的要求；

e）施工场地布置 BIM 模型宜与施工场地方案一并提交至建设单位和监理单位审查，根据意见修改完善施工场地布置方案；

f）在城市轨道交通施工过程中，应根据现场情况及时更新施工场地布置 BIM 模型；

g）基于施工场地布置 BIM 模型，生成场地布置漫游视频等可视化成果。

4）应用成果要求

a）施工场地布置 BIM 模型，应与施工现场布置一致。场地要素完整，并体现场地功能区划分，反映场地周边道路、重要建（构）筑物的布置；

b）施工场地布置 BIM 模拟视频。

4 应用价值

施工场地布置是施工组织设计的一项重要内容。传统的施工现场布置工作一般采用 CAD 二维图以及文字说明方式，不能直观、全方位展示布置方案，容易忽略一些潜在的矛盾、风险，为后期施工埋下隐患。同时，施工现场布置是持续变化的，需频繁更新二维图，且难以对比更新前后的差异。

将施工场地布置以三维 BIM 模型的形式展示，可直观、形象地全方位模拟城市轨道交通工程施工现场环境，为施工现场管理提供准确有效的数据。一方面，采用三维方式研究解决施工期间所需的交通运输、料场、加工厂、办公区及生活区、水电供给及其他施工设施等平、立面布置问题，有利于保障工程顺利开展，也能最大限度地节约人力、物力，为工程合理施工创造条件；另一方面，合理布置施工场地，有助于最大限度地减小对城市轨道交通工程周边环境与生态等的负面影响，树立文明施工的良好形象。

5 应用案例

大龙路斜井项目位于大鹏新区葵涌街道大龙路与葵鹏路交叉口斜对面，斜井长 605m，采用矿山法施工。该临建工程主要用于大龙路斜井及对应矿山法区间的施工，围挡占地面积约 7974.2m²。

根据施工作业需要，场地内布置现场智慧工地全景视频监控中心、工人休息区、班前活动室、应急物资仓库、消防室、办公室、值班人员宿舍、拌合站、临时存渣

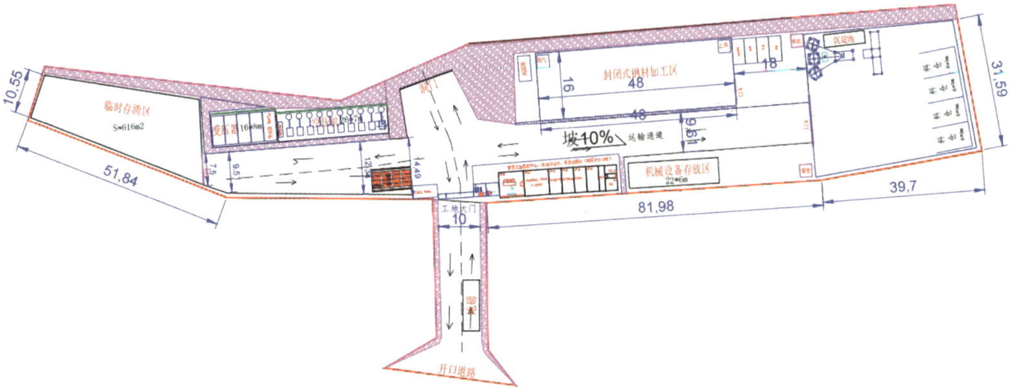

图 7.3.2-2 施工场地总平面图

（a）施工场地布置 BIM 模型

（b）拌合站现场图

（c）现场布置

（d）料仓现场图

图 7.3.2-3 施工场地布置 BIM 模拟与现场实施

区、变压器、空压机、钢材加工场等临时设施。

项目部根据现场用地情况，采用 BIM 技术分别模拟人、材、物、料、机等因素，包括：施工场地的设备、材料等储存、运输、安装等情况；作业人员行走路径、作业面，以及生活和办公情况；机械设备的运输、作业面等情况。基于 BIM 技术模拟分析并合理规划了场地各区域的布置，符合项目安全文明标准化要求的施工场地布置。同时，结合施工过程的不同阶段情况，适时更新场地布置。

7.3.3 关键、复杂节点工序模拟

1   应用场景

城市轨道交通项目涉及车站、区间、停车场、车辆段、主变电所等不同类型的工程，各工程涉及多专业、多工法，尤其是深基坑、高支模、脚手架等危险性较大工程，且城市轨道交通工程周围环境复杂。为保障城市轨道交通工程的顺利开展，在施工前，宜针对施工工艺复杂、结构形式特殊、专业施工交叉密集，以及施工风险高的工程关键点进行施工 BIM 模拟，将施工工艺信息与模型关联，形成施工现场资源配置计划，采用三维模型和模拟视频交互等方式开展三维可视化交底，指导现场施工。

2   应用要点

城市轨道交通工程的复杂节点、技术重难点、安全类专项方案、危险性较大分部分项工程等宜采用 BIM 技术进行模拟与方案优化，尤其是基坑支护、基坑开挖、大型设备及构件安装、垂直运输、脚手架工程、模板工程，以及新技术、新工艺等方面。

应结合现场布置、技术方案等建立 BIM 模型，将施工工艺工法与模型关联，得出资源配置计划、施工进度计划等，并形成相应的模拟视频动画，以有效指导现场施工。BIM 模拟过程应有效表达施工方案的工艺工序，使项目参与单位基于三维 BIM 模型进行审核并提出优化建议，以保证关键、复杂节点工序的安全、合理施工。

3   应用流程

1）数据准备要求

a）施工场地 BIM 模型、施工 BIM 模型；

b）关键、复杂节点工序所涉及的分部分项工程施工方案；

c）项目资源配置计划。

2）软件功能要求

关键、复杂节点工序模拟 BIM 应用软件宜具有以下功能：

a）可将施工进度计划和成本计划等相关信息与模型关联；

b）可开展时间冲突和空间冲突检查，并对冲突进行记录和标注；

c）可输出模拟报告以及相应的可视化资料。

3）应用流程要求

a）根据关键、复杂节点工序方案收集所需的 BIM 模型，将工艺工序与 BIM 模型相应构件进行关联，并赋予方案参数。

b）基于 BIM 模型开展关键、复杂节点工序模拟，宜体现施工工序、施工工法、设备调用、材料资源投入、人员投入等要素，分析作业空间，明确安全风险隐患，并形成关键、复杂节点施工工序模拟分析报告。风险较大的施工作业，宜符合下列要求：

基坑开挖的施工工艺模拟应体现开挖量、开挖顺序、开挖机械数量安排、土方运输车辆运输能力、降水方法和降水参数等；

模板工程的施工工艺模拟应体现模板数量、类型，支撑系统数量、类型和间距，支设流程和定位，结构预埋件定位等；

大型设备及构件安装的工艺模拟应综合分析柱梁板墙、障碍物等因素，优化大型设备及构件进场时间点、吊装运输路径和预留孔洞等；

垂直运输施工工艺模拟应综合分析运输需求、垂直运输器械的运输能力等因素，结合施工进度优化垂直运输组织计划；

脚手架施工工艺模拟应综合分析脚手架组合形式、搭设顺序、安全网架设、连墙杆搭设、场地障碍物、卸料平台与脚手架关系等因素，优化脚手架方案。

c）组织相关单位或专家论证关键、复杂节点工序方案，施工单位宜采用 BIM 模拟方式展示方案实施过程，验证关键、复杂节点的施工工序合理性、检查资源配置计

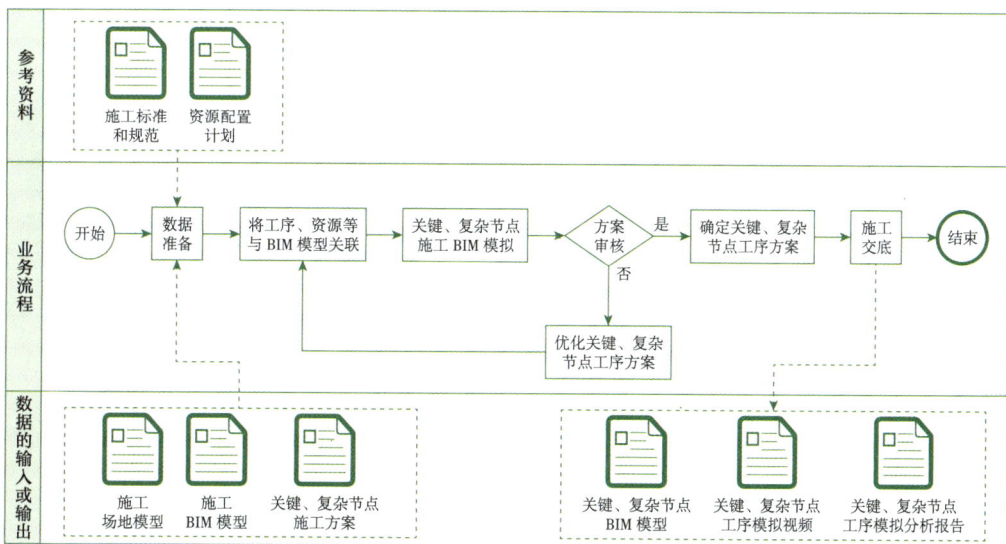

图 7.3.3-1　关键、复杂节点工序模拟 BIM 应用流程

划的符合性。

d）施工单位根据评审意见修改完善关键、复杂节点工序方案，并对调整后的施工方案进行模拟复核。

e）应基于关键、复杂节点工序模拟结果，生成施工工艺模拟动画，用于施工交底。

4）应用成果要求

a）关键、复杂节点 BIM 模型；

b）关键、复杂节点工序模拟视频，应能体现施工工序、施工工法、设备调用、材料资源投入、人员投入等要素；

c）关键、复杂节点工序模拟分析报告。

4　应用价值

关键、复杂节点工序施工是影响项目推进的重要环节。采用 BIM 技术三维可视化的方法，模拟城市轨道交通工程施工方案，可直观、形象地展示施工过程，有利于发现施工问题，进而制定切实可行的施工方案，提升施工质量。同时，基于 BIM 的关键、复杂节点工序模拟可体现施工顺序、设备调用、资源投入、人员配置等情况，有助于指导现场施工，使各参与人员在统一的环境下开展施工作业，提高施工效率。

5　应用案例

龙坪 1 号工作井为盾构始发兼接收井，工作井为圆形工作井，基坑内径为 34.6m，底板埋深 34.1m，上部回填段约 20.3m 范围内为三道环框梁，前两道为 1000mm × 1000mm，第三道为 1500mm × 1000mm，顶板上方保留 3.6m 内衬墙，均采用 C30 混凝土。基坑开挖深度大，如何在有限的施工场地环境中保证基坑的安全、有序施工是项目的工作重点。

结合施工进度计划和现场施工条件，项目部组织技术人员研究分析工作井施工方案，为保证项目的顺利实施，在"基面处理、环框梁钢筋安置、模板安装、混凝土浇筑、模板拆除及混凝土养护"等方面，全过程采用 BIM 技术进行模拟和分析，根

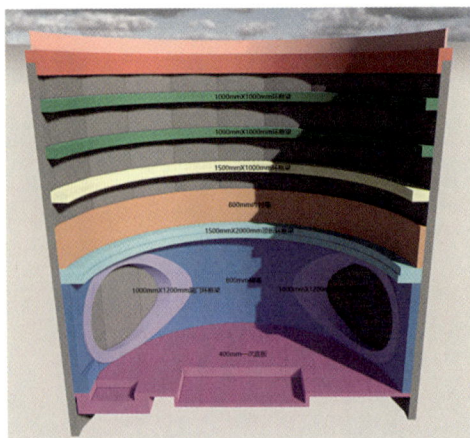

图 7.3.3-2　工作井三维 BIM 模型剖面

据模拟结果优化工作井施工方案。其中，主要工序模拟和施工情况如下：

1）环框梁钢筋安置

环框梁结构钢筋采用现场地面预制成型，为保证环框梁结构钢筋在深基坑中安装到位，经 BIM 模拟分析，采用 25t 吊车在钢筋笼外圆弧面进行吊装入井。预制环框梁钢筋笼分为 12m/ 段，共 9 段，每两段钢筋笼之间进行搭接焊。

（a）施工模拟   （b）现场

图 7.3.3-3 环框梁钢筋安置

2）模板安装

环框梁模板由侧模组成，侧模采用定型大块钢模板，侧模按环框梁宽度不同设计为可分拆。混凝土养护后，模板可拆除整齐存放在临时存放区。采用 BIM 软件模拟模板安装过程，经优化调整，模板由基坑边站位起重吊入基坑后人工进行拼装，保证安装过程的安全、准确。

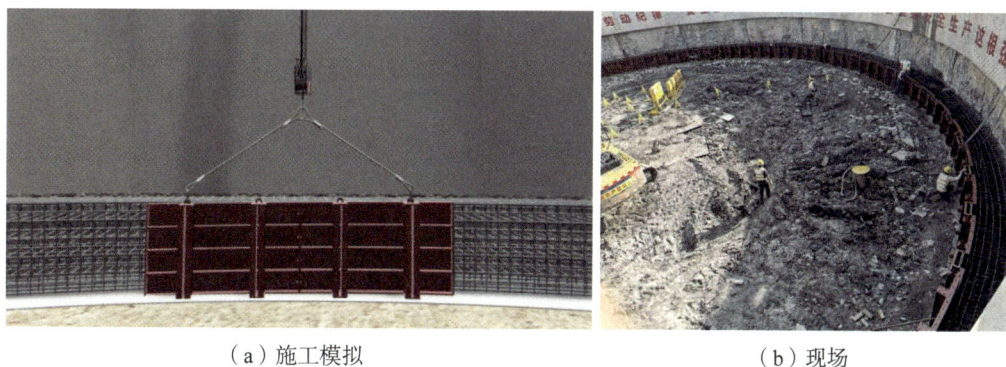

（a）施工模拟   （b）现场

图 7.3.3-4 模板安装

3）混凝土浇筑

该项目混凝土浇筑要求高，为保证混凝土浇筑质量，经实验分析，使用缓凝混凝土，要求 7h 前须浇筑完毕。采用 BIM 软件模拟分析混凝土罐车在现场的运输路径，以及浇筑作业过程。经模拟分析，在环框梁混凝土浇筑时，根据浇筑施工位置选择臂长 52m 混凝土泵车，基坑边站位泵车向模板内泵送混凝土。

（a）模拟　　　　　　　　　　　（b）现场

图 7.3.3-5　混凝土浇筑

7.3.4 装配式车站构件生产与拼装模拟

1　应用场景

装配式技术正逐渐被引入城市轨道交通工程建设。根据安全性、经济性等分析，将装配式车站的主体结构划分为多个模块，首先在工厂预制各模块构件，然后按计划运输至现场进行拼装。为保证拼装的精准、安全、高效，一方面，构件尺寸需严格按照模型方案进行生产；另一方面，现场拼装时需严格控制其安装精度。采用 BIM 技术，可将三维信息模型的数据对接至预制构件的生产设备，精准下料，实现自动化生产。在现场安装前，可通过 BIM 技术模拟预制构件的拼装过程，优化拼装方案，提高安装质量。

2　应用要点

在预制构件生产方面，为保证现场安装的准确性，预制构件的尺寸精细度要求至毫米级，构件尺寸详细齐全，出具大样图。同时，为保证预制构件后期运输到现场后及时、有序地安装，预制构件 BIM 模型应关联排产计划、工序工艺、材料等相关信息。

在预制构件拼装方面，应通过 BIM 技术模拟预制构件吊装、安装等过程，提前发现问题和风险，优化拼装方案，并做好现场资源、环境的调配。

3 应用流程

1）数据准备要求

a）装配式车站 BIM 模型；

b）高精度装配式构件模型；

c）现场施工方案、进度计划。

2）软件功能要求

装配式车站构件生产与拼装模拟 BIM 应用软件宜具有以下功能：

a）宜具有模型拆分功能；

b）可导出尺寸信息齐全的大样图；

c）可发布出料清单或明细表；

d）宜具有距离测量与标注功能。

3）应用流程要求

a）结合施工现场情况，施工单位根据施工图模型或施工图纸，建立并完善装配式车站结构模型。

b）宜将构件预装配模型数据导出，进行编号标注，生成预制加工图、配件表以及出料清单等资料。经施工单位审定复核后，由预制构件厂家进行加工生产。出料清单导入生产设备进行设计/加工一体化生产。

c）预制构件厂应结合现场施工进度计划及相关要求，排班生产预制构件，并按计划运输至施工现场。预制构件出厂前应满足验收要求。

d）预制构件到场前，应采用装配式车站 BIM 模型进行装配式构件的拼装模拟与分析，优化拼装方案，合理调度现场资源。

e）预制构件到场后应按照拼装方案进行拼装，拼装到位后应结合 BIM 模型进行复核，保障拼装质量。

f）基于装配式车站构件生产方案生成预制构件生产清单及生产计划，用于生产加工。基于装配式车站构件拼装模拟方案生成拼装模拟视频，用于施工交底。

4）应用成果要求

a）优化后的装配式车站 BIM 模型；

b）预制构件深化大样图、预制构件出料清单，应基于装配式车站 BIM 模型导出相关的大样图和出料清单；

c）预制构件生产计划，应满足现场施工进度计划要求；

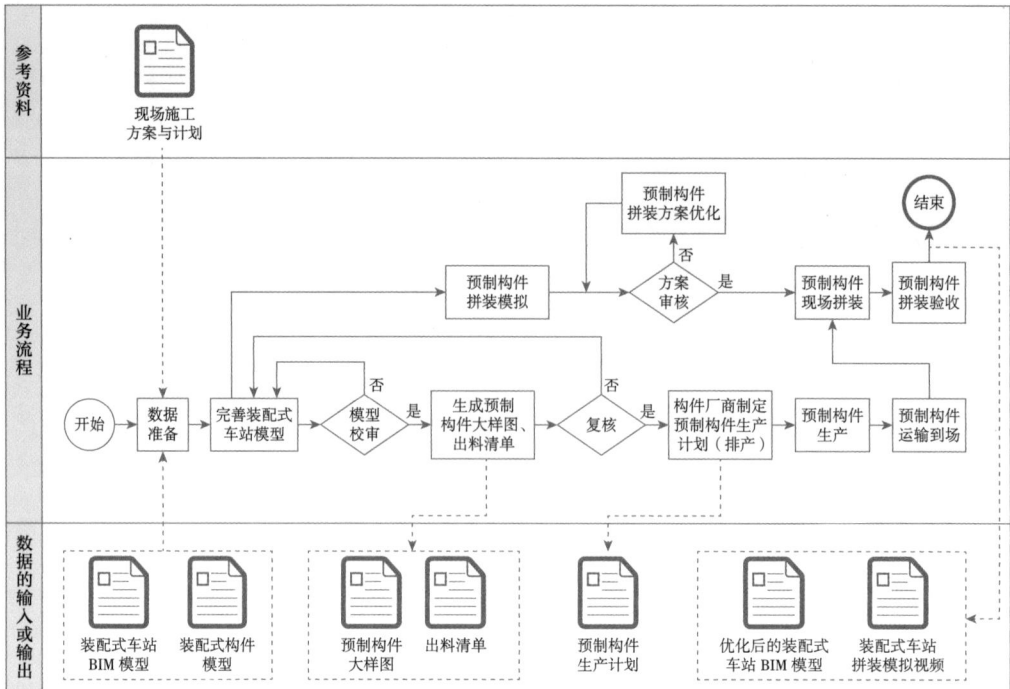

图 7.3.4-1　装配式车站构件生产与拼装模拟 BIM 应用流程

　　d）装配式车站拼装模拟视频，应结合现场施工环境制作预制构件现场拼装模拟视频。

4　应用价值

　　与传统现浇施工方法相比，装配式项目具有绿色技术集成、智能化集成、模块化集成、工业化生产等特点，有利于节约能源、减少建筑垃圾、降低施工污染、提高劳动生产效率和质量安全水平。尤其是现阶段城市用地越来越紧张的背景下，装配式车站项目适应城市发展趋势，践行了"双碳"发展战略、绿色发展的要求。

　　近年，城市轨道交通工程项目逐渐引入装配式技术，考虑城市轨道交通工程项目的复杂性、安全性等情况，为提升装配式车站施工质量，采用 BIM 技术辅助预制构件生产、拼装。

　　1）通过建立装配式车站 BIM 模型，有助于将模型信息导入生产设备控制系统，识别设计信息，使设计与加工信息共享，实现设计/加工一体化，无需重复录入信息，且保证了预制构件尺寸的准确性，节约工程材料。

　　2）结合现场施工环境，通过 BIM 模型开展预制构件拼装模拟，优化拼装方案，有利于指导现场施工。在拼装过程中，通过现场拼装状态与 BIM 模型进行比对分析，可实现精准、高效、安全的拼装，提升并校准拼装质量，加快现场施工进度，有效避免现场浇筑施工的环境影响。

5 应用案例

深圳地铁首批装配式试点项目共有 7 座车站，以 3 号线四期二工区的坪西站为例。该站共设有 4 个出入口、2 组风亭，采用现浇＋装配法，车站总面积为 13130.49m²。车站两端头现浇，中间预制部分长度 162m，共计 81 环，每环 9 块预制件。

工区施工单位首先创建装配式车站 BIM 模型，并对预制块构件在三维模型中进行碰撞检查，对不符合要求的地方进行修改深化，形成施工深化模型。除了系统自带的尺寸信息，在预制构件添加生产加工信息，如构件类型、标记编号、含钢量等。

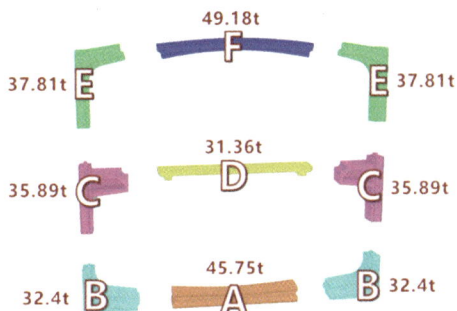

图 7.3.4-2 预制段每环组成情况

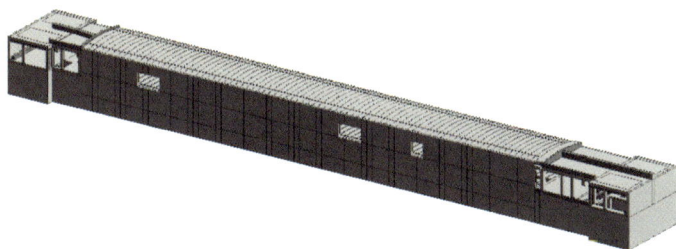

（a）装配式车站 BIM 模型

（b）构件属性信息示意

图 7.3.4-3 坪西站 BIM 模型

将信息完整的装配式车站 BIM 模型导出明细表清单，按照预制生产设备的数据格式进行调整，输出尺寸标注精准的出料清单至预制厂进行智能化生产，实现设计／加工一体化。同时，采用 BIM 模型进行预制构件拼装模拟分析，通过制作可视化视频形成施工动画，指导现场施工。

图 7.3.4-4   坪西站预制构件拼装现场

7.4   施工实施

7.4.1 装配式机房安装深化

1   应用场景

在机电安装施工时，若不能完整提供现场场地，将影响机电安装进度，同时机房设备及管线较为复杂且相对集中，管线种类多且排布错综复杂，设备种类多、大，且设备房间空间有限。为保证工期，在确定墙边管线接口后，对机房内设备管线进行深化排布，提前在工厂内预制管线管道，待场地具备条件时可直接运输至现场进行模块化安装。

2   应用要点

装配式机房现多用于城市轨道交通的环控机房、冷水机房等房间，其房间内管线错综复杂，设备种类多、大，且该设备房间空间有限。其深化应在施工图设计 BIM 模型的基础上，满足设计功能的同时，优化设备摆放位置空间、管线走向等，达到设备功能健全、功耗最低的目的。同时，保障管线排布合理、整齐美观。

3   应用流程

1）数据准备要求

a）施工图纸；

b）机房 BIM 模型；

c）施工现场条件；

d）设备、管材资料；

e）机电设备安装规范等资料。

2）软件功能要求

装配式机房安装深化 BIM 应用软件宜具有以下功能：

a）可整合各专业 BIM 模型并流畅浏览；

b）宜具有碰撞检查与分析功能；

c）宜具有测量与标注功能；

d）宜具有管线分段标注及出图功能。

3）应用流程要求

a）根据现场施工条件，深化设备机房 BIM 模型，对管线、管道等进行深化排布，并与设备厂家确认最优生产、加工、安装等方案。

b）深化模型后，导出管线管道的图纸。按照生产加工工序，对每段管线管道进行编号，图纸须经各参与单位审核确认。审核无误后，由工厂预制管线管道。亦可将管线管道 BIM 模型交付至工厂的生产系统，根据 BIM 模型数据解析形成管线管道生产方案。

c）结合现场施工情况，工厂按计划将相应的设备、管线管道运输至现场。在现

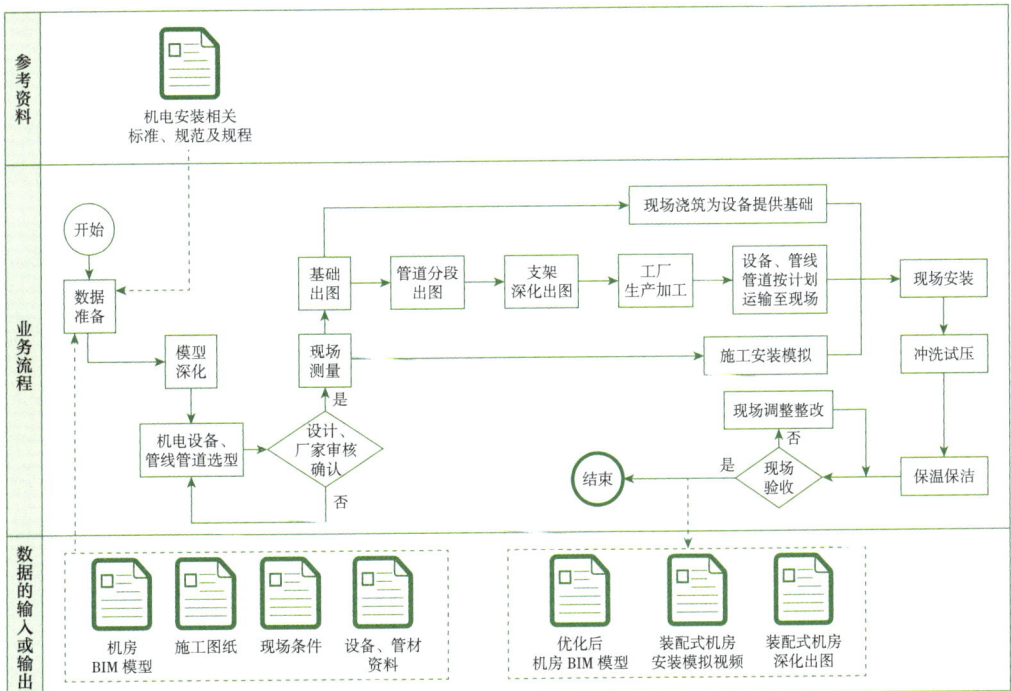

图 7.4.1-1 装配式机房安装深化 BIM 应用流程

场安装前,应基于 BIM 模型进行安装模拟,通过三维模拟分析,提前发现问题,指导现场施工,合理调配现场资源。

d)按照安装方案,将需要拼装的设备、预制管线管道进行现场安装,并校核安装质量,为后续的安装提供准确的基础环境。

e)基于装配式机房深化 BIM 应用,形成优化后的机房 BIM 模型、安装模拟视频,并进行施工交底。

4)应用成果要求

a)优化的机房 BIM 模型,包含工程实体的基本信息,并清晰表达机电设备、管线管道的关键节点;

b)装配式机房深化出图,包括深化施工图、管线分段图及关键节点图,宜由优化后 BIM 模型输出;

c)装配式机房安装模拟视频,应能反映在现场环境下,装配式机房安装过程。

4　应用价值

基于 BIM 技术开展装配式机房深化,与传统工艺相比,装配式施工具有安装便捷、质量可控、低碳环保、节约资源等优点。

1)优化管道,减少管道沿程阻力损失,提升机房能效比

装配式机房施工技术整体采用模块化设计思路,将机房所有直角弯头、直角三通更换为锐角弯头和锐角三通,优化后的弯头、三通可减小管道沿程阻力损失,减少管道以及设备的能量消耗,高效节能,提升了机房能效比。同时,采用 BIM 技术辅助装配式机房施工,管线排布合理美观。

2)提高管线管道安装质量

在装配式机房施工过程中,设备管线管道、管件等采取工厂流水化作业,生产周期短。生产质量高且易于监管。防锈处理采用静电喷涂方式,耐腐蚀性远高于现场手工刷漆。管件焊接采用机器人全自动焊接,焊接质量稳定可靠。

3)缩短工期

传统机房施工由于工序之间相互依赖,一旦某环节出错,将造成返工与材料浪费,导致项目工期严重滞后。采用装配式机房施工技术,提前采用 BIM 技术进行模拟分析,可优化现场安装流程,保障安装工序的有序开展。

4)绿色施工,施工现场实现"零加工"

传统现场作业存在大量的现场切割、焊接作业,对施工环境具有极大影响,作业人员在密闭的空间内承受高污染、强光源等危险,安全隐患大。采用装配式机房施工

技术，现场无焊接、切割、油漆作业，真正做到绿色施工，避免电焊、油漆作业对施工人员身体的伤害，安全文明施工风险较低。

5 应用案例

深圳地铁 14 号线沙湖站位于坪山大道与荣昌路／体育二路交叉口，沿坪山大道东西向曲线布设。车站为半径 1500m 的地下二层岛式曲线站台车站，车站总长为 288m，有效站台长度为 181.52m，站台宽为 12m，车站总建筑面积为 17029.72m²。车站共设 5 个出入口、1 个安全出入口，2 组风亭共计 8 个风井。

项目部基于设计施工蓝图开展冷水机房的 BIM 模型建立及施工深化工作，与设计、厂家反复沟通确认，深化后的方案充分考虑了管道阻力、人员走道检修空间、管线整体美观等因素。

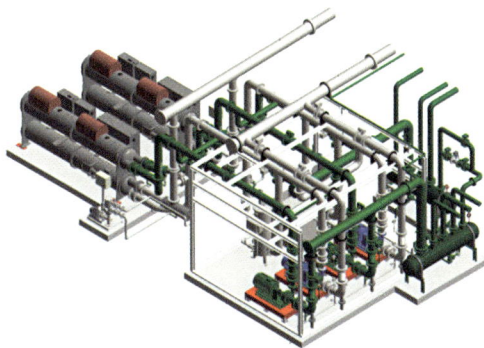

图 7.4.1-2 冷水机房深化后模型

图 7.4.1-3 冷水机房管段分解图

根据沙湖站冷水机房深化后的模型，对管段分解、编号，完成出图工作，在设备厂家、设计审查签字后，报送车站设备中心、设备监理，审核均无问题后，在工厂进行预制生产。

传统的冷水机房施工周期为 45 天左右，该项目结合 BIM 技术采用装配式冷水机房施工技术，仅需 3 天就完成施工作业，缩短工期 42 天，缩短约 93%。在成本方面得到大幅度节省，其中项目部管理人员成本节约 6.3 万元、材料成本节约 5.4 万元。

7.4.2 大型设备现场运输模拟

1　应用场景

城市轨道交通项目机电设备众多，包含冷水机组、动力变压器、电扶梯、组合机柜等大型设备。现场施工环境复杂，在实际施工过程中存在现场尺寸空间不足、预留运输时间不足等问题，影响了大型设备的运输和安装到位。为保证大型设备顺利安装，以及后期维修维保的需求，在施工前需要考虑大型设备的运输路径，以满足大型设备运输方案的可实施性、合理性。采用 BIM 技术可模拟城市轨道交通工程现场空间和施工环境，充分发挥现场施工的空间，并可对比分析不同运输路径方案，优选合理的运输路径。

2　应用要点

为保障大型设备在现场运输的有效性，需保证现场运输路径所涉及空间位置信息的准确性。采集现场施工环境和工程内部情况进行仿真建模，通过动态碰撞模拟核查运输路径中与施工环境、工程项目存在的冲突因素。可考虑开展运输路径模拟的大型设备包括电扶梯、组合机柜、冷水机组、整流器、排流柜、开关柜、大型水泵等。

3　应用流程

1）数据准备要求

a）场地布置 BIM 模型、项目深化设计 BIM 模型；

b）大型设备 BIM 模型；

c）大型设备基础资料，大型设备运输、安装、检修方案。

2）软件功能要求

大型设备现场运输模拟 BIM 应用软件宜具有以下功能：

a）可整合各专业 BIM 模型并流畅浏览；

b）宜具有距离测量与标注功能；

c）宜具有碰撞检查与分析功能。

3）应用流程要求

a）集成施工场地布置 BIM 模型、项目深化设计 BIM 模型，并根据大型设备信息创建 BIM 模型。

b）根据设备供应商的设备运输计划，结合现场施工环境，制定设备进场运输方案。

c）在 BIM 环境基础上编制大型设备现场运输模拟方案，对于关键位置节点，应输出关键位置运输视图。将运输方案提交至建设单位、监理单位进行专业技术审核。根据审核意见，调整优化大型设备运输方案。

d）施工单位应及时跟踪施工现场情况，若现场条件发生变化，导致施工现场工况或运输方案发生变更，施工单位应根据变更情况更新模型，并更新运输方案。

e）基于大型设备现场运输模拟结果，生成运输模拟动画，用于施工交底。

4）应用成果要求

a）大型设备现场运输分析报告，应结合大型设备现场运输模拟情况形成分析报告，主要记录运输方案、路径情况、注意事项等；

b）大型设备现场运输模拟视频；

c）大型设备现场运输路径图；

d）现场关键位置运输示意图。

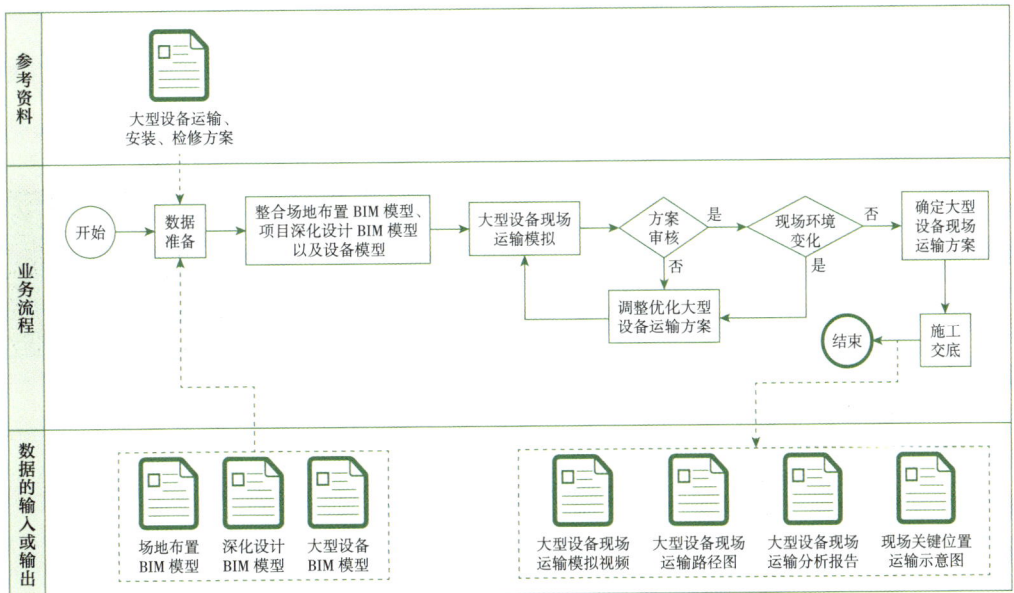

图 7.4.2-1　大型设备现场运输模拟 BIM 应用流程

4 应用价值

城市轨道交通工程中很多大型设备随着施工阶段发展即安装完毕，但施工图纸只是在平面二维图纸中标注大型设备的尺寸和位置。在实际施工现场中，经常存在现场尺寸空间不足、支撑架密集，以及其他原因影响大型设备的运输和安装。因此，采用 BIM 技术检查和分析大型设备运输路径的应用越来越广泛。在深化设计 BIM 模型的基础上，采用大型设备 BIM 模型模拟施工现场的运输和安装方案，可视化地呈现运输过程的碰撞点位置、碰撞对象，指导运输方案的优化，避免实际运输无法开展，或必须破除已有构筑物等问题，降低了工期延误和经济效益的损失。

5 应用案例

深圳地铁 13 号线罗租站位于黄峰岭工业大道与规划的石环南路交叉路口，沿黄峰岭工业大道路中呈南北向设置，为地下二层明挖车站，采用 12m 岛式站台。车站总长 692.9m，标准线间距 15.2m，标准段宽 27.3m，车站总建筑面积 50579.61m²。车站站厅层长度 329m，车站站台层长度 252m。

车站设置有装配式机房，首先根据施工蓝图及现场实际测量情况建立机房 BIM 模型，进行系统管路优化，对模型中的构件单元进行更新替换，然后将优化后的模型进行拆分、编码，并出具加工图，提交至工厂进行预制生产加工，再整体吊装至车站机房进行拼装施工。

根据设备供应商的设备运输计划，结合现场实测实量数据，制定设备设施进场运输方案。其中，冷水机房采用模块化安装方法，需提前规划运输路径，预留运输通道。

罗租站装配式模块吊装口为 2 号活塞亭，风亭口尺寸 5000mm×4000mm，最大

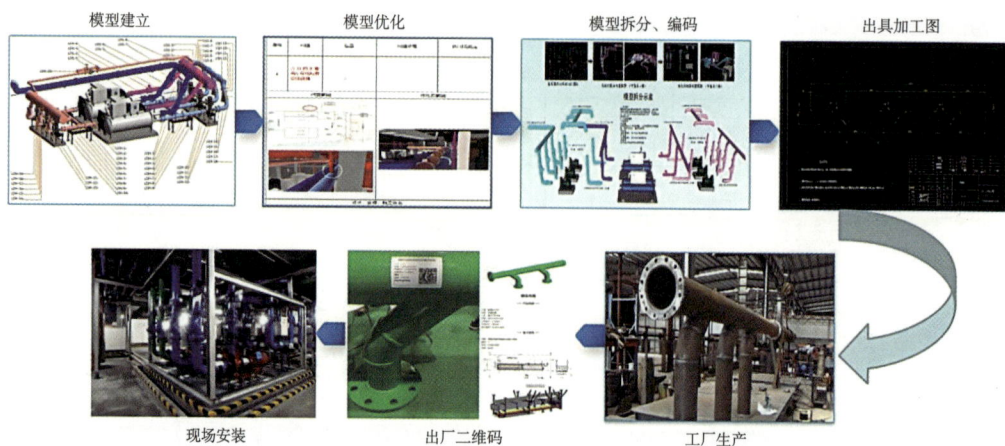

图 7.4.2-2　装配式流程图

模块（冷却水泵模块）尺寸为 4800mm×1600mm。经量测，运输路径上走廊宽度为 5m，门洞宽度均为 2.8m，满足运输要求。

设备到场后全部就位至基础上，冷水机组、空调水泵、在线清洗装置等需直接运输到现场就位，阀门、压力表等管件需运到工厂进行测量复核，罗租站现场安装 6 人，5 天完成安装。安装调试完成后，砌筑土建施工时预留的墙洞，安装门窗，避免破坏已有建（构）筑物，降低了工期延误和经济损失。

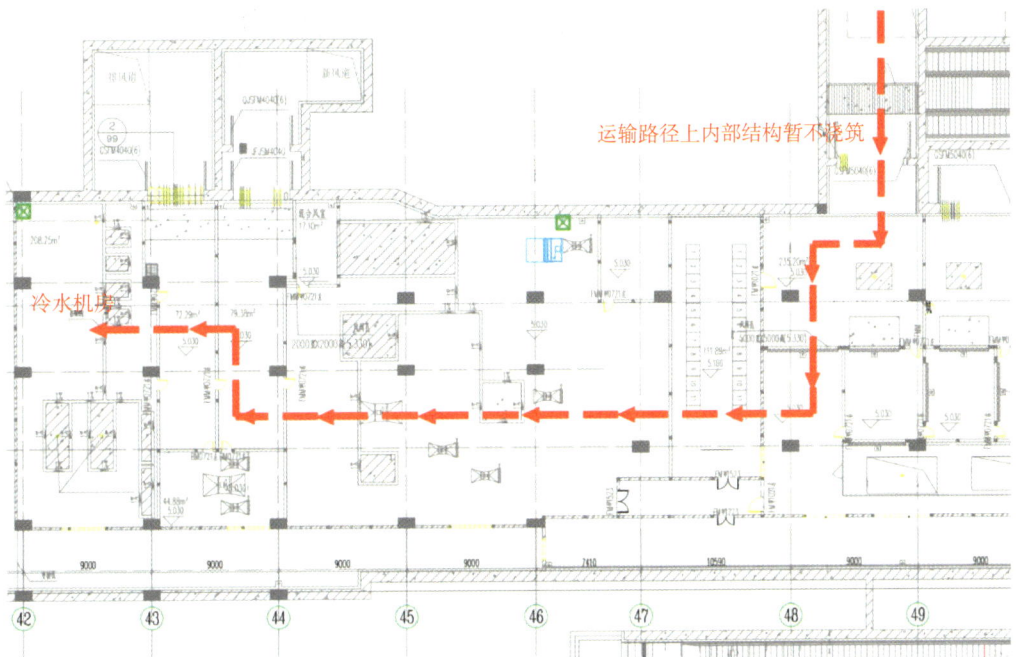

图 7.4.2-3 运输路径模拟

（a）地面及吊装口　　　　　　　　　（b）负一楼吊装口

图 7.4.2-4 运输路径中关键位置吊装口情况

图 7.4.2-5　冷水机房安装

7.4.3　区间隧道盾构施工管理

1　应用场景

由于城市用地紧张，城市轨道交通工程一般采用地下形式。其中，地下区间施工以盾构法为主。采用 BIM 模型可集成区间范围内的三维地质模型、地下管线模型、周边建（构）筑物地下基础模型等，辅助预判盾构掘进面临的风险，进而及时调整盾构施工方案、盾构掘进方案和管片拼装方案。可采集盾构掘进姿态和施工参数，与 BIM 模型绑定关联，动态分析盾构掘进状态。当成型隧道轴线出现偏差时，结合 BIM 模型重新调整盾构掘进方案和管片拼装方案。

2　应用要点

在基于 BIM 的盾构施工管理中，应整合区间周围的地质模型、地下管线模型、周边建（构）筑物地下基础模型等，为盾构掘进提供准确的基础环境。在盾构掘进过程中，基于 BIM 模型挂接盾构掘进数据、管片拼装等施工信息，动态监控盾构实际施工状态，支撑采集数据与设计数据的对比分析，以优化调整盾构施工管理。

3　应用流程

1）数据准备要求

a）区间施工影响范围的地质模型、地下管线模型、周边建（构）筑物地下基础模型等；

b）区间施工模型；

c）盾构掘进方案、管片拼装方案等技术方案；

d）盾构实时施工数据。

2）软件功能要求

区间隧道盾构施工管理 BIM 应用软件宜具有以下功能：

a）可整合各专业 BIM 模型；

b）宜具有数据接口挂接盾构实时运行数据、管片拼装数据等；

c）具有偏差预警、故障报警功能。

3）应用流程要求

a）施工单位依据设计单位提供的施工图和施工图设计模型，根据施工特点及施工现场情况，完善深化设计模型。该模型应包含工程实体的基本信息。

b）深化设计后的盾构隧道 BIM 模型通过建设单位、设计单位、相关顾问单位（若有）审核确认，最终生成可指导施工的三维模型以及节点图等。

c）将审核完成后的模型进行整合，采集盾构掘进姿态和施工参数，挂接至 BIM 模型，实时监控盾构掘进参数。通过集成的各三维模型，预判分析盾构掘进过程面临的风险，优化盾构施工方案。

d）当出现区间隧道施工进度滞后、盾构掘进参数异常、成型隧道轴线出现偏差等问题时，应结合当时的盾构掘进状态进行纠偏，重新调整盾构掘进方案和管片拼装方案。

e）根据区间隧道盾构施工管理生成展示视频，用于施工交底。

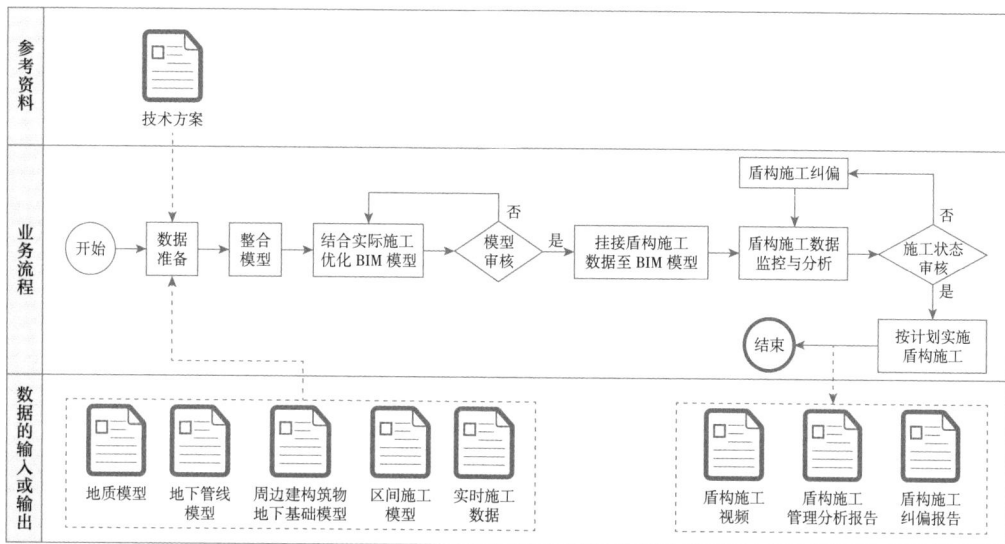

图 7.4.3-1　区间隧道盾构施工管理 BIM 应用流程

4）应用成果要求

a）盾构施工视频，包含区间隧道和周边地质、地下管线等情况，并清晰表现各工程项目之间的位置关系；

b）盾构施工管理分析报告；

c）盾构施工纠偏报告，包含偏差原因和状况、纠偏方案和处置效果等内容。

4   应用价值

传统的盾构管理平台以二维数据和图表进行管理，难以形象化地查看和分析区间施工范围内的周围环境情况。盾构机在地下作业时，一旦出现问题，不仅影响工期，还会造成经济损失。

基于 BIM 技术的盾构施工管理，通过集成区间隧道周围环境数据，如地质、地下管线、建（构）筑物地下基础等，可明确隧道和风险点位之间的位置关系、地质情况，提升施工准确性。同时，对盾构掘进过程中发生的风险进行预判，减少施工安全风险；针对风险问题，及时调整施工方案，减少返工造成的工程损伤，保障施工质量，避免工期延误，也节省了后期返工的损耗成本。

5   应用案例

穗莞深城际轨道交通深圳机场至前海段工程Ⅰ标，线路起于深圳机场站，出机场后下穿西湾海域，经碧海高尔夫俱乐部至宝安大道，沿宝安大道地下敷设，到达西乡站，线路总长 6.5km。盾构下穿前海西湾海域 3.16km，最大水头约 60m，且裂隙较发育。盾构在高水压下独头长距离掘进，对盾构机的密封性能及在高水压下带压换刀作业条件提出更高要求。区间隧道穿越既有地铁、市政桥梁、市政地下工程等 7 处，在穿越的地质条件下合理选择穿越交叉点、隧道埋置深度，确保穿越建（构）筑物关键

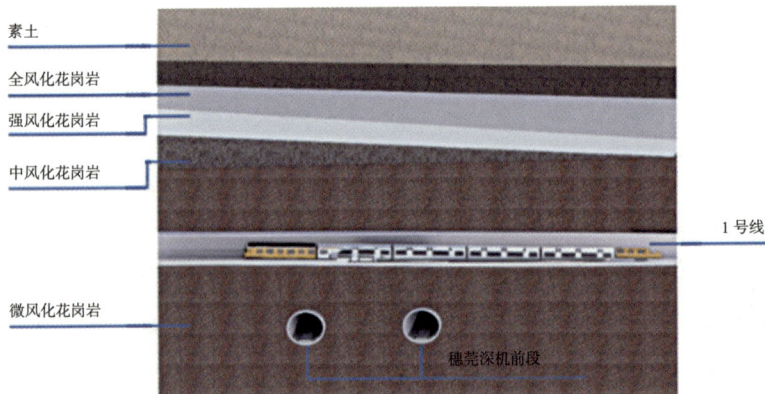

图 7.4.3-2   盾构下穿 1 号线地质情况

交叉节点安全是项目的重难点。

项目部采用 BIM 软件建立始发井、区间地质、盾构区间、地下管线、场地临建、周边建（构）筑物等模型，并将模型基于统一坐标系进行整合，分析盾构区间下穿既有建筑物基础位置关系、地质情况，针对性地选择加固方案，明确施工重难点，保证施工安全。

为保障盾构施工作业的安全、有序，研究编制《大直径泥水平衡盾构机施工标准化手册》，规范泥水盾构机洞内设施要求，达到节约材料、文明施工的目的。

项目部搭建基于 BIM 的智慧工地管理平台，将 BIM 模型轻量化，易于现场管理人员使用。通过物联网、5G 等技术将摄像头、盾构机数据传导至平台，并和 BIM 模型挂接，实现基于模型的现场管理。通过智能安全帽等设备开展隧道内人员定位，实现对施工现场作业人员进退场考勤登记、现场劳动力分布统计、辅助项目劳动力管理。智慧工地自 2020 年 10 月开始运行，至今运行良好，全面保障了盾构施工的安全性、准确性，并积累大量现场数据。

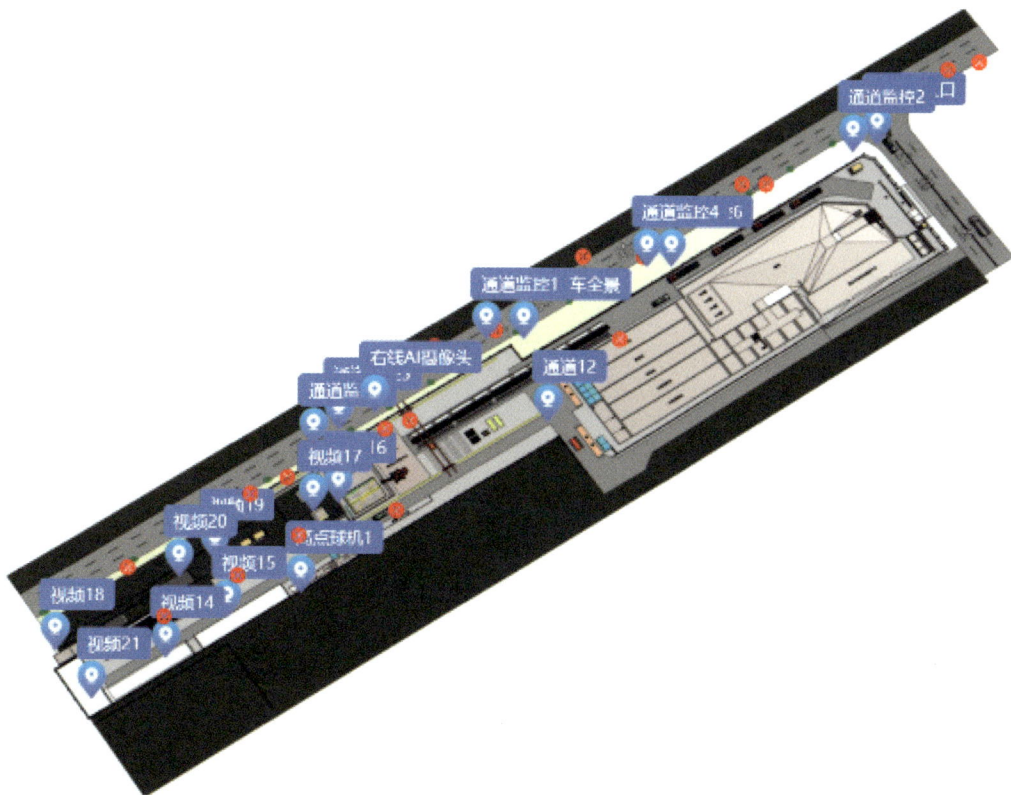

图 7.4.3-3　施工现场的摄像头监控

7.4.4 形象进度管理

1   应用场景

形象进度管理工作宜在项目中标后开始策划，并根据施工组织情况，在施工过程中按照一定周期进行定期分析与调整。发挥 BIM 技术的可视化、形象化等优势，辅助城市轨道交通工程的进度管理。通过将进度计划与施工 BIM 模型进行绑定关联，实现施工前进度方案模拟与优化。在施工中，通过计划进度和实际进度的对比，动态调整现场施工方案和调配资源，以保障城市轨道交通工程按期推进。

2   应用要点

进度管理是一项复杂的、持续性的管理工作，需要从技术、管理等维度进行推进：

1）模型绑定。为保证 BIM 模型模拟与现场施工作业的一致性，需根据城市轨道交通工程的单位工程、分部工程和分项工程等要求，相应地调整 BIM 模型的构件划分范围和深度，以满足形象进度模拟的要求，保证进度数据绑定至 BIM 模型。

2）过程管控。基于 BIM 的形象进度管理可模拟分析项目计划进度，并与现场实际进度进行对比分析，以及时纠偏现场施工方案。因此，在进度管理中，应做好计划进度、实际进度和纠偏进度的分析。

3）更新周期。在施工过程中，应根据项目要求和现场情况，在 BIM 模型中定期更新现场的进度数据。

3   应用流程

1）数据准备要求

a）施工组织设计；

b）施工进度计划和产值计划；

c）施工深化 BIM 模型；

d）WBS 标准；

e）工筹表模板。

2）软件功能要求

形象进度管理 BIM 应用软件宜具有以下功能：

a）可录入施工进度，实现计划与模型挂接；

b）可在模型上实现进度计划模拟与计划调整；

c）可对比分析计划进度和实际进度；

d）可开展进度计划变更审批。

3）应用流程要求

a）根据项目现场情况和施工特点，建立施工各阶段 BIM 深化模型。该模型应包含工程实体的基本信息和工作分解结构（WBS）编码信息。

b）依据 WBS 要求拆分 BIM 模型，并分别列出各进度计划的活动（WBS 工作包）内容。根据项目现场施工方案确定各项施工流程及逻辑关系，制定初步施工进度计划。

c）将进度计划与 BIM 模型关联，生成施工进度管理模型。

d）基于施工进度管理模型开展可视化施工模拟。检查施工进度计划是否满足约束条件、是否达到最优状况。施工产值计划是否与进度投资相符，若不满足，开展优化和调整，优化后的计划可作为正式施工进度及产值计划。经项目经理审核批准后，报建设单位及工程监理审批，以指导现场施工。

e）根据现场实际施工状态，导入实际进度信息，通过实际进度及产值与项目计划之间的对比分析，得出二者之间的偏差，分析并指出项目中存在的潜在问题。对进度偏差进行调整以及更新目标计划，以达到多方平衡，实现进度管控。

f）基于形象进度管理，形成调整后的施工 BIM 模型，并生成施工进度管理报告。

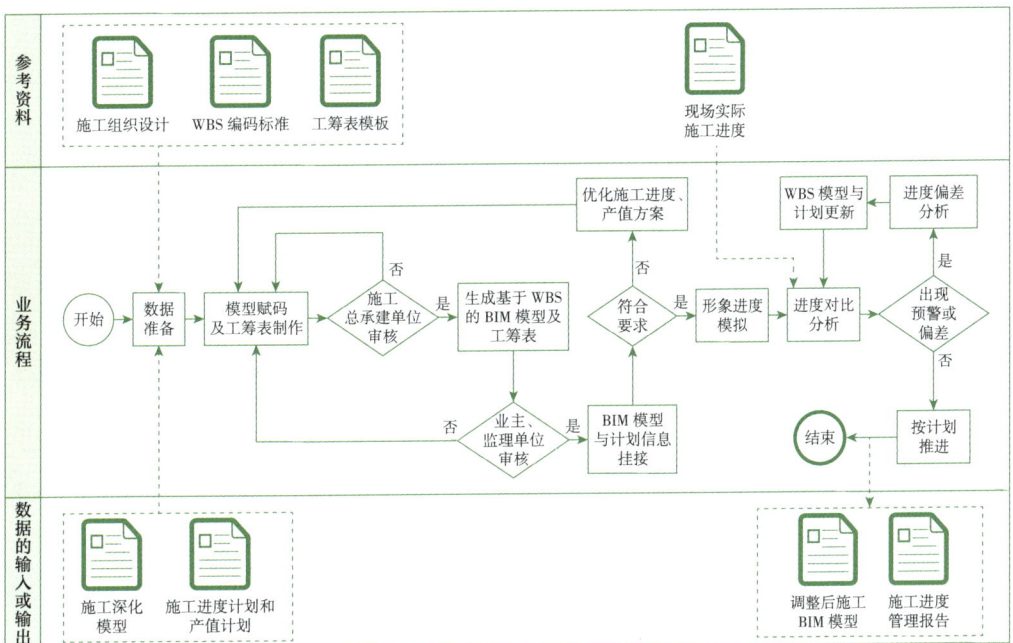

图 7.4.4-1　形象进度管理 BIM 应用流程

4）应用成果要求

a）调整后施工 BIM 模型，应根据项目现场施工情况调整 BIM 模型的划分，并准确表达构件的几何信息、施工工序、施工工艺，以及施工、安装信息等。在进度管理过程中，模型展示效果应准确，状态着色符合现场实际情况。

b）施工进度管理报告，应基于 BIM 模型反映工程的计划进度时间、实际进度时间、产值进度等信息，以及对项目进度、产值等方面的控制情况。

4　应用价值

传统的进度管理主要依赖横道图等图表形式开展，项目有关单位难以直观、形象地理解各工序、资源、产值之间的逻辑关系。采用 BIM 技术辅助进度管理，为进度管理提供了三维、可视化的虚拟工程实体。基于 BIM 模型开展进度管理模拟，有利于及时发现施工过程的问题和难点，及时调整现场施工方案，优化施工组织设计，降低施工时间成本。

同时，可对项目计划进度和实际进度进行动态管控，以项目进度"编制—审核—执行—分析—调整"的全闭环控制 BIM 模型为核心，全面对工程进度及产值计划进行精细化过程控制，有效地对项目事前和事中管控，提升项目管理水平，使投资透明化。

5　应用案例

深圳地铁 13 号线二期工程（北延）东周路站，位于松白路与东周路交叉口北侧，沿松白路南北向辐射，是 13 号线二期工程（北延）与远期规划 29 号线的换乘站。车站为地下两层两跨（局部三跨）岛式车站，采用明挖顺筑法，车站长 461.6m，车站标准段宽约 22.3m，底板埋深约 18.3m。

项目部采用 BIM 软件建立建筑、结构、机电等三维模型，再根据现场施工进度编辑计划、产值计划及 WBS 编码，并对模型进行赋码。

将进度计划、产值计划、模型等上传至深圳地铁 BIM 技术应用综合平台后，按照"计划时间"模拟计划施工工序，施工单位通过视频模拟辅助核对项目进度计划是否符合逻辑，优化调整施工方案或计划。当录入实际数据后，可选择按照"实际时间"模拟实际施工顺序。通过 BIM 模型＋进度计划，实现城市轨道交通工程的 4D 施工模拟与管控。

在深圳地铁 BIM 技术应用综合平台中，通过纠偏计划、预期计划和实际数据实现业务联动，更有效地对项目开展全方位的事前和事中管控，提升现场项目施工管理质量。结合 BIM 模型的三维可视化形式，输出 S 曲线、横道图等直观形象的方式，便于各部门、各单位及时了解工程进展情况。同时，可对比分析计划进度和实际进度，找出差异，分析原因，根据偏差情况进行施工方案优化。

任务名称	工期	（计划）开始时间	（计划）完成时间	（实际）开始时间	（实际）完成时间	产值（万）	编号
⊿ 东周路站土建总体施工计划	776 d	2021年4月14日	2023年5月29日	NA	NA	23846.27	
⊿ 基坑围护及地基处理	646 d	2021年4月14日	2023年1月19日	2021年4月1日	2021年6月30日	12823.57	
⊳ 基坑围护	523 d	2021年4月14日	2022年9月18日	2021年4月1日	2021年6月4日	9474.5	
⊿ 土石方及地基处理	559 d	2021年7月10日	2023年1月19日	NA	NA	3349.07	
⊿ 土方开挖	249 d	2021年9月20日	2022年5月26日	NA	NA	3162	
土方开挖1	249 d	2021年9月20日	2022年5月26日	2021年9月20日	2022年5月26日	3162	J4921322-11112-JKW101
⊿ 抗拔桩	48 d	2021年7月10日	2021年8月26日	2021年7月10日	2021年8月26日	41.28	
抗拔桩1-1	1 d	2021年7月10日	2021年7月10日	2021年7月10日	2021年7月10日	0.86	J4921322-11112-KBZ101
抗拔桩1-2	1 d	2021年7月11日	2021年7月11日	2021年7月11日	2021年7月11日	0.86	J4921322-11112-KBZ102
抗拔桩1-3	1 d	2021年7月12日	2021年7月12日	2021年7月12日	2021年7月12日	0.86	J4921322-11112-KBZ103
抗拔桩1-4	1 d	2021年7月13日	2021年7月13日	2021年7月13日	2021年7月13日	0.86	J4921322-11112-KBZ104
抗拔桩1-5	1 d	2021年7月14日	2021年7月14日	2021年7月14日	2021年7月14日	0.86	J4921322-11112-KBZ105
抗拔桩1-6	1 d	2021年7月15日	2021年7月15日	2021年7月15日	2021年7月15日	0.86	J4921322-11112-KBZ106
抗拔桩1-7	1 d	2021年7月16日	2021年7月16日	2021年7月16日	2021年7月16日	0.86	J4921322-11112-KBZ107
抗拔桩1-8	1 d	2021年7月17日	2021年7月17日	2021年7月17日	2021年7月17日	0.86	J4921322-11112-KBZ108
抗拔桩1-9	1 d	2021年7月18日	2021年7月18日	2021年7月18日	2021年7月18日	0.86	J4921322-11112-KBZ109
抗拔桩1-10	1 d	2021年7月19日	2021年7月19日	2021年7月19日	2021年7月19日	0.86	J4921322-11112-KBZ110
抗拔桩1-11	1 d	2021年7月20日	2021年7月20日	2021年7月20日	2021年7月20日	0.86	J4921322-11112-KBZ111
抗拔桩1-12	1 d	2021年7月21日	2021年7月21日	2021年7月21日	2021年7月21日	0.86	J4921322-11112-KBZ112
抗拔桩1-13	1 d	2021年7月22日	2021年7月22日	2021年7月22日	2021年7月22日	0.86	J4921322-11112-KBZ113
抗拔桩1-14	1 d	2021年7月23日	2021年7月23日	2021年7月23日	2021年7月23日	0.86	J4921322-11112-KBZ114
抗拔桩1-15	1 d	2021年7月24日	2021年7月24日	2021年7月24日	2021年7月24日	0.86	J4921322-11112-KBZ115
抗拔桩1-16	1 d	2021年7月25日	2021年7月25日	2021年7月25日	2021年7月25日	0.86	J4921322-11112-KBZ116
抗拔桩1-17	1 d	2021年7月26日	2021年7月26日	2021年7月26日	2021年7月26日	0.86	J4921322-11112-KBZ117
抗拔桩1-18	1 d	2021年7月27日	2021年7月27日	2021年7月27日	2021年7月27日	0.86	J4921322-11112-KBZ118
抗拔桩1-19	1 d	2021年7月28日	2021年7月28日	2021年7月28日	2021年7月28日	0.86	J4921322-11112-KBZ119
抗拔桩1-20	1 d	2021年7月29日	2021年7月29日	2021年7月29日	2021年7月29日	0.86	J4921322-11112-KBZ120
抗拔桩1-21	1 d	2021年7月30日	2021年7月30日	2021年7月30日	2021年7月30日	0.86	J4921322-11112-KBZ121
抗拔桩1-22	1 d	2021年7月31日	2021年7月31日	2021年7月31日	2021年7月31日	0.86	J4921322-11112-KBZ122
抗拔桩1-23	1 d	2021年8月1日	2021年8月1日	2021年8月1日	2021年8月1日	0.86	J4921322-11112-KBZ123

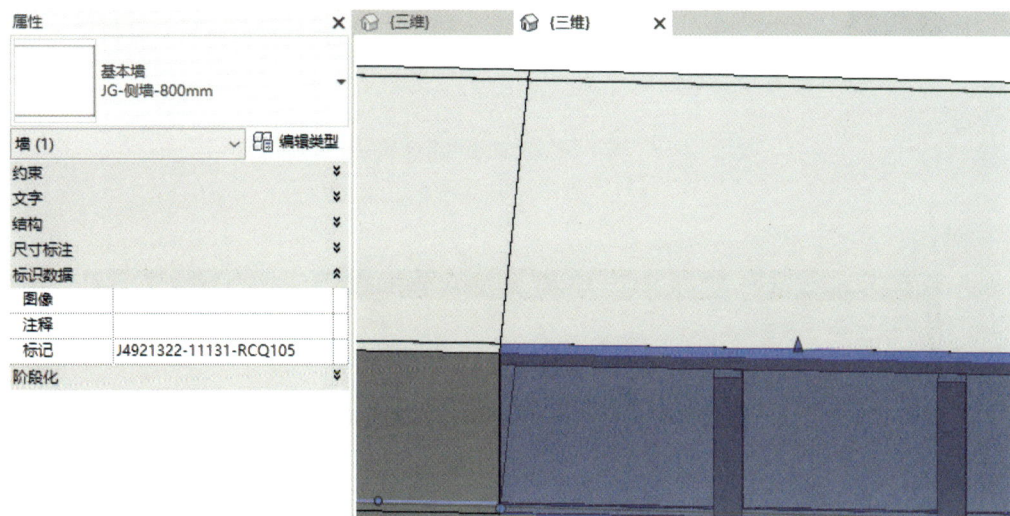

属性

基本墙
JG-侧墙-800mm

墙 (1)　　编辑类型

约束	⊗
文字	⊗
结构	⊗
尺寸标注	⊗
标识数据	⊗
图像	
注释	
标记	J4921322-11131-RCQ105
阶段化	

〔三维〕　　〔三维〕

图 7.4.4-2　项目计划与模型赋码

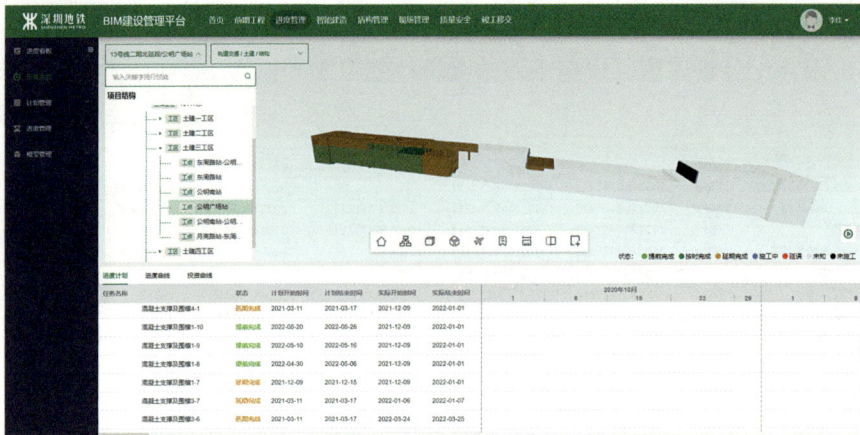

（a）计划进度

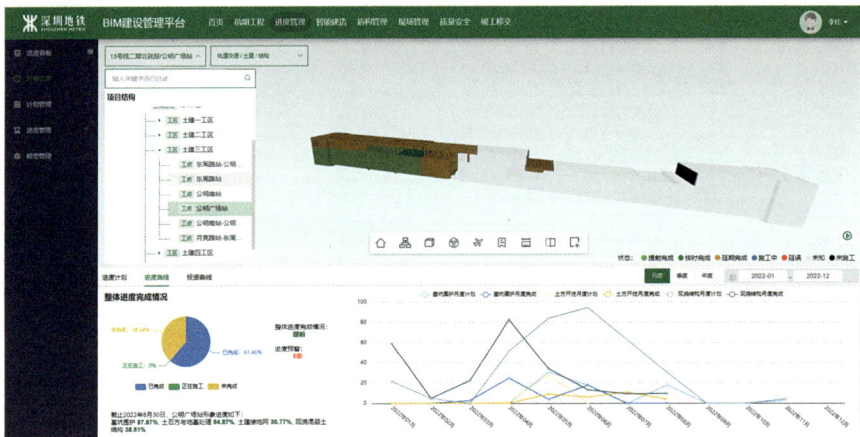

（b）实际进度

图 7.4.4-3　基于 BIM 的计划进度与实际进度分析

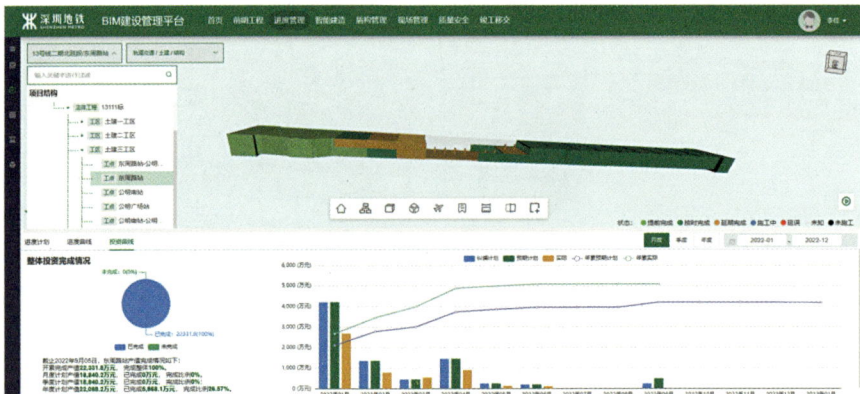

图 7.4.4-4　投资管理

7.4.5 工程量统计与投资控制

1　应用场景

工程量统计是施工成本控制的重要基础。根据现场实际情况，结合城市轨道交通项目工程量计算规则，可在深化设计 BIM 模型基础上修改形成现场施工 BIM 模型，进而形成施工阶段的算量模型。采用算量 BIM 模型及 BIM 软件，基于清单规范和消耗量定额确定城市轨道交通项目工程量清单项目，生成工程量清单（包括不同构件混凝土体积、钢筋，主要管线长度，主要设备数量等），并基于 BIM 模型自动统计工程量。将自动算量结果与造价咨询的计算结果进行对比复核，提高算量准确性。

由于现场施工的变化，应结合现场实际情况，及时调整算量模型，更新工程量及明细表，与现场进度、项目成本信息结合，实现动态的成本管理。

2　应用要点

基于现场施工 BIM 模型统计工程量是在施工图设计模型的基础上，按照工程量计算要求深化模型。算量模型与设计模型在深度要求、划分原则等方面均不同，需要根据清单规范、消耗量定额等要求深化修改设计模型，以形成算量模型。进一步，应依据项目的设计变更、签证单、技术核定单、工程联系函等相关资料，及时调整模型，确保模型和现场始终保持一致，保证工程量统计的准确性。

3　应用流程

1）数据准备要求

a）深化设计模型；

b）项目施工相关信息，如设备材料、工艺工法等；

c）项目进度计划、成本信息；

d）设计变更、签证、技术核定单、工作联系函、洽商等过程资料；

e）城市轨道交通工程清单规范、定额规范等资料。

2）软件功能要求

工程量统计与投资控制 BIM 应用软件宜具有以下功能：

a）可导入 BIM 模型，经编辑修改可形成算量模型；

b）可在 BIM 模型上附加或关联施工进度、算量信息；

c）可生成材料清单和相关报表；

d）宜支持国家标准《城市轨道交通工程工程量计算标准》GB/T 50861—2024 和地方工程量清单等规范要求。

3）应用流程要求

a）根据城市轨道交通工程算量要求，基于深化设计 BIM 模型进行修改完善，创建算量模型，并核查模型的准确性、完整性；

b）基于清单规范和消耗量定额，确定城市轨道交通项目工程量清单项目；

c）将算量 BIM 模型导入至算量软件中进行工程量统计，自动导出工程量清单，与造价咨询的清单进行校核与分析，提高算量准确性；

d）将成本数据添加至 BIM 模型或导入算量软件，输出相关投资报表，辅助验工计价、合同支付和竣工结算等工作；

e）当施工现场、施工方案等发生变更，应及时更新算量模型并导出工程量清单；

f）基于工程量统计与投资控制，形成调整后的算量 BIM 模型，以及工程量清单，并进行成果交付。

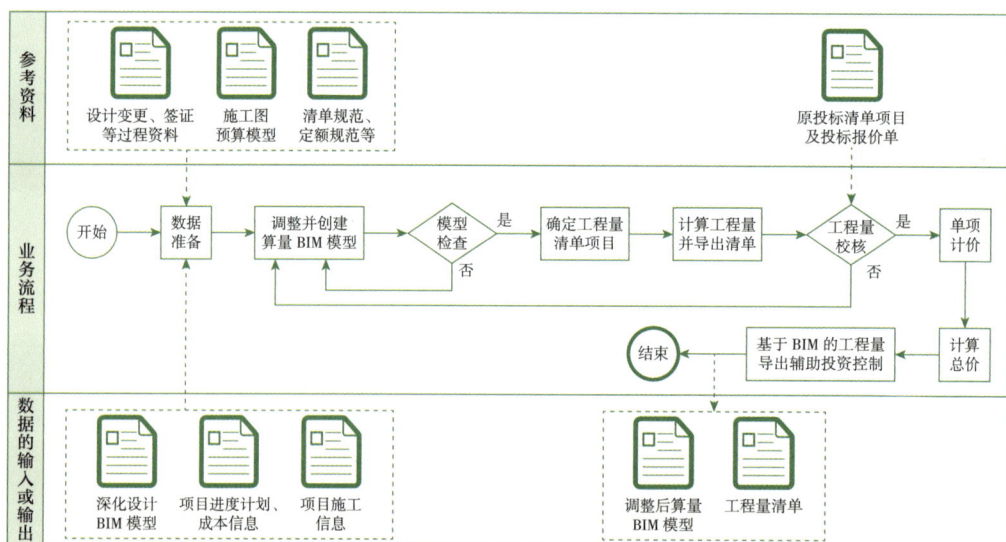

图 7.4.5-1　工程量统计与投资控制 BIM 应用流程

4）应用成果要求

a）调整后算量 BIM 模型，其划分方法、属性信息等方面应满足城市轨道交通工程量计算要求；

b）应基于 BIM 模型导出工程量清单。

4　应用价值

传统的工程量计算是依据二维图纸，工作量大、耗时长，且容易出错，往往依赖于造价工程师的经验。基于施工深化设计 BIM 模型，按照算量规则进行调整完善，根据分部分项工程要求和构件拆分规则要求，对不同类型构件按需求进行拆分，并对拆分的构件信息附加相应的属性信息，以保证每个清单都有对应的模型匹配，进而实现基于 BIM 模型的工程量统计，提高工程量计算的准确性和效率。基于 BIM 模型的自动算量将设计等相关人员从烦琐的工程量计算工作中解放，极大地提高工作效率，使工程量计算摆脱人为失误因素，使设计人员回归设计方案的优化，有助于提高设计质量。

同时，施工现场复杂多变，工程量计算需根据变更情况进行快速响应，基于 BIM 模型的工程量统计快速导出工程量清单，能够满足变更前后对比分析的需求。

工程量计算是工程建设的重要基础性工作。准确的工程量，有利于编制准确的工程造价，管控现场施工投资，并进行投资决策和制定短期、长期的管理计划，有利于优化施工配备及物资供应等工作。

5　应用案例

深圳地铁 13 号线罗租站是地下车站，位于黄峰岭工业大道与同辉路交叉路口南侧，沿黄峰岭工业大道呈南北向布置。车站范围内地形略有起伏，现状地面高差约 1m，地势呈南低北高的状态。车站总体建筑面积 50395.65m²，主体结构标准段为地下两层双柱三跨（三柱四跨）结构形式，顶、中、底板与中柱、中隔墙、侧墙形成一闭合框架，地下一层为站厅层，地下二层为站台层。采用明挖顺筑法施工。

项目部首先根据设计模型，按照城市轨道交通项目工程量计算规则，调整并创建

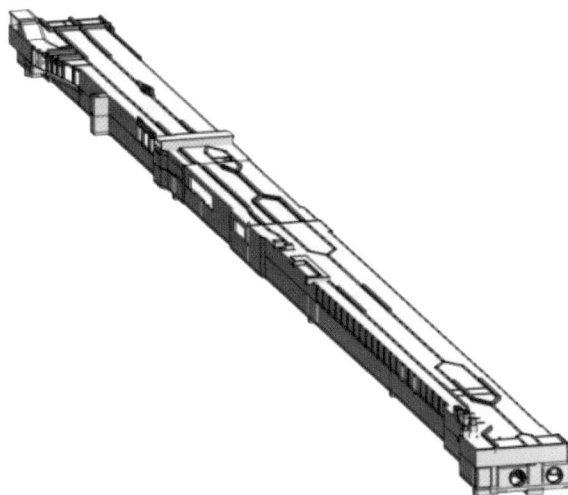

图 7.4.5-2　罗租站算量 BIM 模型

算量 BIM 模型，并根据站点的深化设计图纸、设计变更等资料完善模型。

　　将调整优化后的算量模型导入 BIM 算量软件，计算得出罗租站的主体结构工程量表格。进一步，分类统计罗租站各层各构件工程量，将工程量导入造价软件，按清单规范和消耗量定额确定工程量清单项目，实现"一键工程量计算"，并生成工程量清单统计表。将罗租站输出的工程量清单与原预算文件的清单进行校核，得出工程量清单复核报告。经比对，基于算量 BIM 模型的工程量清单与实际的施工现状一致。基于算量 BIM 模型得出工程量清单复核报告，为罗租站在施工阶段的成本控制提供技术支撑。

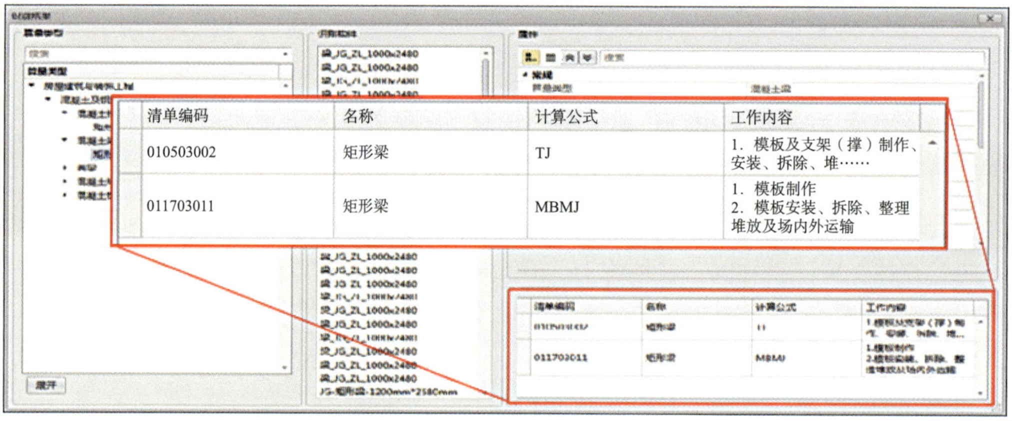

图 7.4.5-3　罗租站算量统计

7.5　竣工交付

7.5.1　三维扫描质量复核

1　应用场景

　　城市轨道交通项目设备房类型众多，机电设备、管线管道安装要求高。为保障现场施工与设计方案的一致性，需全方位校核现场质量，采用"BIM+三维扫描"技术集成，可辅助已完工工程实体的质量复核，代替传统实测实量的工作。通过对已施工工程实体进行三维扫描，逆向建模生成点云模型。将点云模型与 BIM 模型进行对比分析，可快速检测空间尺寸数据偏差，校验现场施工的准确性，并形成准确有效的实体数字模型，为后续工序施工提供精确参照，为工程质量复核、工程验收提供技术支持。

2 应用要点

三维扫描质量复核应用的关键在于生成高精度、可交付的点云模型。采用三维扫描仪等设备对车站主体结构、区间隧道等进行扫描，扫描精度可达到毫米级。根据扫描空间大小、复杂度等因素，外业采集效率有所不同。采集并获取点云数据后，经过数据拼接、数据去噪、曲面重构等进一步处理，可形成高品质、低噪点的点云模型。

3 应用流程

1）数据准备要求

a）各专业深化设计 BIM 模型；

b）三维扫描实施方案；

c）三维扫描规范规程；

d）质量验收标准。

2）软件功能要求

三维扫描质量复核 BIM 应用软件宜具有以下功能：

a）宜支持三维激光扫描仪导出的数据格式；

b）可对点云数据进行处理编辑；

c）可整合各专业 BIM 模型，并与点云模型进行比对，输出检测比对报告。

3）应用流程要求

a）收集项目深化设计 BIM 模型，作为三维扫描点云模型的对比依据。

b）应根据城市轨道交通工程项目平面情况以及现场条件，确定三维扫描实施方案。三维扫描作业应符合行业标准《地面三维激光扫描作业技术规程》CH/Z 3017—2015 等标准、规范及规程的相关要求。

c）按照实施方案对城市轨道交通工程进行外业扫描，采集点云数据。

d）在内业数据处理过程中，应对点云数据进行必要的数据拼接、数据去噪、数据均匀化等预处理，提升点云数据质量。应注意的是，自动创建的点云模型可能存在错误，需检查并手动处理错误部位。

e）将修正完善后的点云模型与 BIM 模型进行对比分析，检查现场施工误差是否在合理范围内。若偏差较大，即实际建造过程与计划方案存在不相符的地方，应采取必要的措施进行现场调整；若在合理范围内，更新 BIM 模型，以得到与现场一致的 BIM 模型。

f）基于三维扫描质量复核应用，形成准确有效的、与现场一致的 BIM 模型、点云模型，以及质量复核报告。

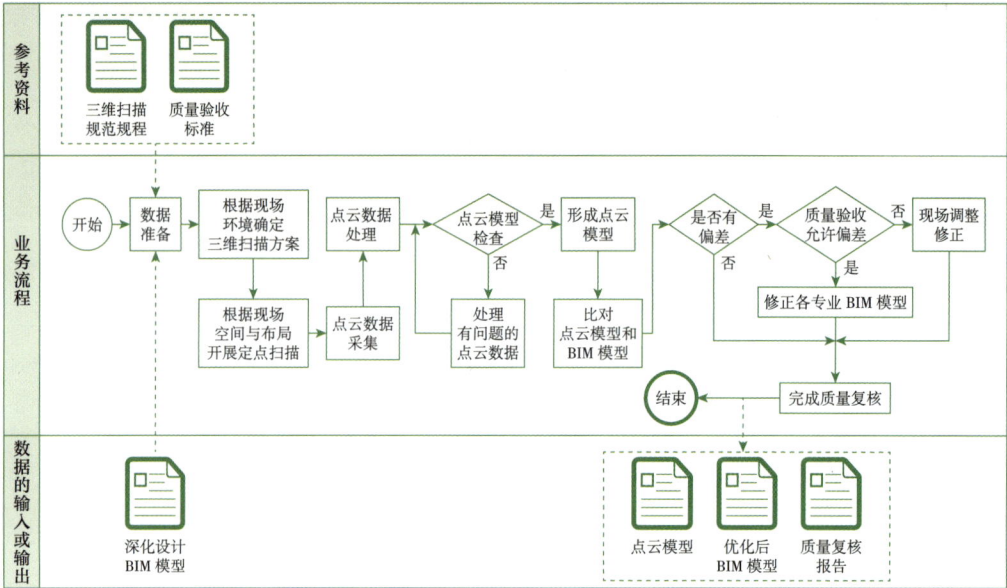

图 7.5.1-1　三维扫描质量复核 BIM 应用流程

4）应用成果要求

a）点云模型；

b）优化后的 BIM 模型，根据现场三维扫描结果调整优化后的各专业 BIM 模型；

c）质量复核报告，经三维扫描点云模型与 BIM 模型对比分析的检测报告，包含偏差总体情况、异常范围、整改措施等。

4　应用价值

传统工程测绘通常采用全站仪等仪器设备，通过现场采集离散点坐标，借助作业草图和现场拍摄照片内业绘制成图。由于施工现场条件复杂，有时难以满足通视条件，存在外业工作量大、自动化程度和测量效率不足、测量成果较为局部和片面等问题。相对于传统的工程质量复核手段，三维扫描技术具有高效率、高精度、高分辨率、点云密度高、非接触性、数字化、自动化等优点，可以快速准确地记录工程实体实际情况、创建相应点云模型及检测出空间尺寸数据偏差，既保证工程质量复核的全面性、准确性，又减少工程质量复核的时间成本，为工程质量复核、工程验收提供技术支持。同时，可用于修正原 BIM 模型，以形成准确有效、与现场工程实体一致的竣工模型，为后期运营奠定数据基础。

5　应用案例

深圳地铁 13 号线罗租站是地下两层岛式车站，地下二层为站台层，地下一层为站厅层，设有 6 个出入口与 3 组风亭，总面积为 50395.65m²。车站和区间土建工程施工质量管理遵循事前预防、事中管控、事后检验三个步骤，为充分保障施工质量，事后检验采取"BIM + 三维扫描"集成应用技术进行质量复核。

项目团队根据工程特点和现场情况编制了三维扫描实施方案，按照操作规程和实施方案，运用三维扫描仪对车站与区间主体结构进行扫描，获取相关点云数据。采用数据处理软件对点云数据进行处理与逆向建模，得到点云模型，并将点云模型和 BIM 模型进行比对，自动计算结构偏差数据，对施工误差较大的部位及时进行现场整改或者模型修正，保证现场和模型一致，确保基于实际现场数据校对后的土建模型的可靠性、准确性，避免因土建和机电碰撞而造成返工。

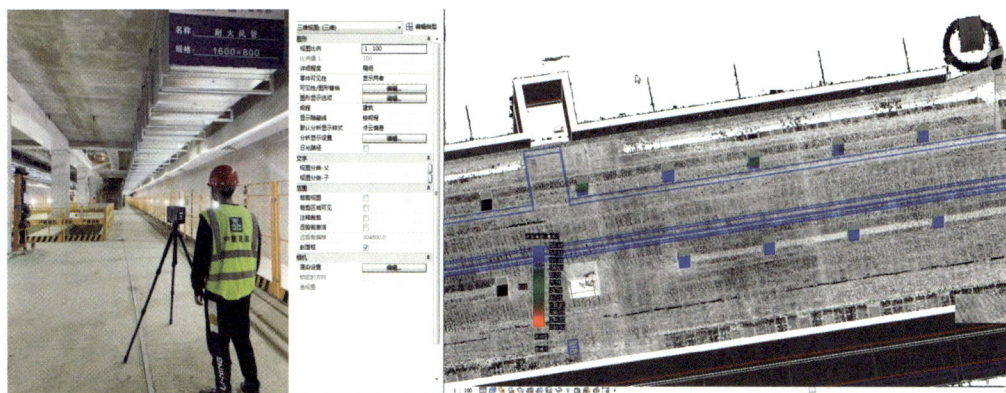

图 7.5.1-2　现场扫描与三维点云模型

采用"BIM + 三维扫描"集成应用技术辅助质量复核，不仅可形成检测比对报告指导现场质量缺陷的检测和整改，快速完成已完工工程实体的验收工作；还可以修正各专业 BIM 模型，形成与现场高度一致的竣工模型，为后续机电工程深化和施工提供精确参照。罗租站通过三维扫描质量复核，发现结构偏差达 865 处，其中需要落实整改 353 处，需要调整模型 56 处。极大地提高现场质量复核的效率和成效，预计缩短工期 30 天，节约成本约 26 万。

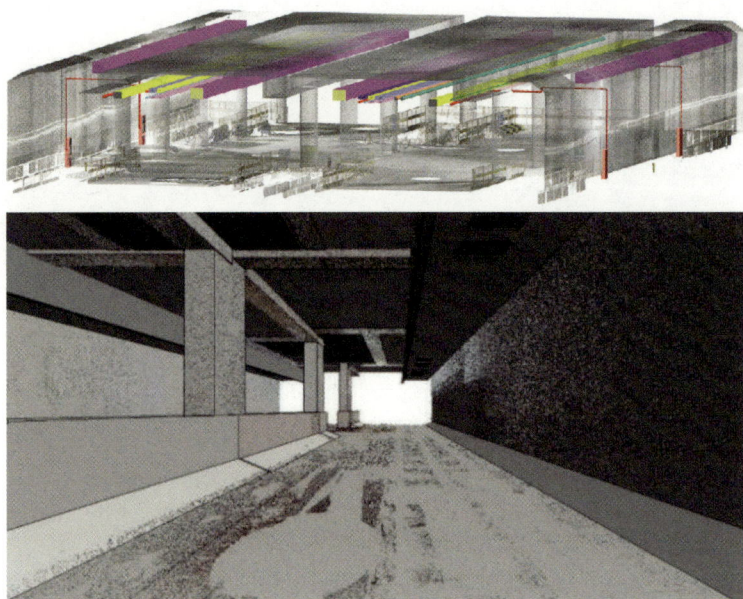

图 7.5.1-3　点云模型与 BIM 模型对比分析

7.5.2 机电设备验收管理

1　应用场景

城市轨道交通工程设备涉及专业广、供货商多，设备采购安装周期长，且运营期间对设备管理要求高。为提高设备在运营期间的运行和管理能力，借助机电设备 BIM 模型承载海量信息的特点，实施基于 BIM 模型的设备二维码方案，通过二维码扫码可查看设备三维模型、设备管理信息，并开展设备到场、安装、验收等流程审核，实现机电设备的验收管理，为后续运营提供设备管理的数据基础。

2　应用要点

城市轨道交通工程设备类型多，在实施机电设备基于二维码的验收管理前，应制定二维码标准方案。通过扫码，除了呈现设备的 BIM 模型进行三维交互浏览查看，还需制定二维码所承载的设备信息模板，包括设备名称、编号、型号、参数、设备唯一编码、资产清册和应用说明等。

为保证机电设备后期验收管理的顺利开展，在站后工程施工时，生成设备构件的二维码，并张贴在设备上，在后续的出厂验收、设备到货、现场安装、设备验收、移交运营管理等各环节中，管理人员应进行设备二维码扫码，按照流程审核并填写相关信息。

3 应用流程

1）数据准备要求

a）设备供应商机电台账；

b）设备投产清单；

c）设备投产计划；

d）设备二维码。

2）软件功能要求

机电设备验收管理 BIM 应用软件宜具有以下功能：

a）具有二维码扫描功能；

b）可浏览设备 BIM 模型。

3）应用流程要求

a）设备供应商根据城市轨道交通项目设备投产清单的设备类型，创建设备 BIM 模型，模型创建需符合地方城市轨道交通工程 BIM 相关标准的深度要求，并上传至项目指定的 BIM 应用综合平台，以便后期基于二维码的设备验收管理。

b）BIM 全过程咨询单位和设备监理审核构件模型的合规性，以及其属性信息的完整性和准确性。审核通过后可正式发布并使用。

c）在出厂验收阶段，设备供应商从指定的 BIM 应用综合平台导出设备二维码并完成张贴，并对设备关联信息进行维护和更新。

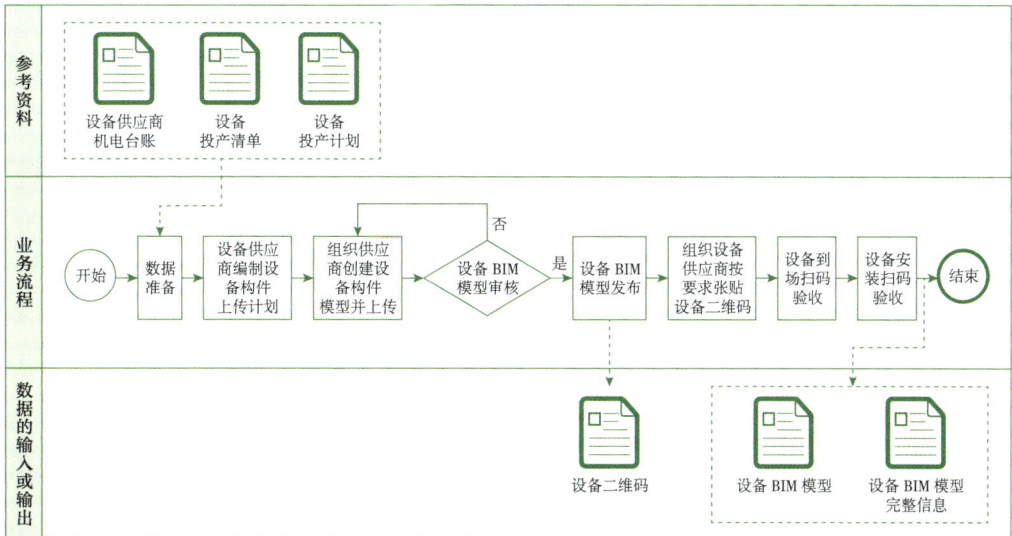

图 7.5.2-1　机电设备验收管理 BIM 应用流程

d）在现场安装阶段，设备监理扫描设备二维码，在 BIM 应用综合平台的移动端完成设备到场验收。安装单位通过扫码完成现场安装图片和安装位置的信息录入，并扫码提交验收申请。

e）在验收环节，由设备监理和运营等相关人员扫码，对设备二维码关联信息进行最终审核和确认。

4）应用成果要求

a）设备 BIM 模型，应符合相关 BIM 标准深度要求，可满足后期运营运维的应用需求；

b）设备二维码，设备 BIM 模型经相关 BIM 应用综合平台发布后形成的设备二维码；

c）设备 BIM 模型完整信息，设备经验收通过后，应承载完整的信息，如属性信息、状态信息等。

4　应用价值

传统的机电设备验收管理主要基于设备的报告、图纸等资料开展，所形成的验收成果主要以报告为主，由于是非结构化数据，难以在后期运营运维阶段应用。

结合 BIM 技术开展基于二维码的设备验收管理，从设备出厂、到货、现场安装、验收、移交运营管理等各环节，各参建单位全过程参与，并在城市轨道交通工程 BIM 应用综合平台上记录相应资料，可对采购清单的设备数量和型号，与现场实际安装情况进行对比，保障了设备到场安装质量，全程可追溯、信息可处理。同时，通过二维码的扫码流转，可精确掌握城市轨道交通工程现场每一个工点和每一个供应商的情况，以及每一台设备的状态，对存在延迟到货、延迟安装等问题的设备进行追踪和监控。

同时，张贴有二维码的设备移交至运营后，避免了运营管理人员重新录入设备信息，提高效率。在后期的运营运维阶段，运营管理人员可通过设备二维码进行故障报修和设备管理，有助于打通设备信息从建设到运营的链条。

5　应用案例

深圳地铁 14 号线沙湖站位于坪山大道与荣昌路 / 体育二路交叉口，沿坪山大道东西向曲线布设。车站为半径 1500m 的地下二层岛式曲线站台车站，车站总长为 288m，有效站台长度为 181.52m，站台宽为 12m。车站共设 5 个出入口、1 个安全出入口，2 组风亭共计 8 个风井。车站总建筑面积为 17029.72m²，其中，主体建筑面积为 12872.3m²，附属建筑面积为 3444.06m²。

项目部以沙湖站为样板进行设备二维码试点应用，基于二维码开展机电设备的验收管理。首先组织各参建单位二维码管理员在深圳地铁 BIM 技术应用综合平台进行账号注册，并明确各单位职责分工，由设备厂家创建模型并上传至深圳地铁 BIM 技术应用综合平台，由设备监理审核，审核通过后在深圳地铁 BIM 技术应用综合平台进行发布。

设备厂家将二维码张贴在设备上，在出厂、运输、到场、安装等过程中进行扫码，将设备状态及设备信息录入深圳地铁 BIM 技术应用综合平台。最终由相关单位进行扫码验收，达到设备全过程监控。

图 7.5.2-2　冷却水泵 BIM 模型

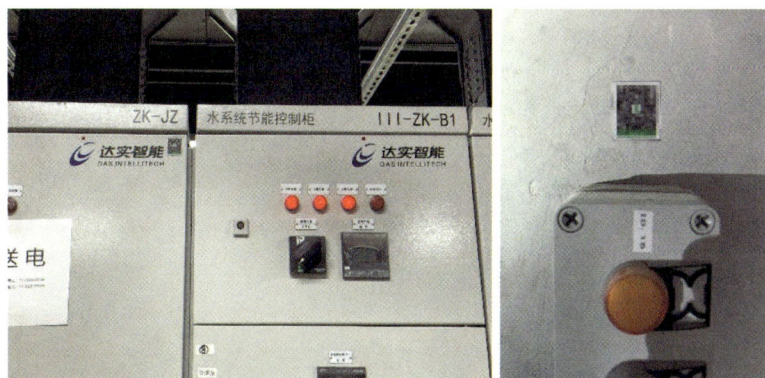

图 7.5.2-3　设备现场安装状态

7.5.3 竣工移交

1　应用场景

在城市轨道交通项目竣工阶段，BIM 模型作为重要的数字资产，应与竣工归档资料一并移交。在移交前，应将项目竣工信息添加至 BIM 模型中，并将各专业设施设备的相关资料绑定或挂接在相应模型中。依据现场项目实际情况及时调整 BIM 模型，以保证 BIM 模型与现场工程的一致性，即"实模一致"，基于施工 BIM 模型经修改完善形成竣工 BIM 模型，为后期竣工验收提供支撑。

2　应用要点

城市轨道交通工程包含各专业大量设施设备，为保证后期的竣工验收，宜从项目开始阶段着手项目竣工 BIM 模型的创建和信息添加。

在项目竣工验收时，宜保证 BIM 模型与现场工程实体的一致性。可通过竣工测量、激光扫描、现场对比等方式，检查 BIM 模型与工程实体之间的差异。记录不一致的位置并形成检查表，根据意见调整、修改 BIM 模型。

为保证城市轨道交通工程 BIM 模型在后期运营运维阶段的可持续使用，应将项目竣工验收与归档资料通过系统平台的方式，挂接或关联至 BIM 模型，如工程建设前期文件（立项文件、勘察设计文件、工程建设基本文件等）、监理文件、施工文件（质量验收文件、检测报告、施工记录文件等）、竣工图和相关的竣工验收文件等，详细要求应符合地方建设工程竣工验收与归档的相关规定（轨道交通部分）。

3　应用流程

1）数据准备要求

a）施工 BIM 模型；

b）勘察设计、施工相关资料（如图纸、说明文档、变更单等）。

2）软件功能要求

竣工移交的城市轨道交通工程 BIM 应用综合平台宜具有以下功能：

a）可存储及归档 BIM 模型，并浏览三维模型；

b）可查询、查看 BIM 模型的属性信息；

c）可将项目资料绑定或挂接在 BIM 模型中。

3）应用流程要求

a）整合城市轨道交通工程各专业施工 BIM 模型，并进行预处理，删除工程管理、施工临时设施等过程数据；

　　b）通过现场测量、激光扫描等方式采集现场准确数据，与施工 BIM 模型进行比对分析，对于不一致的部分，根据审核意见修正 BIM 模型，与现场保持一致；

　　c）将设计、施工等相关资料与修正后的 BIM 模型进行绑定与关联，形成竣工模型；

　　d）经建设单位、设计单位、监理单位等审核确认后，移交并归档竣工 BIM 模型和相关的竣工归档资料。

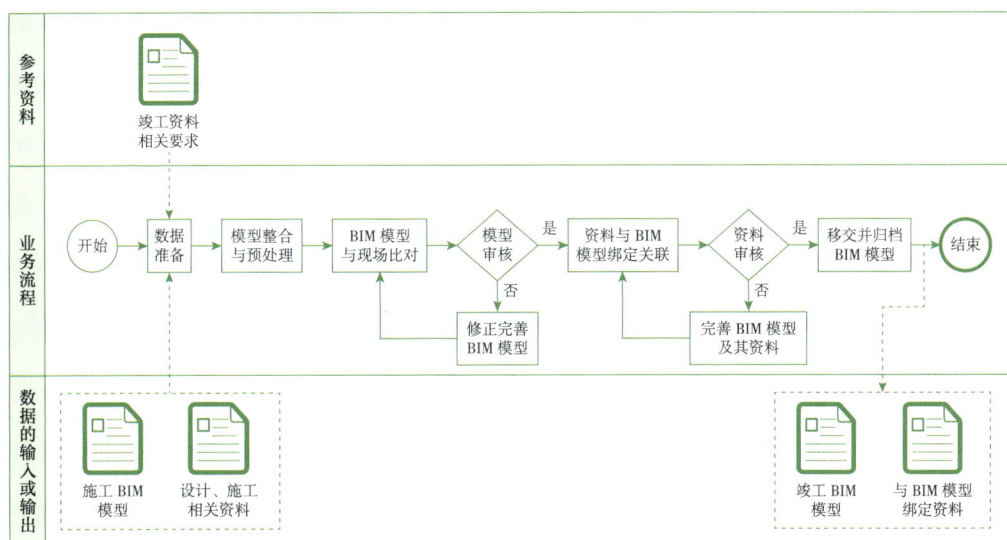

图 7.5.3-1　竣工移交 BIM 应用流程

　　4）应用成果要求

　　a）竣工 BIM 模型，应与现场工程实体保持一致；

　　b）与 BIM 模型绑定或挂接的资料，与竣工 BIM 模型一并移交的相关资料。

4　应用价值

　　经施工不断完善的 BIM 模型，通过挂接相关资料形成最终的竣工 BIM 模型。该模型与现场实体保持一致，并包含项目的详细信息和有关资料，可为后期的运营维护提供重要的数据基础。基于 BIM 模型的竣工移交，将促进城市轨道交通工程的数字化交付，将竣工 BIM 模型交付至运营，有助于提升运营管理水平。

5　应用案例

　　深圳市城市轨道交通四期工程已广泛开展 BIM 技术应用，在建设阶段积累了大量的基于 BIM 的数字资产，四期工程 6 号线支线、12 号线、14 号线以及 16 号线已在 2022 年陆续开通。为挖掘 BIM 数据价值，延伸 BIM 数据至运营阶段，创新城市轨道交通项目运营运维数字化管理模式，深圳地铁在竣工移交过程中探索实践 BIM 模型的数字化交付。

在深圳地铁现有 BIM 标准基础上编制城市轨道交通工程竣工 BIM 模型制作与提交指引，包括车站、区间、区间风井、车辆基地、主变电所等类型。该指引规定竣工 BIM 模型要求，包括拆分与整合、深度及内容、表达质量、文件格式，以及与实物一致性等方面。

四期工程各参建单位根据指引要求，结合现场工程完工情况修改完善 BIM 模型并提交，BIM 总体管理单位根据有关 BIM 建模指引要求审核竣工 BIM 模型。审核通过后将归档至深圳地铁 BIM 技术应用综合平台，并移交至运营，为后期运营运维奠定数字化基础。

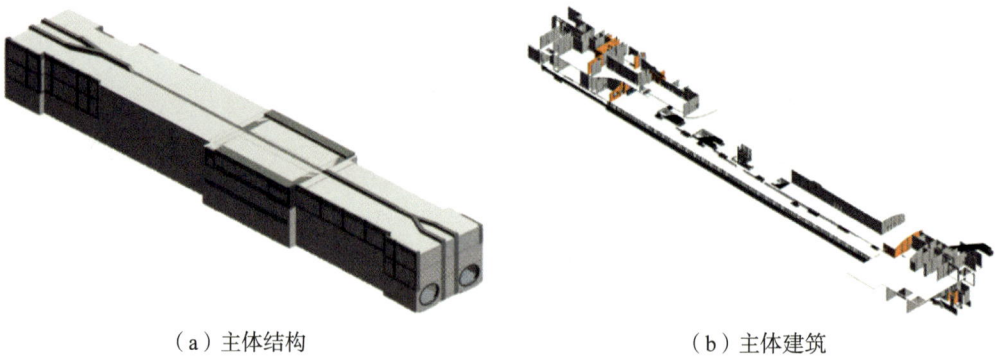

（a）主体结构　　　　　　　　　（b）主体建筑

图 7.5.3-2　深圳地铁竣工 BIM 模型

8 运营 BIM 应用

8.1 一般规定

8.1.1 应通过城市轨道交通工程 BIM 应用综合平台开展城市轨道交通运营管理 BIM 应用。

8.1.2 基于 BIM 的运营管理平台宜通过竣工移交的 BIM 模型为城市轨道交通工程运营单位提供智能化与精细化的运营管理服务，应具有数据接口与运营管理既有系统进行数据交互。

8.1.3 本章规定运维管理、应急指挥管理、安保区管理、商业管理等 BIM 应用要求，可拓展至其他运营 BIM 应用。

8.2 运营应用

8.2.1 运维管理

1 应用场景

城市轨道交通工程涉及多种设备，各专业设备功能各异、位置分散，宜运用 BIM 技术与城市轨道交通工程设备运维管理相结合，形成基于 BIM 技术的城市轨道交通工程运维方案，开展可视化、信息化、智能化管理，有效预防可能发生的设备故障，降低运营维护成本。

2 应用要点

城市轨道交通项目竣工 BIM 模型集成了各专业设施设备信息，应与 EAM （Enterprise Asset Management，资产管理）系统对接，保障数据共享。为保障设备正常运行，宜将设备运行、监控等动态数据通过城市轨道交通工程 BIM 应用综合平台挂接在 BIM 模型上，实现设备运行全过程管理。

根据设备运行状况及相关监控数据，分析并预测设备故障情况。当设备发生故障时，通过 BIM 模型精准定位至设备位置，并调用 BIM 模型数据辅助故障维修维保，提高设备维保效率。

3 应用流程

1）数据准备要求

a）竣工图纸；

b）竣工 BIM 模型；

c）设施设备管理台账；

d）其他智能化系统的管理数据。

2）软件功能要求

运维管理 BIM 应用应采用城市轨道交通工程 BIM 应用综合平台，宜具有以下功能：

a）可集成并三维浏览 BIM 模型；

b）可轻量化 BIM 模型数据；

c）宜具有模型标注功能，对设备静态参数进行增删改查；

d）宜具有生产巡检、维保记录与报告功能；

e）提供模型更新、替换、版本管理。

3）主要应用要求

a）设备设施三维可视化管理：基于 BIM 技术开展地铁车站、区间等空间内的三维可视化管理，通过 BIM 模型清晰查看设施设备的细部构造以及其零部件情况，使运营管理人员精准掌握设施设备的位置，并对其设施设备开展可视化检查。

b）设备设施信息化管理：通过对接设备设施系统（如 EAM 系统），获取设备设施基础信息，包括制造商详情、采购管理、库存信息、维修记录、操作手册、维修人员等，完善平台中设施设备信息，具备数据与模型之间的双向交互，对 BIM 模型信息和运维中得到的数据进行筛选、整合和分类，得到各类别设施设备的统计信息，如各类专业设备统计、普通设备统计、故障设备统计、维修记录等，基于 BIM 模型信息辅助设备设施运维。

c）设备设施故障管理：当设备发生故障时，巡检人员通过 BIM 应用综合平台对故障设备模型进行标注，描述故障情况，上传现场照片，辅助管理人员与维修人员快速定位故障位置及故障原因。通过故障填报系统与 BIM 模型结合，准确表达故障设备或故障点的位置和问题。

d）资产管理：设备设施全生命周期管理中产生的各类数据资料将在 BIM 应用综合平台进行规范化管理，包括设备设施基础信息，以及操作手册、图纸、采购单、联系单、合同文件等，管理人员可根据需要对数据库资料进行增、删、改、查等管理。同时根据相关专业和属性对资料进行分类归档，实现图样与构件一对一的关联、图样二维与三维之间的切换。通过精细化、信息化的 BIM 模型，辅助城市轨道交通工程各专业设备设施的资产管理。

e）移动互联：基于设备设施的信息平台和资产管理平台的建设，设备设施现场张贴二维码标签。通过移动设备扫描设备设施二维码，获取设备设施静态信息和动态信息的同时，可通过 BIM 模型查看设备设施的外部和内部构造，快速分析其设备的工作情况，辅助故障原因分析和锁定。

f）巡检人员管理：运用城市轨道交通工程 BIM 模型，制订重要设施设备日常巡检计划，包括巡检内容、路线等。通过移动终端设备扫码打卡，填报其巡检工作内容，生成巡检人员打卡记录，明确巡检流程和规范，以更好地开展精细化管理。

4）应用成果要求

a）日常巡检记录及报告；

b）维保记录及报告；

c）故障记录及报告。

4 应用价值

城市轨道交通项目具有设备种类多、使用功能不同等特点，是设备运维管理的难点。采用 BIM 技术开展设备运维管理，以提高维修效率、降低总体维修成本为目标，将设备管理、维修管理、人力资源管理集成在一个数据充分共享的信息系统中，可对设备资产进行全生命周期管理。

在项目的运行维护过程中，通过 BIM 三维可视化技术可提升运维管理效率。各运营管理人员通过 BIM 应用综合平台基于 BIM 模型进行精准定位和故障报修，降低了线下沟通成本，提高工作效率；通过工作优先级及时间排序，合理安排工作顺序，避免工作积压造成服务滞后；通过优化人力资源分配及材料分配，降低运行成本；通过历史记录分析，有效地进行工作预测，提前备好物料，降低运维管理的风险和成本，同时还可以提供设备运行状态评估和预防性维修程序。

5 应用案例

世界之窗站是深圳地铁 1 号线、2 号线的换乘车站，位于南山区。车站总建筑面积为 34472.1m²，其中地铁 1 号线车站面积为 20536.0m²，地铁 2 号线车站面积为 2822.6m²，地下公交接驳站面积为 11113.5m²。车站总宽度 49.6m，总长度 335.4m。共设置 14 个出入口通道、3 组地面采光口、3 组地面低风井和 1 个高风井。车站为地下三层车站，地下一层为 1 号线与 2 号线共用站厅层，主体结构为多跨现浇钢筋混凝土框架结构；地下二层为 1 号线站台层及 2 号线设备层夹层，1 号线站台层采用双柱三跨岛式站台形式。

根据世界之窗站竣工图纸完成 BIM 逆向建模，并上传至深圳地铁 BIM 技术应用综合平台的运维管理平台。以世界之窗站轻量化模型为数据载体，从深铁运营 EAM 系统同步设备设施数据及维修数据，在深圳地铁 BIM 技术应用综合平台上对设施设备开展可视化的运维管理。

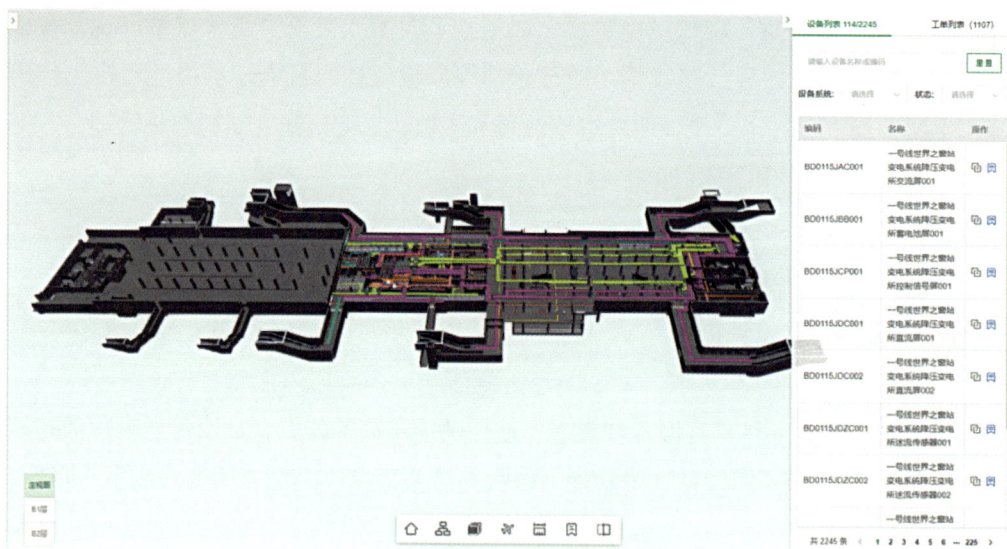

图 8.2.1-1　基于车站 BIM 模型的设备管理

深圳地铁 BIM 技术应用综合平台集成了车站三维模型，并建立设备设施数据库，存储各专业设备设施属性信息，可通过三维模型精准定位设施设备，并查看其所有信息，包括基本信息、采购信息、维修记录以及站内位置信息等，使管理人员全面掌握

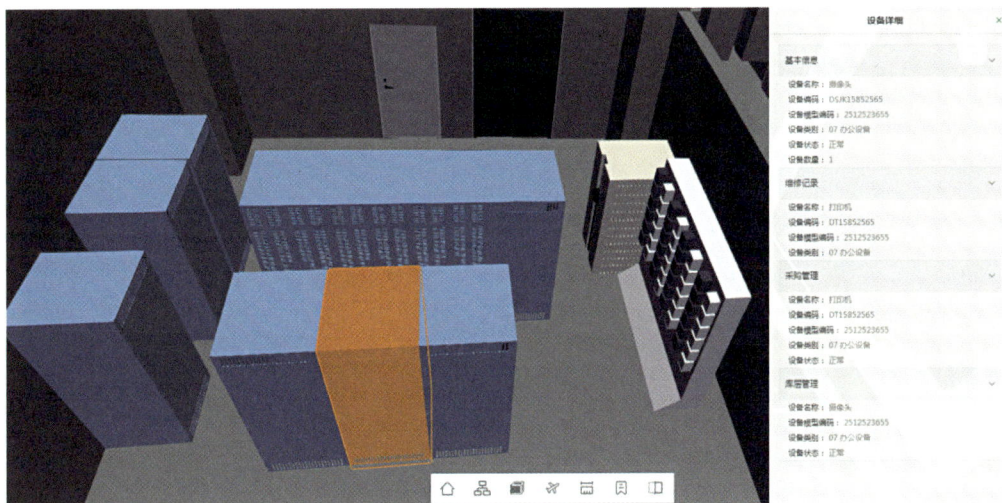

图 8.2.1-2 设备设施详情管理

隐蔽和高密集等分布复杂、维护难度大的工程设施信息，又可对其运行状态进行可视化检查。

深圳地铁 BIM 技术应用综合平台支持设备设施全生命周期静态参数自主"增、删、改、查"功能，提供模型更新、替换、版本管理等数据操作功能。在设施设备运维管理过程中，可通过深铁集团 APP "智绘深铁"，提供移动端运维管理场景的应用功能。当设备发生故障时，不仅可以在 BIM 模型的协助下及时发现、分析和锁定设备设施位置，还可对该故障点进行标注说明，为工程师快速精准定位、信息搜集等方面提供技术支撑。

8.2.2 应急指挥管理

1 应用场景

城市轨道交通工程作为城市建设和发展的重要基础设施，由于其特殊性和复杂性，对突发事件的预测、处理与修复，具有很大的挑战难度，尤其是地下空间。为有效开展城市轨道交通项目的应急指挥管理，采用 BIM 技术建立城市轨道交通工程的三维信息模型，项目各参与人员基于统一模型开展应急处置，促进应急信息传递以及数据共享，可提高应对突发事件的应急管理效率，以减少人员伤亡和财产损失。

2 应用要点

为应对城市轨道交通项目的突发事件，地铁各位置均放置相应的应急物资，并全方位设置监控摄像头，以快速、及时地了解现场状况。为实现 BIM 技术赋能应急管理，需将 BIM 技术与现有应急管理业务融合，提升应急指挥管理信息化水平。

基于 BIM 模型可集成轨道交通项目各区域摄像头，采用数据服务方式嵌入地铁应急指挥系统，关联应急疏散、应急运输物资等方案。当发生突发事件时，在 BIM 模型中可直观展示事故位置，启动相应的应急预案，以控制事态发展，减少损失。同时，将地铁的应急物资与 BIM 模型进行挂接，在 BIM 应用综合平台中快速调取所需应急物资，辅助现场处置。应急物资包括安防、AED、防火、三防、行车等类型。

为保证应急指挥管理的精准性，应保证 BIM 模型空间位置信息的准确性，与现场保持一致。

3 应用流程

1）数据准备要求

a）竣工 BIM 模型；

b）应急管理器材，及其设备信息，包括类型、功能、布局、维保期等；

c）各类突发事件预案报告。

2）软件功能要求

应急指挥管理 BIM 应用应采用城市轨道交通工程 BIM 应用综合平台，宜具有以下功能：

a）可集成并三维浏览 BIM 模型；

b）可轻量化 BIM 模型数据；

c）宜具有模型数据更新服务；

d）可将资料挂接在 BIM 模型上；

e）在模型构件状态发生变化时，模型构件宜能高亮或者动态闪烁提示；

f）宜具有模型标注功能，可对设备静态参数进行增删改查。

3）主要应用要求

a）三维可视化空间表达：采用 BIM 技术实现城市轨道交通项目的三维可视化，为应急管理呈现车站全面、真实的空间状况。通过基于 BIM 模型的展示和浏览，使城市轨道交通工程各区域的可视化表达更精准，为应急管理提供保障。

b）视频监控：地铁车站安装了大量的监控视频，以全方位、全天候地监控地铁运行状态。基于城市轨道交通项目 BIM 模型，挂接监控视频，对站台、换乘区域、出入口等客流密集区域，以及重要设备机房实施实时状态的可视化监管。若遇突发事件，可快速调取事故区域的监控视频，辅助决策和现场管控。

c）物资三维可视化管理：通过手动或批量填报的方式，将城市轨道交通项目的安防、AED、防火、三防、行车等应急物资信息，包括物资名称、编码、数量、规格、钥匙管理等级、物资有效期、检测日期等，在车站 BIM 模型上进行位置标记，开展物资的三维可视化管理。

d）应急物资资产管理：基于 BIM 应用综合平台对各类应急物资进行数据治理，以标准的数据模板进行统一管理，并对车站 BIM 模型进行标定，自动统计、筛选应急物资情况。

e）应急预案管理：结合城市轨道交通项目在地震、火灾、水淹、爆炸等各类突发事件下的影响分析报告，编制不同的应急管理预案，并将应急管理预案输入 BIM 应用综合平台，当发生应急事件时，可为处置人员提供相应的应急预案。例如，人员疏散的预案，可根据不同空间位置并结合 BIM 模型进行分类表达，分为站厅层公共区疏散方案、站厅设备区疏散方案等。

f）应急事故处置：在发生应急事件时，应保证 BIM 应用综合平台与传感器、监控系统等联动，BIM 应用综合平台可自动定位至发生应急事件的位置，并通过现场系统进行报警与广播。在实施应急措施的同时，根据 BIM 应用综合平台提供的应急预案，优选路径及时疏散乘客，并采取相关区域的客流限制临时措施。

g）应急事故处置归档：应急事故处理完成后，应及时记录并总结应急处置方案，包括实施过程、器材设备使用、实施效果等，并归档至 BIM 应用综合平台，为后期类似突发事件处置提供参考。

4）应用成果要求

a）应急管理预案；

b）应急物资清单；

c）应急处置报告。

4 应用价值

在地铁传统运营管理模式下，各类应急物资以车站为单位进行统计和管理，由于各线路车站管理标准不统一，包括统计内容、数据类型和格式等方面，导致存在数据更新不及时、统计准确性不足、系统数据与现场数据不符等问题，不利于车站与车站之间的物资统筹和调度。

将 BIM 技术引入应急指挥管理，可提高应急指挥管理的形象化、信息化、精准化水平。BIM 模型可为地铁应急指挥管理提供准确、有效的空间位置，有助于地铁内空间安全管理实现精准定位、数据联动、高效处置，尤其是地下空间等复杂区域。在发生应急事件时，基于 BIM 模型，可清晰呈现紧急状况点的位置，及其周围设施设备完整信息，甚至可推演分析到达紧急状况点的最合理路线，辅助现场的应急事故处置，提高应急管理水平。

5　应用案例

世界之窗站是深圳地铁 1 号线、2 号线的换乘车站。车站总建筑面积为 34472.1m^2，共设置 14 个出入口通道。车站为地下三层车站，地下一层为 1 号线与 2 号线共用站厅层，地下二层为 1 号线站台层及 2 号线设备层夹层。世界之窗站呈东西走向，东接华侨城站，西接白石站，南侧为世界之窗景区，北侧为世界花园，是深圳地铁的大客流站，其应急指挥管理要求高。

根据世界之窗站竣工图纸完成 BIM 逆向建模，并将 BIM 模型上传至深圳地铁 BIM 技术应用综合平台的运维管理平台。经平台轻量化后，以世界之窗站轻量化模型为基础，以摄像头模型为交互载体，与综合监控数据绑定，实时传输现场画面。由三维模型代替了传统的二维图纸管理模式，可基于三维交互环境快速查找摄像头的位置，实现与现场的及时联动。

图 8.2.2-1　车站综合监控系统与 BIM 模型的结合

基于 BIM 技术的车站应急物资管理系统是以车站站务应急物资管理为核心，将防火、安防、行车、三防、AED 等五类应急物资信息录入深圳地铁 BIM 技术应用综合平台，并在车站 BIM 模型上进行图标标定。基于 BIM 技术开展应急物资的可视化管理，并支持应急物资统计、物资空间定位、物资详情查询、物资有效期到期提醒、应急钥匙查询等，充分保障事故发生时，可快速调用有效的应急物资到指定位置。

图 8.2.2-2　应急物资与 BIM 模型的结合应用

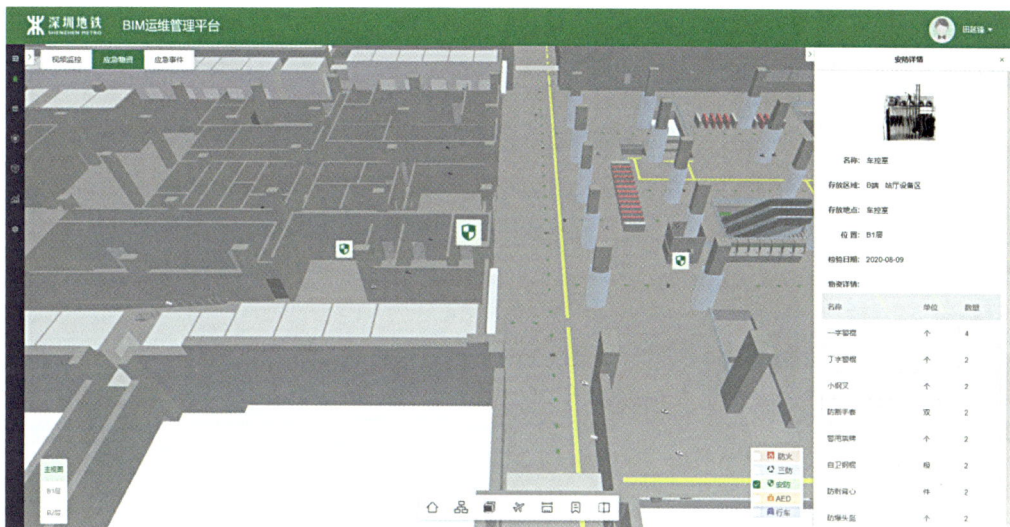

图 8.2.2-3　应急物资定位和物资详情

8.2.3 安保区管理

1　应用场景

城市轨道交通工程存在大量新建工程，且每天服务出行乘客客流量大，为充分保障地铁安全建设和运营，设置地铁安全保护区（简称"安保区"），是地铁运营线路及周边的特定范围内设置的保护区域。城市轨道交通安保区涉及的范围复杂多样、设备种类多、使用功能不同。为提高安保区管理的安全能级，采用 BIM + GIS 集成技术，运用传感器和模型相结合的方式，实时监控安保区范围内建（构）筑物、工程施工等状态，以更全面、更直观、更有效地管控安保区。

2 应用要点

城市轨道交通项目既有车站、车辆基地等单体建筑类型，又有隧道区间、高架区间等线性工程类型，为提高安保区管控质量和效率，采用 BIM + GIS 技术覆盖并聚焦安保区管理范围。以深圳为例，现阶段地铁安保区的规定范围为：

1）地下车站与隧道结构外边线外侧 50m 范围内；

2）地面、高架车站及区间结构外边线外侧 30m 范围内；

3）出入口、通风亭、变电站等建筑物、构筑物外边线外侧 10m 范围内。

在 BIM + GIS 的安保区管理中，应增加百米标、隧道埋深等信息，辅助管理人员进行分区管理，准确判断风险源等情况。

3 应用流程

1）数据准备要求

a）竣工 BIM 模型，以及地铁沿线实景、地质、地下管线等模型；

b）安保区设备数据。

2）软件功能要求

安保区管理 BIM 应用应采用城市轨道交通工程 BIM 应用综合平台，宜具有以下功能：

a）可整合各专业 BIM 模型并流畅浏览；

b）可轻量化 BIM 模型数据；

c）宜具有模型标注功能，对设备静态参数进行增删改查；

d）宜具有生产巡检、维保记录与报告功能；

e）宜具有距离测量与标注功能；

f）可将资料挂接在 BIM 模型上。

3）主要应用要求

a）空间管理：城市轨道交通线网涉及范围广，且地下空间复杂，为准确定位安保区范围，应将安保区的百米标、地面摄像机等在 BIM + GIS 的环境中进行标定，以实现安保区管理过程的精准定位。

b）风险源管理：基于城市轨道交通项目工程本身的 BIM 模型，集成地铁沿线实景、地质、地下管线，以及建（构）筑物基础等模型数据，确保通过 BIM 应用综合平台清晰、准确地表达地下、地上的干涉关系，对城市轨道交通周围的建筑物修建、道路修建、桥梁修建、滑坡等可能危及地铁正常运行的风险事件,基于 BIM 应用综合平台开展三维管理,提前做好地铁运营风险事件的防范和处置。

c)巡检人员管理:运用城市轨道交通项目 BIM 模型,制定安保区重要设施设备日常巡检计划,包括巡检内容、路线等。通过移动终端设备扫码打卡,实时定位显示巡检人员在安保区的位置,填报其巡检工作内容,标注风险源位置,描述风险源情况,确保管理人员实时掌握现场情况并进行监管和处置。

d)资产管理:地铁安保区存在大量的设备设施,在地铁运营过程中信息不断变化更新,包括设备基础信息,以及操作手册、图纸、采购单、联系单、合同文件等。宜基于城市轨道交通工程 BIM 模型对安保区的安检点设备、站位设施、巡检设施等进行动态管控。

4)应用成果要求

a)安保区范围内主要设备设施数据;

b)安保区人员巡检记录文件;

c)安保区范围内相关活动的安全性及风险评级管控文件。

4　应用价值

为了全方位保障地铁运营安全,杜绝和减少安全事故发生,通过 BIM + GIS 建立地铁线网安保区立体管理空间。在横向上,BIM 应用综合平台可存储安保区全过程管理数据,数据可溯源、趋势可预判;在纵向上,安保区范围的各类工程项目可通过 BIM 应用综合平台进行三维集成,明晰管理界面、提前发现风险,提高了地铁安保区的管理质量和效率。

5　应用案例

以深圳地铁 1 号线白石洲站至华侨城站、2 号线红树湾站至侨城北站的五站四区间的安保区 BIM 应用为例。在深圳地铁的 BIM + GIS 平台集成展示安保区管理信息,以链接的方式嵌入运管办现有"安保区信息化管理系统""运管办核心业务系统",实现平台之间的数据共享和业务支撑。

在 GIS 地图上呈现百米标、隧道埋深信息,并标注安保区红线范围内信息,便于判断安保区范围内相关活动的安全性及风险评级。在 BIM 模型 /GIS 地图中,可对车站、出入口、风亭、冷却塔、安检点、设备(安检设备、人脸识别考勤设备、巡查点)等信息进行标注,为安保区管理提供准确、有效的三维空间信息。

在安保区管理过程中,安保人员可通过深圳地铁 BIM 技术应用综合平台输入深圳市 x、y、z 三维坐标,快速查询定位点,便于风险、事件等记录。同时,可在深

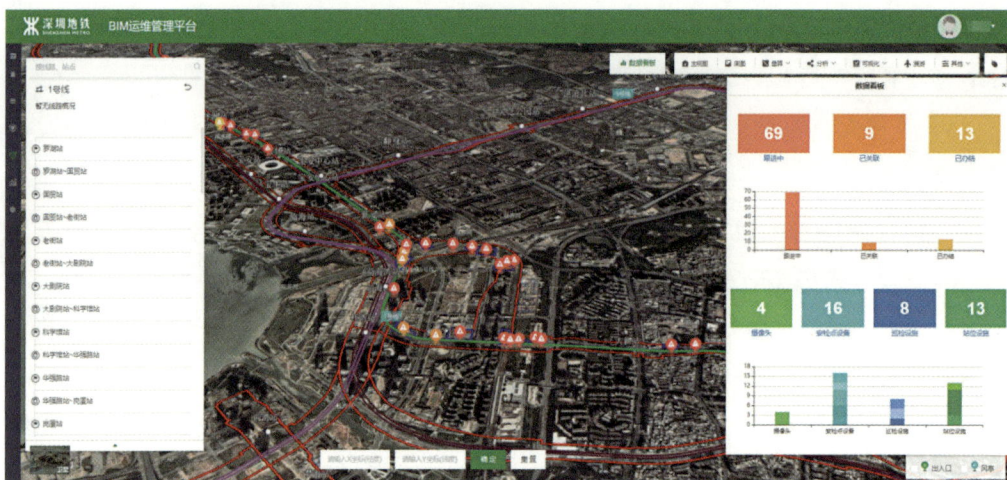

图 8.2.3-1　线路级管理界面

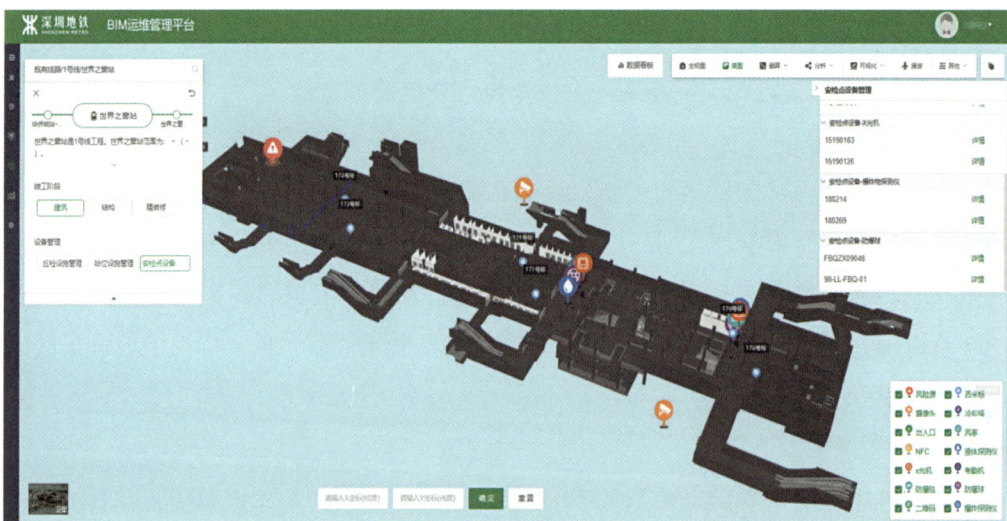

图 8.2.3-2　车站级管理界面

圳地铁 BIM 技术应用综合平台的 BIM 模型上进行标注描述,将相关任务分发至有关人员。

8.2.4　商业管理

1　应用场景

城市轨道交通项目除具有交通功能,还包括地铁沿线商业价值的开发,助力城市发展。为提升车站内商业空间的价值,可结合 BIM 模型开展可视化、集成化的商业空间管理，包括空间管理、商户管理、商铺管线管理、统计分析等，提高商业空间的利用率。

2　应用要点

在商业管理场景中，可基于 BIM 模型开展商铺的可视化、信息化展示，方便管理人员、用户全面了解商铺的项目信息，对管理人员开展商铺定价与管理，以及用户对商铺的装修改造等工作具有重要的参考价值。

地铁与商业空间存在相辅相成的关系。地铁客流较大，如何布置商业空间分布，如何引流，是商业管理的重要内容。在车站 BIM 模型基础上，运用闸机客流数据，以及车站内、各出入口的监控视频，可仿真模拟分析整个地铁站的客流热力图。通过研究客流热力图，分析客流规律和分布，为地铁商铺租户选型、业态分布等提供依据。

3　应用流程

1）数据准备要求

a）城市轨道交通项目地铁站 BIM 模型；

b）商业空间的分类、状态、租赁等管理信息；

c）地铁站客流统计数据、闸机客流数据。

2）软件功能要求

商业管理 BIM 应用应采用城市轨道交通工程 BIM 应用综合平台，宜具有以下功能：

a）可整合各专业 BIM 模型并流畅浏览；

b）可轻量化 BIM 模型数据；

c）宜具有模型标注功能；

d）绘制客流热力图；

e）宜具有距离测量与标注功能；

f）可将资料挂接在 BIM 模型上。

3）主要应用要求

a）空间管理：宜基于城市轨道交通项目的各类商业空间进行信息化管理，动态记录和更新空间的分类、使用、租赁等信息，以方便查看和统计各类空间状态。根据空间分析，优化空间利用率，分析空间成本，为商户配置空间。同时，宜对出入口、通道、站台层、站厅层等空间进行动态管控，为后期的客流分析提供依据。

b）租户管理：运用 BIM 应用综合平台对商铺租户信息开展全过程管理，用户可通过 BIM 应用综合平台快速定位与查询商铺信息和状态，包括商铺的客户名称、建筑面积、租期、租金、物业费用等，为管理人员提供便捷的信息查询与决策参考，合理规划商铺用途和租金费用。

c）管线管理：由于商铺用途功能的差异，需要对商铺空间内的管线管道开展精细化管理。采用包含商业空间的地铁 BIM 模型，可清晰地展示商铺内管线管道的空间布局和走向，为商户装修改造提供三维模型基础和历史空间数据。通过商铺的风管、水管、电缆等隐蔽工程的基本属性信息，明确各管线管道的阈值，也降低了商户装修带来的安全隐患。

d）统计分析：通过 BIM 应用综合平台可定期统计并分析城市轨道交通工程各类空间信息，生成轨道交通空间管理报告以及后期管理规划，为后期的商业空间管理优化提供依据。宜基于 BIM 模型，生成车站内客流热力图，并生成用户画像，辅助商业决策。

4）应用成果要求

a）商业空间 BIM 模型；

b）商业空间管理报告；

c）商铺信息、商户信息、管线信息及用户画像报告。

4　应用价值

城市轨道交通项目由于其交通功能吸引了大量客流。在商业管理应用中，开展 BIM 模型与商铺信息、地铁站客流统计数据、闸机客流数据融合，采用仿真软件模拟地铁车站客流热力图，分析客流分布、路径等规律，辅助商铺开展综合价值分析和评估，为商铺招商、定价、服务等管理提供数据支撑，有利于提升轨道交通综合价值。

通过开展商业管理 BIM 应用，有利于解决传统商业管理的不及时、不全面等问题，以客流为依据探索地铁商业管理的新模式。

5　应用案例

世界之窗站是深圳地铁 1 号线、2 号线的换乘车站。车站总建筑面积为 34472.1m²，共设置 14 个出入口通道。车站呈东西走向，东接华侨城站，西接白石站，南侧为世界之窗景区，北侧为世界花园，是深圳地铁的大客流站，其商业价值巨大。

在世界之窗站的商业管理中，将车站商铺和商户信息与 BIM 模型关联，包括商铺编码、商户名称、建筑面积、租金、合同期限、支付方式等，并对车站各类商铺进行状态统计。

在深圳地铁 BIM 技术应用综合平台集成地铁车站各专业 BIM 模型，可清晰查看

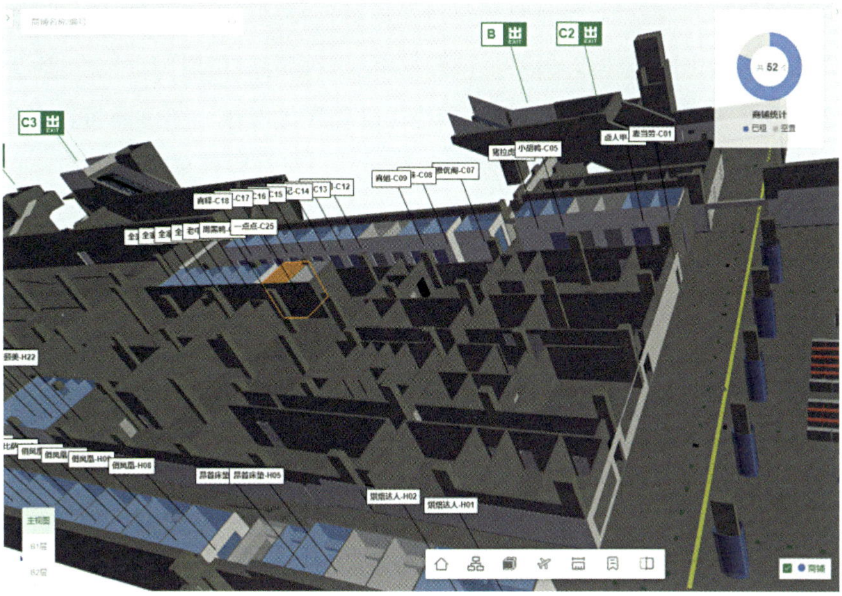

图 8.2.4-1 商铺租赁管理

世界之窗站的商铺与管线之间的空间位置关系，包括水风电等管线管道，并查看商铺内任一风管、水管、电缆等隐蔽工程的基本信息，为用户开展二次装修提供有效的三维空间环境，提高装修质量。同时，通过深圳地铁 BIM 技术应用综合平台可查看各专业管线的阈值，有利于优化用户的装修方案，避免装修不当引起的安全隐患。

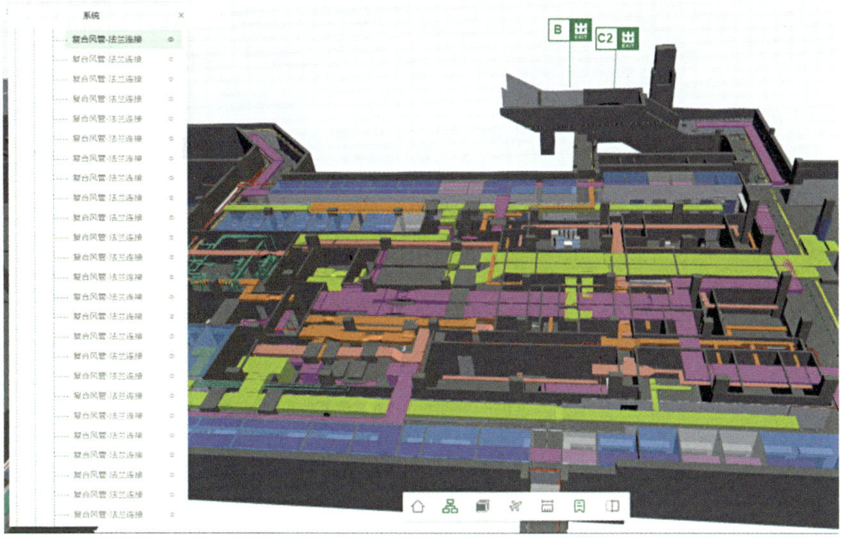

图 8.2.4-2 商铺管线管理

运用客流模拟分析软件对世界之窗站客流进行模拟与热力图分析，结合 BIM 模型可真实体现车站内闸机客流和商铺客流之间的干涉关系。通过调整初始客流，获取最优的客流分布，进而优化现场客流引导措施，为车站商铺类型的布置提供富有价值的参考信息，提升地铁商业空间的价值。

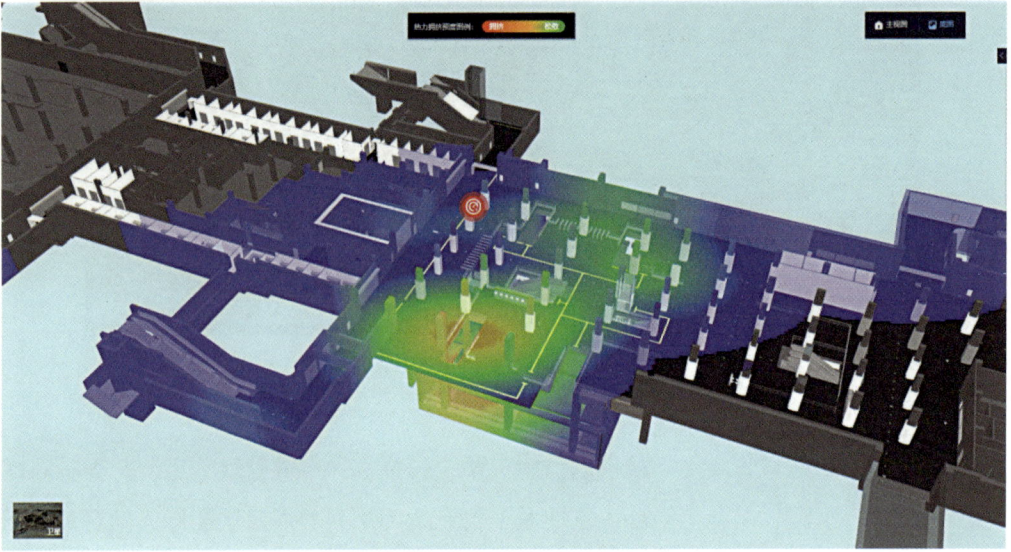

图 8.2.4-3　客流模拟热力图

9 BIM 应用综合平台

9.1 一般规定

9.1.1 为保障城市轨道交通工程 BIM 应用的规范管理，宜搭建统一的城市轨道交通工程 BIM 应用综合平台。

9.1.2 BIM 应用综合平台的主要目标应符合下列要求：

    1 实现城市轨道交通工程各阶段的 BIM 可视化展示、成果集成、动态更新等；

    2 保障城市轨道交通工程各参与单位在各阶段的 BIM 数据传递、共享和协同工作；

    3 具备与外部系统的数据接口，满足与政府相关平台、轨道交通既有运维系统等平台的数据对接需求。

9.1.3 针对 BIM 应用综合平台数据安全问题，应建立 BIM 模型及其成果的数据安全保障措施和安全协议，并采取信息安全技术方法保障城市轨道交通工程全生命周期 BIM 应用，保障数据存储、传递、应用等过程的安全性。

9.1.4 结合城市轨道交通工程各参与单位的应用和管理需求，在 BIM 应用综合平台中应设置不同的用户角色，分配不同权限，明确管理界面。

9.2　数据处理与集成

9.2.1 城市轨道交通工程 BIM 应用一般采用不同的软件实施，形成的 BIM 应用成果存在差异。为规范 BIM 模型及其应用成果，有效导入 BIM 应用综合平台，应对 BIM 模型及其应用成果开展数据标准化处理工作。

9.2.2 BIM 模型及其应用成果应经项目相关参与单位审核，审核通过后提交至 BIM 应用综合平台集成。

9.2.3 数据处理范围宜包括 BIM 模型成果、项目信息模型发布文件、项目信息模型链接、项目信息发布文件等。

9.2.4 集成的 BIM 模型数据包括原软件格式和 IFC 数据格式。其中，IFC 数据格式应符合国家标准《建筑信息模型存储标准》GB/T 51447—2021 的有关规定，以深圳市为例，还应符合深圳标准《建筑信息模型数据存储标准》SJG 114—2022 的相关要求。

9.3　成果管理

9.3.1 应针对城市轨道交通工程全生命周期 BIM 应用产生的成果进行规范化、数字化管理。

9.3.2 城市轨道交通工程 BIM 成果管理包括但不限于模型、图纸、报告、视频、图像等，成果相关格式宜符合表 9.3.2 的有关要求。

9.3.3 城市轨道交通工程各参与单位在各阶段开展 BIM 应用过程中，应及时将 BIM 应用成果上传归档至 BIM 应用综合平台。

城市轨道交通工程 BIM 应用成果相关格式要求　　　　表 9.3.2

序号	内容	分类	交付格式	备注
1	模型文件	Revit	*.rvt	车站、车辆基地等单体建筑的主要格式
2		Bentley	*.dgn	区间等线性工程主要格式
3		/	*.ifc	中间格式，宜同原软件格式一并提交
4		自主软件	自主软件模型数据格式	国内相关单位自主研发的 BIM 软件创建模型时的数据格式
5	图形文件	AutoCAD	*.dwg、*.dxf、*.pdf、*.svg	/
6	浏览审核文件	Navisworks	*.nwd	/
		Navigator	*.i-model	/
7	效果仿真文件	LumenRT、Lumion 等	*.lrt 或 *.ls6、*.exe	除原始格式外，提供独立的 exe 文件与素材包
8	实景模型文件	DSM 摄影	*.tif、*.jpg、*.png	/
		倾斜摄影	*.osgb、*.obj	/
9	数据库文件	/	*.sql、*.ddl、*.dbf、*.mdb、*.ora	/
10	视频文件	/	*.avs、*.mpeg2、*.mpeg4、*.avi	原始分辨率不宜小于 1600 × 1024，帧率不宜少于 15 帧 / 秒
11	音频文件	/	*.avs、*.wav、*.aif、*.mid、*.mp3	/
12	图像文件	/	*.tiff、*.jpeg	/
13	文本（表格）文件	/	*.wps、*.doc/*.docx、*pdf	*.wps、*.et、*.dps 为 WPS 办公类文件格式
			.et、.xls/*.xlsx、*.pdf	
			.dps、.ppt/*.pptx、*.pdf	
			*.mpp	
			.xml、.txt、*.rtf	

9.3.4 建设单位应保证建设过程 BIM 模型成果与现场工程实体的一致性，运营单位应保证运营过程 BIM 模型成果与现场管理对象状态的时效性。

9.3.5 城市轨道交通工程 BIM 应用综合平台主要负责管理各线路站点项目中详细的 BIM 应用成果。根据政府有关部门要求，应将相关的 BIM 成果、BIM 模型数据等，按照地方有关标准规范要求，提交至地方 CIM 或 BIM 平台等有关政务系统。

9.4　成果应用

9.4.1 城市轨道交通工程 BIM 应用成果归档至 BIM 应用综合平台后，项目各参与单位应推进 BIM 成果应用，挖掘 BIM 成果价值。

9.4.2 宜支持网页端、移动端等多终端的城市轨道交通工程 BIM 三维展示与应用。

9.4.3 BIM 应用综合平台应支持互联网云存储，支持图档资料的数字化归档，支持对项目信息、技术标准、公共资源和知识库等存储和管理。

9.4.4 BIM 应用综合平台应具有以下基本功能：

1　多源异构数据集成与三维可视化的功能；
2　三维交互与操作的功能；
3　定制业务流程的功能；
4　分配参与者权限的功能；
5　同步工程信息的功能；
6　成果归档与管理的功能；

7 数据安全防护的功能。

9.4.5 针对城市轨道交通工程全生命周期 BIM 应用与成果管理需求，BIM 应用综合平台应具有以下应用功能：

1 应支持设计方案的技术经济指标分析和设计工作的过程管理；

2 应支持施工过程中前期工程管理、进度管理、安全质量管理、成本管理等方面的流程管控和数据更新；

3 宜支持与闸机、监控视频、应急指挥等运营运维管理系统的数据对接，辅助运营运维管理。

9.4.6 BIM 应用综合平台可根据城市轨道交通工程各阶段应用需求，定制化拓展平台功能，以满足不断深化的应用场景需求。

附录 A 流程图图例说明

元素	图例	说明
任务		表示流程内的环节或活动
网关		控制序列流的分支和聚合，表示某种判断
序列流		显示流程中活动发生的先后顺序
消息流		用于表示流程中某环节产生的数据对象，或数据对象支撑某流程中的环节
数据对象		用于描述任务需要的数据，或者管理过程中产生的数据
泳道	函数 函数 函数	用于区分不同的功能板块
开始事件		表示流程的起始点
结束事件		表示流程的结束点

注：本指南的"泳道"划分为"参考资料""业务流程""数据的输入或输出"。

1 "参考资料"主要是指用于业务流程中辅助性、指引性的资料，如规范规程；

2 "业务流程"主要是指该 BIM 应用所需的相关环节或步骤；

3 "数据的输入或输出"主要是指业务流程中某环节产生的数据（输出），或某数据作为支撑材料（输入），支撑流程中的某环节。

引用规定、标准名录

1 《地铁设计规范》GB 50157—2013

2 《城市轨道交通工程项目规范》GB 55033—2022

3 《城市轨道交通设施设备分类与代码》GB/T 37486—2019

4 《城市轨道交通工程基本术语标准》GB/T 50833—2012

5 《建筑信息模型应用统一标准》GB/T 51212—2016

6 《建筑信息模型施工应用标准》GB/T 51235—2017

7 《建筑信息模型分类和编码标准》GB/T 51269—2017

8 《建筑信息模型设计交付标准》GB/T 51301—2018

9 《建筑信息模型存储标准》GB/T 51447—2021

10 《建筑产品信息系统基础数据规范》JGJ/T 236—2011

11 《建筑工程设计信息模型制图标准》JGJ/T 448—2018

12 《建筑工程信息模型设计交付标准》SJG 76—2020

13 《道路工程勘察信息模型交付标准》SJG 89—2021

14 《市政道路工程信息模型设计交付标准》SJG 90—2021

15 《市政桥涵工程信息模型设计交付标准》SJG 91—2021

16 《市政隧道工程信息模型设计交付标准》SJG 92—2021

17 《市政道路管线工程信息模型设计交付标准》SJG 94—2021

18 《城市轨道交通工程信息模型表达及交付标准》SJG 101—2021

19 《城市轨道交通工程信息模型分类和编码标准》SJG 102—2021

20 《建筑信息模型数据存储标准》SJG 114—2022

21 《深圳市既有重要建筑建模交付技术指引：轨道交通分册》

22 《深圳市建设工程信息模型归档指引（试行）》

条文说明

1 总　则

1.0.1 本指南的主要目的如下：

1　指导城市轨道交通工程各参与单位实施各阶段 BIM 应用，实现 BIM 应用资源、行为、流程、成果的统一性和规范性；

2　为城市轨道交通领域开展 BIM 应用的企业提供模板，为其制定企业 BIM 技术标准规范提供参考；

3　可作为城市轨道交通工程项目 BIM 应用方案制定、项目 BIM 招标、项目 BIM 管理等工作的依据；

4　可作为城市轨道交通工程 BIM 技术应用示范项目的申请、评价等工作的依据。

1.0.2 本指南规定了 40 多项 BIM 应用，随着 BIM 技术和软硬件的发展，BIM 应用能力将不断提高，将适时更新本指南，形成新的版本，包括更新 BIM 应用流程、新增 BIM 应用场景、提升 BIM 应用要求等，以满足城市轨道交通工程 BIM 技术应用的需求。

3　基本规定

3.2　BIM 组织管理

3.2.1 部分参与单位的职责说明：

针对建设单位，宜负责或委托 BIM 全过程咨询单位研发城市轨道交通总体管理维度的 BIM 应用综合平台，推动项目各参与单位使用统一的平台。同时，由于城市轨道交通工程不同参与单位的应用范围、应用深度不同，各参与单位可建立满足自身业务要求的项目 BIM 管理平台，但自身 BIM 管理平台应与 BIM 应用综合平台之间应保证数据有效流转。另外，城市轨道交通工程涉及城市周边环境，在 BIM 应用过程中，应充分做好与周边建（构）筑物、环境等之间的接口协调问题，例如市政管线迁改、周边市政道路疏解等。

针对 BIM 全过程咨询单位，为保障全生命周期 BIM 技术应用，可委托第三方单位统筹管理各参与单位开展城市轨道交通项目 BIM 技术应用，并提供技术服务、咨询管理等支撑。

3.4 BIM 应用策划

3.4.3 为统一 BIM 应用要求的管理模板，本指南规定了 BIM 应用的应用场景、应用要点、应用流程、应用价值、应用案例等方面。若新增 BIM 应用，宜根据上述各方面规定 BIM 应用要求。

3.4.4 在城市轨道交通工程各阶段，一般是按照工程进度的先后逻辑顺序依次开展业务场景的 BIM 应用，然而部分 BIM 应用是同时开展，或者存在交叉关系，应根据业务场景的需求和特点推进 BIM 应用。例如，在设计阶段，为保证设计方案的合理性、准确性，可能同时开展照明、通风、净高等方面的 BIM 模拟分析。

3.4.5 某些应用可能在多个阶段实施，为避免内容赘述，结合应用情况在某个阶段展开详细介绍，其他阶段可参考执行。例如，考虑施工图阶段的模型精细度较高，在施工图阶段规定工程量计算 BIM 应用的要求，总体设计阶段、初步设计阶段的工程量计算可参照执行。

3.5 BIM 软件选型

3.5.1～3.5.4 目前市场上存在多种 BIM 软件、工具，每类软件各有特点和适用范围。城市轨道交通项目参与单位在开展 BIM 应用前，可根据工程特点和实际需求选择一种或多种 BIM 软件。

BIM 建模软件可完成基本的计算分析应用，但专业计算分析应用一般情况下需要采用专业软件。部分 BIM 建模软件已具备与专业软件之间的数据接口，或采用插件的方式实现数据共享与转换，有利于以 BIM 模型为基础的专业计算分析应用。结合项目应用需求，城市轨道交通工程各参与单位宜根据软件之间 BIM 模型数据交互能力（如 IFC 数据交互），选取合适的 BIM 建模软件、专业软件。

4 规划 BIM 应用

4.1 一般规定

4.1.1～4.1.3 城市轨道交通工程规划阶段 BIM 应用侧重于整体场景的管理，应综合 BIM+GIS 技术，将宏观和微观元素、地上地下元素等不同层面的数据进行统一集成，实现宏观把控和微观分析。

4.2　建设规划

4.2.1　规划符合性分析

3　应用流程

在开展规划符合性分析 BIM 应用中，可采用 Revit、Bentley、Railworks、BIMBase、马良 XCUBE 等建模软件进行 BIM 模型数据创建，轨道交通工程沿线实景可采用无人机进行航拍获取，并采用超图、Unreal Engine 等应用软件进行集成、展示。

4.2.2　服务人口分析

3　应用流程

在开展服务人口分析 BIM 应用中，可采用 Revit、Bentley、Railworks、BIMBase、马良 XCUBE 等建模软件进行 BIM 模型数据创建，针对轨道交通项目服务人口分析方面，可采用 Legion、Massmotion、Pathfinder 等客流模拟分析软件，分析轨道交通项目建设前后对周围人口的影响，以及人口流动规律等。

4.2.3　征地拆迁分析

3　应用流程

在开展征地拆迁分析 BIM 应用中，可采用 Revit、Bentley、Railworks、BIMBase、马良 XCUBE 等建模软件，轨道交通工程沿线实景可采用无人机进行航拍获取，并采用超图、Unreal Engine 等应用软件进行集成、展示。

5　勘察 BIM 应用

5.2　工程勘察

5.2.1　勘探管理

3　应用流程

在开展勘探管理 BIM 应用中，可采用 Open Rail Designer、理正工程地质勘察软件、秉睦地质三维建模与分析系统等地质建模软件，或相关 BIM 勘察管理平台，可实现勘探数据集成与管理、三维地质模型集成与展示等。

5.2.2　地质条件分析

3　应用流程

在开展地质条件分析 BIM 应用中，可采用 Open Rail Designer、理正工程地质勘察软件、秉睦地质三维建模与分析系统、EVS、Geostation 等地质建模和分析软件。

5.2.3 场地周边环境分析

3　应用流程

在开展场地周边环境分析 BIM 应用中，可采用 Open Rail Designer、理正工程地质勘察软件、秉睦地质三维建模与分析系统、EVS、Geostation 等地质建模和分析软件。

5.2.4 地下管线及建（构）筑物分析

3　应用流程

在开展地下管线及建（构）筑物分析 BIM 应用中，可采用 Revit、Bentley、MagiCAD、Railworks、BIMBase、马良 XCUBE 等建模软件，根据收集的地下管线及建（构）筑物的图纸或勘探资料，创建地下管线及建（构）筑物 BIM 模型。

5.2.5 挖填方计算

3　应用流程

在开展挖填方计算 BIM 应用中，可采用 Open Rail Designer、理正工程地质勘察软件、秉睦地质三维建模与分析系统、EVS、Geostation 等地质建模软件，或相关 BIM 勘察管理平台，可开展地质模型的剖切，以及土方量体积计算等。

6　设计 BIM 应用

6.1　一般规定

6.1.6 设计单位开展的业务场景主要在城市轨道交通工程的设计阶段完成，但设计成果是运用在项目全生命周期各阶段。因此，设计 BIM 应用宜持续至整个建设阶段，根据应用需求运用相应的设计 BIM 场景辅助决策、沟通与管理。例如，在竣工移交阶段，设计单位应配合相关 BIM 模型及其成果的移交。

6.2　协同设计与管理

1　应用场景

BIM 技术为城市轨道交通工程各专业设计师提供三维化载体，各专业设计师可基于统一的 BIM 模型进行专业方案设计与协同沟通，保障各专业设计的协调性。城市轨道交通工程设计单位应根据相关标准规范要求，推进基于 BIM 的协同设计与管理工作，实现设计的提质增效。同时，协同设计与管理是贯穿整个设计过程的，应根据不同阶段的设计深度创建相应的 BIM 模型。

3　应用流程

在开展基于 BIM 的协同设计与管理中，可采用 Revit、Bentley、Railworks、BIMBase、马良 XCUBE 等建模软件，同时，可采用 ProjectWise、Vault 等平台辅助协同管理。

6.3　总体设计

6.3.1　规划设计方案表现

3　应用流程

在开展规划设计方案表现 BIM 应用中，可采用 Revit、Bentley、Railworks、BIMBase、马良 XCUBE 等建模软件，并采用超图、Unreal Engine 等应用软件进行集成、展示。

6.3.2　线站位综合比选

3　应用流程

在开展线站位综合比选 BIM 应用中，可采用 Revit、Bentley、Railworks、BIMBase、马良 XCUBE 等建模软件，并采用超图、Unreal Engine 等应用软件进行集成、展示。

6.4　初步设计

6.4.1　车站建筑设计方案比选

3　应用流程

在开展车站建筑设计方案比选 BIM 应用中，可采用 Rhino、SketchUp、Revit、Bentley、Railworks、BIMBase、马良 XCUBE 等软件，对于渲染应用，可采用 Lumion、Fuzor 等渲染软件辅助效果展示。

6.4.2　交通疏解和管线迁改模拟

3　应用流程

在开展交通疏解和管线迁改模拟 BIM 应用中，可采用 Revit、Bentley、Vissim、Railworks、BIMBase、马良 XCUBE 等软件，对周围交通道路和地下管线建模后，运用软件进行不同方案的对比分析。

6.4.3　景观效果分析

3　应用流程

在开展景观效果分析 BIM 应用中，可采用 Revit、Bentley、ArchiCAD、Lumion、Unreal Engine 等软件，除轨道交通工程本身项目模型创建，开展树木、植被、花丛等景观元素的创建和效果渲染。

6.4.4 客流仿真模拟

3 应用流程

在开展客流仿真模拟 BIM 应用中，可采用 Revit、Bentley、Railworks、BIMBase、马良 XCUBE 等建模软件创建 BIM 模型，针对轨道交通项目客流仿真模拟方面，可采用 Legion、Massmotion 等客流模拟分析软件，分析轨道交通项目的客流特征。

6.5 施工图设计

6.5.1 车站建筑方案优化

3 应用流程

在开展车站建筑方案优化 BIM 应用中，可采用 Revit、Bentley、Railworks、BIMBase、马良 XCUBE、Rhino、SketchUp 等软件。

6.5.2 车站净高优化

3 应用流程

在开展车站净高优化 BIM 应用中，可采用 Revit、Bentley、Railworks、BIMBase、马良 XCUBE 等软件，完成轨道交通工程设计 BIM 模型创建后，运用 BIM 模型开展净高分析与优化。

6.5.3 车站照明分析

3 应用流程

在开展车站照明分析 BIM 应用中，可采用 Revit、Bentley、Railworks、BIMBase、马良 XCUBE 等建模软件，进一步，可采用 DIALux、ElumTools 等照明分析软件，计算分析并对比不同照明方案的差异。

6.5.4 室内通风模拟分析

3 应用流程

在开展室内通风模拟分析 BIM 应用中，可采用 Revit、Bentley、Railworks、BIMBase、马良 XCUBE 等建模软件，进一步，可采用 Airpak、Fluent、Comsol、Ansys 等 CFD 模拟分析软件，计算分析并对比不同通风方案的差异。

6.5.5 客流与应急疏散模拟

3 应用流程

在开展客流与应急疏散模拟 BIM 应用中，可采用 Revit、Bentley、Railworks、BIMBase、马良 XCUBE 等建模软件，针对轨道交通项目客流仿真模拟方面，可采用

Legion、Massmotion、Pathfinder 等客流模拟分析软件。

6.5.6 管线综合与碰撞检查

3 应用流程

在开展管线综合与碰撞检查 BIM 应用中，可采用 Revit、Bentley、Railworks、BIMBase、马良 XCUBE 等建模软件，并采用 Navisworks、Solibri Model Checker 等碰撞检查分析软件进行专项的碰撞冲突检查。

6.5.7 预留预埋检查

3 应用流程

在开展预留预埋检查 BIM 应用中，可采用 Revit、Bentley、Railworks、BIMBase、马良 XCUBE 等建模软件，对预留预埋区域进行综合检查。

6.5.8 工程量计算

3 应用流程

在开展工程量计算 BIM 应用中，可采用 Revit、Bentley、Railworks、BIMBase、马良 XCUBE 等建模软件，进一步，结合轨道交通工程算量计价的相关规范要求，可采用广联达、鲁班、斯维尔等算量软件进行专项计算分析。

6.5.9 装修效果仿真

3 应用流程

在开展装修效果仿真 BIM 应用中，可采用 Revit、Bentley、Railworks、BIMBase、马良 XCUBE 等建模软件完成 BIM 模型创建后，可采用 3ds Max、Maya、Fuzor、Lumion、Twinmotion 等渲染仿真模拟软件进行轨道交通工程装饰装修效果模拟分析。

7　施工 BIM 应用

7.2　施工深化设计

深化设计是对设计图纸进行细化、补充和完善的过程。本节主要从施工单位的角度出发，结合城市轨道交通工程实际施工方案、施工工法工艺、现场施工条件等因素，开展施工深化设计。设计单位开展的深化设计工作可参考本节相关内容。

7.2.1 土建施工深化设计

3 应用流程

在开展土建施工深化设计 BIM 应用中，可采用 Revit、Bentley、Tekla Structures、Railworks、BIMBase、马良 XCUBE 等建模软件，以及 Navisworks、Lumion、3ds Max

等应用分析软件。

7.2.2 机电施工深化设计

3　应用流程

在开展机电施工深化设计 BIM 应用中，可采用 Revit、Bentley、MagiCAD、Railworks、BIMBase、马良 XCUBE 等建模软件，以及 Navisworks、Lumion、3ds Max 等应用分析软件。

7.2.3 装修施工深化设计

3　应用流程

在开展装修施工深化设计 BIM 应用中，可采用 Revit、Bentley、Railworks、BIMBase、马良 XCUBE 等建模软件，以及 Navisworks、Lumion、3ds Max 等应用分析软件。

7.3　施工准备

7.3.1 征地拆迁实施

3　应用流程

在开展征地拆迁实施 BIM 应用中，可采用 Revit、Bentley、Railworks、BIMBase、马良 XCUBE 等建模软件完成轨道交通工程 BIM 模型创建，沿线实景可采用无人机进行航拍获取，并采用超图或相关 BIM 平台，集成轨道交通工程与周边环境等数据，辅助轨道交通工程建设过程中的征拆方案分析与管理。

7.3.2 施工场地布置

3　应用流程

在开展施工场地布置 BIM 应用中，可采用 Revit、Bentley、Railworks、BIMBase、马良 XCUBE 等建模软件，以及 Navisworks、3ds Max 等应用软件，或相关 BIM 管理平台，开展施工场地模拟、组织与管理。

7.3.3 关键、复杂节点工序模拟

3　应用流程

在开展关键、复杂节点工序模拟 BIM 应用中，可采用 Revit、Bentley、Railworks、BIMBase、马良 XCUBE 等建模软件，以及 Navisworks、Lumion、3ds Max、Fuzor 等应用软件。

7.3.4 装配式车站构件生产与拼装模拟

3　应用流程

在开展装配式车站构件生产与拼装模拟 BIM 应用中，可采用 Revit、Bentley、CATIA、Tekla Structures、Planbar、Railworks、BIMBase、马良 XCUBE 等建模软件，以及 Navisworks、Lumion、BIMFILM、Solibri Model Checker 等应用软件。

7.4　施工实施

7.4.1 装配式机房安装深化

3　应用流程

在开展装配式机房安装深化 BIM 应用中，可采用 Revit、Bentley、MagiCAD、Railworks、BIMBase、马良 XCUBE 等建模软件，以及 Navisworks、Lumion、3ds Max 等应用软件。

7.4.2 大型设备现场运输模拟

3　应用流程

在开展大型设备现场运输模拟 BIM 应用中，可采用 Revit、Bentley、Railworks、BIMBase、马良 XCUBE 等建模软件，以及 Navisworks、Lumion、BIMFILM、Fuzor、Solibri Model Checker 等应用模拟软件。

7.4.3 区间隧道盾构施工管理

3　应用流程

在开展区间隧道盾构施工管理 BIM 应用中，可采用 Revit、Bentley OpenRoads Designer、Railworks、BIMBase、马良 XCUBE 等建模软件，或采用相关基于 BIM 的盾构管理平台。

7.4.4 形象进度管理

3　应用流程

在形象进度管理 BIM 应用中，可采用 Revit、Bentley、Railworks、BIMBase、马良 XCUBE 等建模软件，以及 Project 等应用分析软件，或通过相关 BIM 平台开展轨道交通工程进度的集成管理与分析。

7.4.5 工程量统计与投资控制

3　应用流程

在工程量统计与投资控制 BIM 应用中，可采用 Revit、Bentley、Railworks、

BIMBase、马良 XCUBE 等建模软件，进一步，结合轨道交通工程算量计价的相关规范要求，可采用广联达、鲁班、斯维尔等算量软件进行专项计算分析。

7.5　竣工交付

7.5.1　三维扫描质量复核

3　应用流程

在三维扫描质量复核 BIM 应用中，在三维扫描的硬件设备方面，可采用徕卡、天宝等三维扫描仪，或相关的数据采集设备，在扫描数据的处理软件方面，可采用硬件设备相适应的处理软件，如 JRC 3D Reconstructor、FARO SCENE、Realworks 等。

7.5.2　机电设备验收管理

3　应用流程

在机电设备验收管理 BIM 应用中，可采用 Revit、Bentley、MagiCAD、Railworks、BIMBase、马良 XCUBE 等建模软件，以及可识别二维码的移动端管理软件。

7.5.3　竣工移交

3　应用流程

城市轨道交通工程 BIM 模型及其成果在竣工移交中，除符合地方建设工程竣工验收与归档的有关要求，宜按照建设单位有关要求采用项目统一的 BIM 应用综合平台进行 BIM 模型及成果的移交。

8　运营 BIM 应用

8.1　一般规定

8.1.1　在城市轨道交通工程运营 BIM 应用中，为保障各运营系统之间有效的协同管理、数据交互等，宜采用项目中统一的城市轨道交通工程 BIM 应用综合平台开展相关的管理与分析，以实现动态、可视化、信息化的运营应用。

8.1.2　从建设阶段移交的竣工 BIM 模型，宜按照运营相关业务场景的需求，对 BIM 模型数据进行预处理。

8.1.3　城市轨道交通项目运营业务应用场景是持续不断开展的，其应用场景是模块化的，因此，本章规定的运营 BIM 应用流程中，主要规定了相关的功能要求。

随着 BIM 技术在城市轨道交通工程运营阶段应用的不断深化，应适时拓展运营其他业务场景的 BIM 应用。

9　BIM 应用综合平台

9.4　成果应用

9.4.5　应用案例说明：

深圳市地铁集团有限公司组织深圳地铁建设集团有限公司和深圳市市政设计研究院有限公司自主研发了深铁集团 BIM 技术应用综合平台。该平台建成以 BIM 技术为核心的数据库服务体系，对轨道交通建设项目空间形态、功能特征、构件产品和施工管理等各类信息进行数字化、集成化和智能化管理。适用于轨道交通工程基于 BIM 从规划策划、勘察设计、工程施工到运营运维的全流程、全要素应用及管理。该平台已服务深圳市在建地铁、在建城际铁路、既有运营线路等项目开展 BIM 技术应用和管理，为数字孪生地铁建设与管理打下基础。深圳市城市轨道交通工程相关参与单位在获得授权的情况下可使用该平台开展工程规划、勘察、设计、施工、运营等业务场景 BIM 应用。

该平台以"1＋1＋N"BIM 技术应用综合体系的理念进行打造，包括工程数据中心、BIM 构件产品库、BIM 协同管理平台、BIM＋GIS 可视化数据平台等基础平台，以及 BIM 设计管理平台、BIM 建设管理平台、BIM 运维管理平台等业务平台。

1）工程数据中心：实现对轨道交通工程数据结构规范化、项目数据统一管理、用户权限管理、内外部系统数据对接等；

2）BIM 构件产品库：截至 2024 年 12 月底，已入库 2.6 万多个 BIM 构件模型单元，提高设计施工单位的建模效率和规范性；

3）BIM 协同管理平台：开展资料审核、模型校对、成果归档等工作，实现建设管理单位和参建单位流程化、标准化协同管理，可完成 BIM 模型及其相关资料的上传、审核、归档等内容；

4）BIM＋GIS 可视化数据平台：融合 GIS、BIM、物联网、大数据等技术，拓展轨道交通线网级宏观场景，实现宏观到微观的三维展示与数据流转；

5）BIM 设计管理平台：实现勘察内外业全过程一体化管理、BIM 设计方案汇报、设计协同、设计进度管理等场景；

6）BIM 建设管理平台：开展前期工程、形象进度、智能建造、盾构管理、施工场地管理、征拆管理、安全质量管理、竣工移交等业务场景，可对在建轨道交通工程摄像头、盾构机、风险源、监测点等进行集成，推进全过程管控；

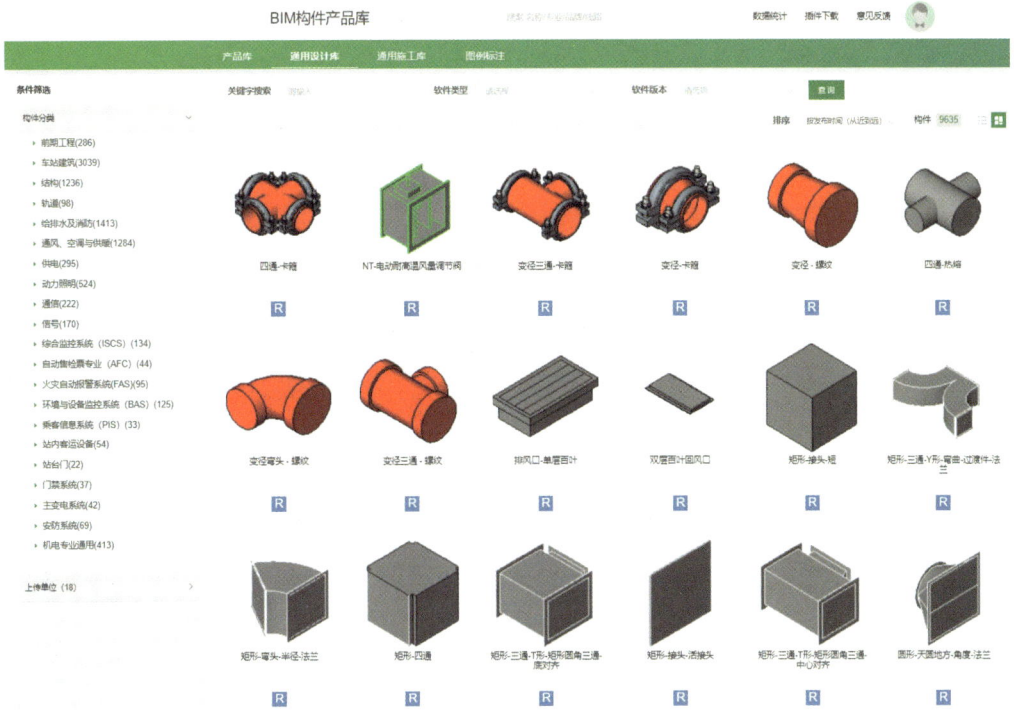

图 1　BIM 构件产品库

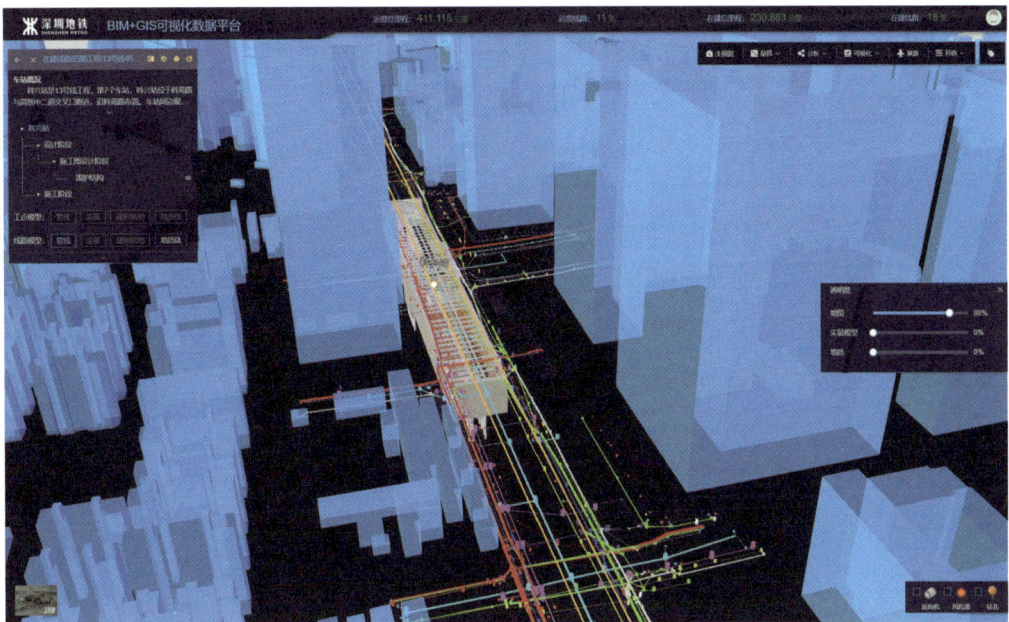

图 2　BIM＋GIS 可视化数据平台

　　7）BIM 运维管理平台：正全面积累深铁集团既有运营线路 BIM 模型数据，推进应急指挥、运维管理、客流预警、安保区管理、商业管理等场景 BIM 应用，助推智慧车站建设。

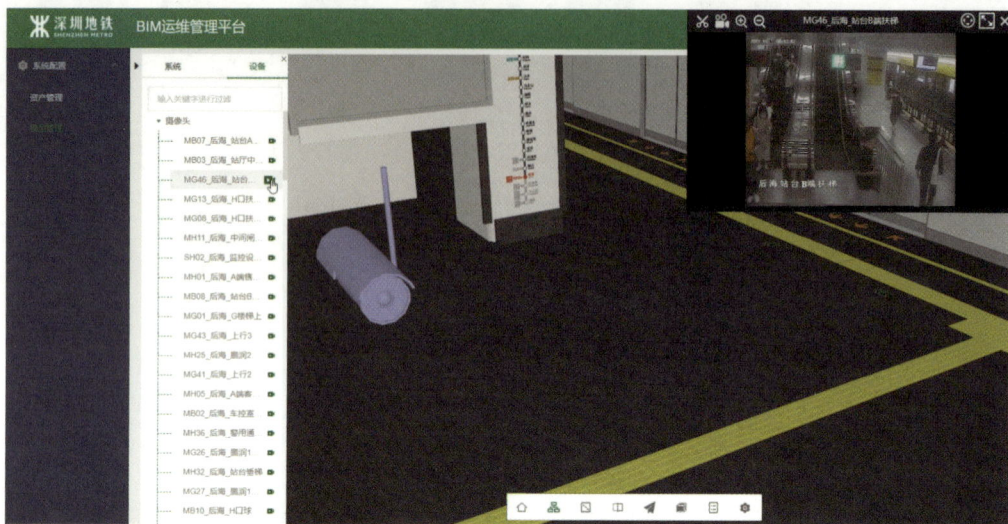

图 3　基于 BIM 的应急指挥管理

特别鸣谢

本指南在编写过程中，对给予大力支持和帮助的以下单位表示感谢（排名不分先后）：

深圳铁路投资建设集团有限公司

深圳地铁建设集团有限公司

深圳地铁运营集团有限公司

中铁二院工程集团有限责任公司

中国铁路设计集团有限公司

中铁第四勘察设计院集团有限公司

北京城建设计发展集团股份有限公司

上海市隧道工程轨道交通设计研究院

广州地铁设计研究院股份有限公司

中国电建集团华东勘测设计研究院有限公司

中铁南方投资集团有限公司

中铁建南方建设投资有限公司

中国建设基础设施有限公司

中电建南方建设投资有限公司

中交（深圳）工程局有限公司